stufatoro

nauicella cō praste ille et quatro piedi

Corueria

nauicella senza piedi

nauicella senza piedi

stufator ouato

Coruenia bassa

Couerua grande

stufatoro largo

tertera con il coperto

Köstliches und Curieuses
aus alten Kloster- und Pfarrküchen

Anno m cccc vnd im lxxvi jar am nechste montag noch
des heyltums weysung starb wilhelm der etwe lang ein
koch zu sandt lorentz in dem pfarhoff gewesen ist der
Elwang brüder / 191

Köstliches und Curieuses aus alten Kloster- und Pfarrküchen

Erna Horn

Prisma Verlag

Sonderausgabe für den Prisma Verlag GmbH,
Gütersloh, 1983

© 1979 Alle Rechte bei der Modernen Verlags GmbH
Wolfgang Dummer & Co, 8 München 50
Umschlagbild: Grützner: Klosterhecht, Franz Hanfstaengl,
München
Schutzumschlag: Weisbrod-Werbung

Gesamtherstellung: Wiener Verlag, Himberg bei Wien
Printed in Austria
ISBN 3-570-09071-X

Inhaltsübersicht

Ein Bericht über die Küche der Klöster ist schon deshalb interessant, weil hier die Quelle der europäischen Küchenkultur liegt. Der Ursachen sind vielerlei. Zunächst verlangte die häufig größere Zahl der Klosterinsassen, also der Mönche und Nonnen, eine geregelte Verpflegung, die von ausreichend zur Verfügung stehenden Küchenbrüdern oder -schwestern besorgt wurde. Die Abgeschlossenheit von der Welt, die Sorglosigkeit des geschützten Daseins hinter der Klostermauer, die im Essen erkannte psychische und physische Erhaltung von Lebens- und Seelenkraft hat ebenso dazu geholfen wie der Anschluß an die klassische Küche Griechenlands und Roms, denn die zur Verfügung stehenden Bibliotheken und die Kenntnis der lateinischen Sprache boten eine gute Möglichkeit, sich über fremde Kochkunst zu orientieren. Man hatte vielfach Abschriften von Apicius, Columella, Avicenna, Elluchasem usw., von Übersetzungen aus dem Arabischen sowie eigene Aufzeichnungen, die eine konstante Pflege und eine Fortentwicklung der Kochkunst (wenn man so früh schon davon sprechen kann) möglich machten. Eine weitere Hilfe war der Reichtum der Klöster durch eigenen Besitz von Grund und Boden, Wäldern, Teichen, Ställen und Gärten. Aber auch Zehnten, Abgaben, Pacht, Zins und Arbeitsleistungen halfen mit, großzügiger wirtschaften zu können als die Bauern, die Handwerker und das Stadtvolk. Man kann das Klosterdasein eher mit Fürstenhöfen vergleichen, denn auch dem einfacheren Adel ging es trotz Burgen und Schlössern meist weniger gut. Wohl gab es auch arme Klöster ohne Grundbesitz mit einem großen Konvent oder eine bewußte durch die Ordensregel herbeigeführte Einfachheit oder sogar Armut.

Da früher die Arbeitslosigkeit groß war und die Besitztümer der vermögenderen Adelsgeschlechter und Großbauern sich nicht teilen ließen, waren die Zweit- und Drittkinder der Familien mehr oder weniger gezwungen, ins Kloster zu gehen, wenn sie ein dem Stand gemäßes Leben führen wollten. Das war auch mit ein Grund für die vielen Klostergründungen und der häufigen Überfüllung einzelner Klostergemeinschaften. Diese Menschen fühlten sich natürlich weniger zur religiösen Hingabe oder zur geistigen Arbeit veranlaßt, sondern lebten eben so in ihren Tag hinein und nahmen es oft mit ihrer religiösen Pflicht wie auch mit dem Zölibat nicht allzu ernst. Die niedrigeren Standes wurden Laienbrüder und als solche zu Hausgehilfen, Garten-, Stall- oder Feldknechten, als Küchengehilfen oder Kirchendiener herangezogen und waren entsprechend ungebildet.

Selbst in den Schreibstuben verwendete man für alltägliche Arbeiten, etwa zum Kopieren oder zum Diktat nur einfache Schreibknechte. Sie hatten wenig oder gar keine Bildung, vielmehr nur schematische Schreibkenntnisse und waren im Lesen, in der Orthographie, vor allem in Latein schlecht. Daher stammen auch die oft dialektgefärbten und unter-

Kupferner Wassereimer, Kochtopf mit Feuerfuß

Großes Vorratsgefäß, Essigkrug, Schöpfer, Reibeisen

schiedlichen Ausdrucksweisen, die Hör- und Schreibfehler in profanen Aufzeichnungen, wie das Kochrezepte, Küchenanweisungen, Merkzettel, Rechnungen, Zinseingänge usw. sind. Für uns aber bleiben sie kostbare Quellen, denn sie geben Auskunft über die damaligen Speisefolgen, älteste Kochmethoden, Küchenausdrücke, über die verwendeten Gerätschaften und Lebensmittel, die Vorratskammer, den Keller. Durch eben diese zumeist mangelhafte und verschiedene Ausdrucksform bleiben allerdings so manche Rezepte unverständlich, zumal auch noch älteste, heute ungebräuchlich gewordene, wohl auch oft nur gebietsweise verwendete Begriffe darin vorkommen.

Man muß sich lange einlesen und vielerlei Küchenausdrücke und Kochgebräuche kennen oder Sprachexperten und Bücher heranziehen, um solche Rezepte ins Heutige übertragen zu können. Trotzdem bleiben viele davon mangels Mengen- und Zeitangaben schwierig. Sie sollten ja auch mehr oder weniger nur Notizen für den durch die damals weit kürzere Lebenserwartung häufig wechselnden Nachfolger sein, denn man setzte bei jedem durch Praxis erworbene Kenntnisse voraus. Schließlich wollte man auch seine eigenen Erfahrungen nicht jedermann preisgeben. Das Kochen war eine so persönliche, fast geheimnisumwobene Kunst,

ja eine Art interne Zunftangelegenheit, daß man sie deshalb nur in Andeutungen weitergab. Lediglich große Festschmäuse wurden näher beschrieben, was zum Ruhm der Köche beitrug. Aber auch hier fehlt es noch an genaueren Angaben. Bei einiger Mühe jedoch, oder wenn man entsprechende Kochversuche gemacht hat oder ganz ungewohnte Zutaten in bekanntere umwandelt, dürfte es jedoch viel Spaß bereiten, einmal mittelalterlich zu kochen. Gerade diesen Spaß will ja dieses Kochbuch durch nachhelfende »Übersetzungen« in heutige Gepflogenheiten und Zutaten übermitteln.

Aber nicht nur die Zusammenstellungen der einzelnen Speisen, auch die Kochtechniken waren damals ganz andere. Man kannte ja nur das offene Feuer mit irdenen oder zuerst bronzenen, später verzinnten kupfernen Töpfen oder Eisengeschirr. Dazu kamen Kessel, Spieß und Rost. Alles war plump und schwer, selbst wenn man Hunde, Affen, junge Küchenknechte oder später Rauch, Hitze und Wind verwendete, um die meist umständlichen Bratspieße zu drehen, bis endlich einfache Räder-Uhrwerke die Arbeit übernahmen. Aber das offene Feuer mit Ruß, Rauch und ungleicher Hitze, die springenden, rostenden oder grünspanigen Geschirre, die notwendigerweise großen Gefäße, die meist dunklen Küchengewölbe, das schwere Schleppen von Holz und Wasser, all das hat Bedingungen geschaffen, die wir heute in ihrer Groß-

Vorratstopf, Ölflasche, Mörser, Großes Sieb

Prunkvoller Bronzeherd mit Bratgeflügel, Lammkopf, Fisch und Würsten; teils auf dem Rost, teils am Drehspieß. Aus Messisbugo 1549

leistung gar nicht mehr begreifen können, die aber im Ausdruck Küchenknechte für die vielen Hilfspersonen wohl ihren besten Ausdruck findet.

Dazu kommt, daß man viele heutige Lebensmittel damals noch gar nicht kannte oder jedenfalls nur in ihrer primitivsten Form. Auch die mangelhaften Frischhaltemöglichkeiten sowie die langen und langsamen Transporte haben sie nicht gerade besser gemacht. Wenn dann viele scharfe Gewürze verwendet wurden, so war das nicht Protzerei oder Übermut, wie oft irrtümlich behauptet wird, sondern ein notwendiges Übertönen von angehendem Verderbnisgeschmack der Speisezutaten. Zudem wurde alles recht schwer gekocht, man gebrauchte viele Hülsenfrüchte, derbe Kohlgemüse, Wurzeln wie Rettiche, Fett und Speck, und benötigte dazu ein Digestivum, das man in eben dieser starken Würzung erkannte. Das Fleisch von Vieh und Federzeug war auch noch nicht so gut gemästet und nicht genug abgelagert oder bereits muffig. Brot und Fladen waren derb, die Speisen fett. Die Mägen waren wohl daran gewöhnt, und die vielen Fastenzeiten haben manches wieder gutgemacht, die Menschen sind aber auch viel jünger gestorben.

Das alles änderte sich, als durch die große »Reisewelle« der Kreuzzugszeit breite Kreise neue Kenntnisse von fremden Ernährungsweisen, besserem Kochen und unbekannten Lebensmitteln erfuhren und sich das kulinarische Wissen überhaupt wesentlich erweiterte. Mit dieser Zeit beginnt unser Kochbuch.

Abgesehen von Fernreisen, Pilgerzügen und Abenteurerfahrten ins Heilige Land fand von jetzt an auch durch Freundschaftsbesuche, Besichtigungen und Wallfahrten der einzelnen niederen und höheren Kleriker ein reger Austausch von Kloster zu Kloster an Erfahrungen, Eßgewohnheiten und auch Rezepten statt. Zudem brachten Pilger und Kreuzritter, Rom- und Orientreisende italienische, arabische und islamische Kochformen mit. Das führte zunächst noch in

kleinerem Ausmaß bereits im 9. Jahrhundert zu neuen Nahrungsmitteln und Luxusspeisen, wie Eiscreme, Sherbet (Sorbet), Süßspeisen, Marzipan, Mandeln, Zitronen, Rosinen, Feigen, später Rohrzucker und dergleichen mehr. Es handelt sich dabei um Küchenkenntnisse, die selbst wiederum aus dem Fernen Osten, aus Persien, Indien, ja aus China stammten und wohl über die uralte Seidenstraße in den Westen gelangt waren. Ausgerechnet die Klöster wurden so die besten Auffang- und Weiterentwicklungsstätten für solche Neuheiten. Hauptsächlich in Italien, in einem Land, das durch sein günstiges Klima zum Eigenanbau vieler neuer Obst- und Gemüsesorten reizte, entwickelte sich die klösterliche Kulinaria zu höchster Blüte und strahlte sie auf das übrige Europa aus, soweit es die wirtschaftlichen Verhältnisse erlaubten. Im Kloster Hirsau z. B. gab es bereits 1075 vielerlei ausländische Fische, wahrscheinlich in eigenen Teichen weitergezüchtet, ferner wird schon von der Verwendung von Feigen und Zitronen berichtet.

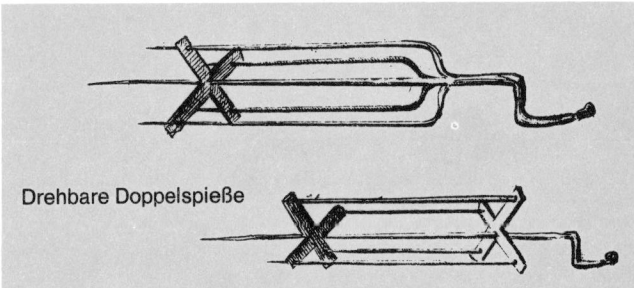

Drehbare Doppelspieße

Erster Teil

Die Überfüllung der meisten Klöster beruhte, wie schon erwähnt, auf der Tatsache, daß Zweit- und Drittkinder von Bauern und Patriziern, aber auch vom Adel und viele Arme in die Klöster flüchteten, um überhaupt eine Existenz zu haben und versorgt zu sein. Der Kinderreichtum war groß, aber es gab keine Industrie. Das Handwerk schützte sich durch ein strenges Zunftwesen vor Überfüllung, die Bauern hatten durch hohe Abgaben oft nicht einmal genug zu essen für ihre große Kinderschar, Kriege, Pest und Unsicherheit machten überdies das Leben schwer. So wurden immer mehr Klöster gegründet, die Anzahl von Mönchen und Nonnen immer größer, und infolgedessen wuchs das Interesse an deren Verpflegung, an der Beschaffung von Lebensmitteln, an der Ausgestaltung der zunächst meist primitiven Küche. Während die hohen Adelskreise die Äbte und Äbtissinnen stellten, zogen die einfacheren Laienbrüder in Küche und Keller, Garten und Stall ein, wodurch ein enges Gefüge von Beschaffung und Verwertung aller Ernten entstand und so eine kulinarische Kultur entstehen konnte, die noch viel zu wenig erkannt wird.

Nur in großen Haushaltungen gab es spezielle Köche, nur in Klöstern gab es kochende Mönche und Nonnen, nur in Fürstenhäusern, beim hohen Klerus und in Klöstern gab es Bibliotheken, in denen im Original oder in Abschriften alte Klassiker, darunter auch Koch- und Diätanweisungen standen, und in denen es unter den Oberen auch Gebildete gab, die lesen und schreiben konnten, so daß Kochrezepte gesammelt, diktiert und wieder aufbewahrt wurden. Damit hatten neue Generationen von Küchenbrüdern die Möglichkeit, ihre Kochkenntnisse zu erweitern.

Die Klöster, vielfach auf sich selbst angewiesen, entwickelten, ihren weitreichenden Verpflichtungen gemäß, ihr eigenes System der Versorgung. Sie unterhielten nicht nur große Gewürz-, Arznei- und Blumengärten, sondern vor allem Gemüsegärten und Felder. Sie hielten und züchteten Vieh, hatten eigene Meiereien, Brauereien, Bienenstände, Obst- und Beerenanlagen, Fischteiche und Weingärten, darüber hinaus aber eine Unzahl von Zehnten und Abgaben ihrer Pächter und Klosterangehörigen, Zinsbauern und Hintersassen, so daß sie sich mit allem versorgen konnten. Andererseits waren sie selbst wieder verpflichtet zum Schutz und zur ärztlichen wie seelsorgerischen Betreuung ihrer Untertanen wie auch zur Armen- und Krankenpflege. So wurde das gegenseitige Versorgungssystem immer enger, die Waage schlug aber doch meist zugunsten der Klöster aus, die ja schließlich auch die kulturelle Entwicklung für Land und Volk, Kunst und Leben trugen.

Gerade weil die Realwirtschaft der damaligen Zeit eine so große Rolle spielte, sind uns viele Zeugnisse dafür überliefert.

Die in den meisten Fällen dem hohen und höchsten

Mönchsbesuch in einem Frauenkloster

Beratschlagende Klosterangehörige

Mönche verteilen Brot an Arme

Adel entstammenden Äbte und Priore waren große Herren und liebten zu tafeln, aber auch hohe Gäste zu empfangen. Das zwang die Mönche und Nonnen in der Küche zu mächtigen Anstrengungen, denn man war ja bemüht, es dem Prunk der weltlichen Höfe nachzumachen, zumal ja die Verwandtschaft meist nah und groß war. Diesem Streben standen natürlich zu allen Zeiten Verbote und Mahnungen gegenüber, die aber meist nichts nützten, die uns Heutige jedoch ein nettes Schmunzeln ablocken. Da verbot etwa Karl der Große schon den Mönchen und jungen Geistlichen eitle Spiele und schwelgerische Schmäuse. Im 10. Jahrhundert berichtet eine mönchische Chronik von der

Henkeltöpfe mit Deckel

Vorliebe der Klosterbrüder für prunkvolle Geschirre und besondere Tafelfreuden. Es heißt: »Sie lassen sich goldene Becher, silberne Schalen, Kannen von großer Kostbarkeit, Krüge, ja Trinkhörner von bedeutendem Gewicht und von einer jedem Zeitalter verhaßten Größe machen. Nach dem Mahle besteigen sie Wagen, setzen sich auf schäumende Rosse ... und eilen zu allerhand Zeitvertreib, den ihnen der Rausch eingegeben hat.«

Nun darf man solche Berichte nicht verallgemeinern, denn es gab sowohl Klöster, in denen das Leben dem Armutsgelübde (ora et labora) unterstand, wie solche, die aus ihrer kargen und einsamen Lage heraus zu sparsamstem Leben gezwungen waren. Eine weitere Üppigkeitsbremse waren neben den vielerlei obrigkeitlichen Mahnungen auch die vielen Fastentage, über die Seite 43 Spezielles zu lesen ist.

Unser Wissen über die Klosterkost in alten Tagen besteht nur aus kleinen Mosaiksteinen, die aber, wenn auch oft recht mühevoll zusammengesetzt, doch ein aussagekräftiges Bild ergeben.

In den interessanten Schilderungen des Lebens hinter den oft mächtigen Klosterfassaden ist selten ein ausgesprochenes Kochrezept, das heute noch gelten könnte, herauszulesen, vielmehr handelt es sich um lockere Merkzettel oder flüchtige Bemerkungen, aber aus allem zusammen kann man sich doch eine Vorstellung von der historischen Klosterküche machen.

Im Alltag, in schlechter Zeit, während kriegerischer Verwicklungen, in Jammertagen großer Pest- und Cholera-Epidemien, nach schlechten Ernten, natürlich an strengen Fasttagen und bei Armutsgelübde ausübenden Brüdern sowie in armen Bergklöstern ging es natürlich höchst einfach zu. Aber feiertags und bei Besuchen, Empfängen und Festen, besonders bei hohen klerikalen Gemeinschaften, etwa an fürstbischöflichen Höfen, da wurden alle Kisten, Kasten geöffnet und die Töpfe nobel gefüllt.

Die Tatsache, daß es in frühen Zeiten keine Gast-
häuser gab und daß die wenigen existierenden als üble
Spelunken, Räuberhöhlen oder unsaubere Häuser verschrien waren, veranlaßte bessere Reisende, in Klöstern abzusteigen. Das hat bei diesen zur absoluten
Notwendigkeit geführt, stets für eine gefüllte Speise-
kammer zu sorgen. Die Klöster wurden so zur Her-
berge für andere Kleriker, für Fürstlichkeiten und
Landritter, für Pilger, Kaufleute, Arme, Kranke und
Flüchtlinge.

Es kommt noch dazu, daß es sehr viele Arme gab und
es im Mittelalter zur Selbstverständlichkeit jedes Haus-
wesens, der Klöster aber insbesondere gehörte, diese
zu speisen. Die Verteilung von Brot, Suppe, Essen
überhaupt sowie Kleidern war darum auch ein sehr
beliebtes Motiv aller Maler und Schnitzer der Zeit,
und der mantelteilende Hl. Martin wie auch die Klo-
sterpforte wurden so geradezu zum Symbol der
Epoche. Man holte sich im Kloster Rat, Hilfe und
Essen, und dort legten verzweifelte Mütter unwill-
kommene Kleinkinder ab, die dann meist Klosteran-

Reisende Kleriker besuchen ein Kloster

gehörige wurden. Der Bedarf an Hilfskräften war ja
groß, der Verbrauch an Lebensmitteln aber auch.
Viele Klöster hatten zudem Lateinschulen ange-
schlossen und zahlreiche Zöglinge aus fürstlichen und

Hospitalküche eines Nonnenklosters

Geschlossene Dunsttöpfe aus Kupfer

16

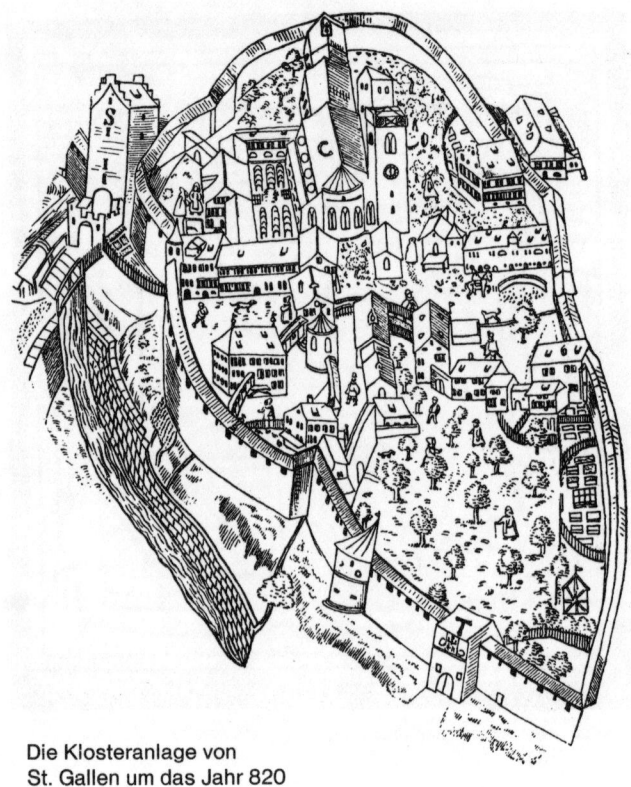

Die Klosteranlage von
St. Gallen um das Jahr 820

sonst höchsten Kreisen, die ihnen zur Erziehung anvertraut waren. Auch sie mußten entsprechend versorgt sein.

An den Pilgerstraßen und Wallfahrtsorten sowie auf Paßhöhen, wie etwa auf dem St. Bernhard, dem Gotthard usw., wurden Unterkunftshäuser, Hospize und Hospitäler unterhalten, zu denen sich besondere Orden und eigene Bruderschaften verpflichtet fühlten. Sie nahmen die Reisenden, Müden, Armen und Kranken auf, nährten, pflegten und heilten sie und sahen darin ihre religiöse wie soziale Aufgabe. Das Hospiz, von lateinisch hospes, der Gast, mit der Weiterentwicklung Hospital für gastlich aufgenommene Kranke, ist zum weltlichen Hotel, zum Krankenhaus geworden, verdankt also seine Entstehung auch klösterlichem Wirken.

Wie aber jeder Austausch von Erfahrungen und Meinungen, Gewohnheiten und Sitten, mögen sie positiv oder negativ sein, so haben auch die Gastlichkeit und das Hospitalwesen den Klöstern Fortschritt, Neuerungen, Weltkenntnisse, Einsichten und Initiativen gebracht, die sich letzten Endes zu Vorteilen verwandelten und neues Leben erweckten.

Um sich gut versorgen zu können, bauten die Klöster umfassende Systeme von Abgaben aller Art von seiten ihrer Pächter und Klosterbauern aus. Da gab es Leibgedinge und Zinsen, Taxen, Spenden und Zehnten, vor allem viele Realabgaben und Arbeitsleistungen. Bei Todesfällen von Männern mußte z. B. das beste Stück Vieh aus dem Stall abgeliefert werden.

Das Kloster zinst an den Fürsten

Beweis der Zinszahlung

F. W. Weber schreibt über dieserlei Art Zinsung sehr hübsch in »Dreizehnlinden«:

Im Konvent zu Dreizehnlinden
Saß der Abt in stiller Zelle,
Blätter auf dem Eichentische,
Rollen auf dem Buchgestelle.

Emsig schrieb er Zahl zu Zahlen,
Manche Reihe frommer Spenden,
Zugewandt dem Gotteshause
Nah und fern von milden Händen:

»Brunicho von sieben Hufen
In der Mark zu Wulfhardseichen
Jährlich vierzehn Scheffel Roggen;
Digg von Düsterloh desgleichen.

Merke wohl, die Bringer werden
Gut in Brot und Bier gehalten
An der Herdstatt, doch der Rosse
Hat ein jeder selbst zu walten.

Ferner: Fridemar von Rohrbeck
Pfingsten dreizehn Pfund Forellen;
Item einen Korb voll Binsen
Zum Bestreun der Klosterzellen.

Guntram von zweihundert Jochen
Auf dem Brink zur scharfen Ecke
Petritag sechs Malter Gerste;
Ado fährt und leiht die Säcke.

Dann vom Hof zu Aldanthorpe
Asmar jährlich zwölf Denare,
Eine Tonne Salz und einen
Feisten Hirsch im andern Jahre.

Man weiß, daß z. B. das Kloster Herrenchiemsee einen Prozeß gegen aufsässige Untertanen ihres Gutes Ed bei Kitzbichl gewonnen hatte, so daß sie künftig

Ein Bauer zinst der Obrigkeit und dem Kloster

wieder einen Jahreszins von 4 Zentner Ziger (Topfenkäs) auf eigene Kosten bringen mußten. Als Art Fuhrlohn bekamen die Knechte dann eine weiße Suppe, ein Kandl Wein, 2 Knechtlaibln, 6 Schulerlaibln und für jedes Roß einen Strich Haber.

In einem anderen Kloster reichte man den Überbringern der Zinsung ein Stiftsmahl aus Fleisch, Kraut, Suppe, etlichen Laibln »über Tisch«. Dazu kamen noch reichlich Trinken und ein Notdurftbrot; selten wohl Geld.

Oft überstiegen diese Gewohnheitsrechte zwar den Ertrag der Zehnten oder Zinspfennige; aber die Herren hatten ja auch die Fürsorge für ihre Hintersassen oder Untertanen zu pflegen.

Bekanntlich hatten die meisten Klöster durch Stiftungen, Erbe, Tausch und Kauf sogar viel auswärtigen Grund und Boden, etwa in Tirol oder an der Donau, in Ungarn, Böhmen, Burgund und in der Schweiz. So betrugen die Stiftsdienste von Herrenchiemsee im 16. Jahrhundert nach den Akten des Reichsarchivs zu München im Kitzbicheler Land, z. B. des Hirtlgutes im Jochberg, 200 gute Käse und 4 fl. (fl. = Florin = Gulden) Truckengeld, des Edergutes zu Ed am vorderen Pillersee 6 fl. 40 kr. (kr. = Kreuzer = $\frac{1}{60}$ Gulden) Truckengeld und Ehrung samt dem Mahlgeld von 24 Lämmern. Das Lemberger Gut mußte 5 fl. Geld und ein Naturalreichnis von gleichfalls 200 Käsen geben. Bambergische Untertanen hatten ein Mutterschaf nebst Lamm oder 32 kr. zum Ehret zu liefern.

Nicht nur für Speis und Trank hatten die Untertanen zu sorgen. In den »Deutschen Weistümern«, einer Chronik, die »älteste« Dorf-, Kloster- und Gemeinderegeln festhält, heißt es für den Dinghof zu Ober-Spechbach im Elsaß 1420: »Ouch so sol der Meyer (Hofhalter) dem Probst geben an Sant Christoffels Tag 2 ß umb 2 Henschuch (Handschuhe).«

Weiterhin: »Ouch sol man einem Probsts Koch einen 1 ß (Schilling und Pfennig) geben, so der Probst do hatt.«

Neben Getreide und Brot wurden auch Hafer für die Pferde, Fett zum Schmieren der Wagen, Eier und Geflügel, vor allem Milch und massive Käseabgaben gefordert. Es mußten Wein und Bier, Obst und Honig geliefert werden.

Wie hart oft die Zinsbauern, selbst arme Habenichtse angefaßt wurden, beweist ein »Weistum«, eine jeweils am Tingtag vorgelesene Rechtsverordnung, über den Dinghof zu Kemps bei Basel von 1384:

»Item es ist zu wissen, daß ein Probst zu St. Alban hat fünff Fallhoff (abgabepflichtige Höfe) zu Kemps, da

Mönch unterweist einen Bauern im Ackerbau

Heimkehrender Mönch mit Klosterknecht, der die Zinsung oder das Bettelgut trägt

und den größten Teil von deren Ernten. Es bedurfte eigener Rechnungskammern und Registraturen, um durchzufinden bei ihren Rechten und Pflichten.

Der Umschlag an Nahrungsmitteln muß zumeist groß gewesen sein, denn was die Mönche und das Klostergesinde, die dazugehörigen Armen und Kranken benötigten, wurde noch verdoppelt durch die eigenen vielerlei Lieferpflichten an übergeordnete Stellen und die dauernden Besuche Durchreisender.

Im Jahr 844 befahl Karl der Kahle, daß ein Bischof auf seiner seelsorgerischen Reise jeweils 50 Brotlaibe, 10 Hühner, 50 Eier und 5 Spanferkel erhalten mußte. Das holten sich natürlich die Klöster wieder aus ihren Gemeinden. So ging es ewig hin und her, da wurde Öl oder Fett, Brot oder Mehl gezinst, dort wurde freiwillig oder aus Zwang eine Schar von Gästen bewirtet. Auch war es Sitte, die Zinser gut zu verpflegen und in persönlicher Not zu unterstützen, in Kriegszeiten zu schützen.

Bisweilen stellte die Ankunft eines hohen Herrn

jeglicher Hof git einen Fall, so ein Lehenmann stirbt ider abgat, das ist das beste Haupt Vieh ohne eines (das zweitbeste), oder hätt er kein Vieh, das best Fäderwatt (Federbett) ohn eins vierzöpffig, oder hätt er kein Fäderwatt, so git er sein Kisten, und hätt er kein Kisten, so nimpt man die Haustür vierörtig (viereckig) oder 5 ß (Schilling) Pfennig für den Fall; hätte er aber weder Hus noch Hof, so git er fünf ß Pfennig, oder git es uf, oder behept das Gut, weders er will.«

Je nach Gegend waren natürlich die Zehnten verschieden, so gingen an ein in Küstennähe gelegenes Kloster 2 Tonnen Aale und 600 Brote jährlich. Man nahm eben, was einem gerade fehlte und was die Gegend bot.

Von überallher floß es so den Klöstern zu, andererseits aber waren ihre Abgabenzwänge auch wieder sehr groß, und einsichtige Herren und Bischöfe vermachten ihnen deshalb gerne erbenlos gewordene Weingärten, Olivenhaine, Wälder, ja ganze Dörfer samt lebendem und totem Inventar, also Zinsbauern

Fischende Klosterknechte

seinen Gastgeber vor gänzlich unerwartete Probleme. Karl dem Großen wurde eines Tages auf einer seiner Reisen ein Käse aufgetischt, der fett und sahnig war, aber eine feste Rinde hatte. Er schob die Rinde beiseite und machte sich daran, das weiche Innere des Käses zu verzehren. »Warum tut Ihr das?« fragte sein Gastgeber, schmerzlich berührt. »Ihr werft gerade das Beste weg.« Der Kaiser versuchte die Rinde und stellte fest, daß der Bischof recht hatte. Dann sagte er: »Schickt mir jedes Jahr zwei Wagenladungen von diesem Käse nach Aachen.« Drei Jahre lang suchte der unglückliche Bischof gewissenhaft das ganze Land nach diesem Käse ab, bis sich Karl der Große endlich seiner erbarmte, ihn von seiner Pflicht entband und schließlich »mit einem vortrefflichen Gut, reich an Korn und Wein« belohnte.

In einer Stiftungsurkunde des Grafen Elimar von Oldenburg wird im Jahre 1100 erwähnt, daß die Mönche des Klosters Iburg jährlich zu Mariä Geburt neunzig Bund Aale erhalten und dafür den Grafen in ihre Gebete einschließen müssen.

Alte Chroniken geben reizvolle Auskünfte über solche Wechselbeziehungen. Die Gemeinde St. Riquier in der Picardie versorgte bereits im 9. Jahrhundert sein zuständiges Kloster mit 100 Laib Broten, 130 kg Fett oder Talg, 145 l Wein, 4,5 l Öl pro Woche und 270 l Bier täglich. Das muß ein großer und trinkfreudiger Konvent gewesen sein, wenn nicht ein Hospital oder eine Pilgerherberge dabei unterhalten werden mußte. Umgekehrt wieder war Herrenwörth im Chiemsee infolge hoher Kriegslasten gezwungen, seine »Kuchlnotdurft« einzuschränken und seine arm gewordenen Bauern und Klosterhörigen von gewohnten Abgaben zu entlasten. Es tat sehr weh, statt wie bisher 1428 fl. für das gewohnte gute Bier aus der kurfürstlichen Brauerei in Traunstein und für Branntwein, sondern nur noch 427 fl. für ein viel schwächeres Bier ausgeben zu können. Auch die Zahl ihrer Gäste, die auf die einsame Insel die einzige Unterhaltung brachten, wurde eingeschränkt.

Sehr oft waren die Besitztümer der Klöster weitverstreut; heute würden wir sagen im Ausland, damals war aber ganz Europa eine zusammengehörige Welt. Im Akt 71 und 72 des Reichsarchivs zu München sind die Schicksale der dem Kloster Herrenchiemsee im Gerichtsbezirk Kitzbichel eigenen Stiftsgüter verzeichnet und aufbewahrt. Es waren: »1) das Grubergut bei Pillersee, 2) das Wiesergut allda, 3) das Gatterergut von Gaing, 4) die drei Fuchshamer Güter, 5) das Hartl-, Nickhl-, Gunhartinger-, Fridingergut und das Wiesengut im Kohlen- oder Kolbenthale.«

Ihre Stiftsdienste betrugen nach den Dienstregistern des 16. Jahrhunderts sowohl jährliche Geldreichnisse in gemeiner Landeswährung, je nach der Größe des Gutes von 1 fl. 20 kr. bis zu 6 fl. 40 kr. »Trucken Gelt«, als auch Naturalreichnisse, gewöhnlich ein

Mönch am Bienenstand

Lamm oder einen Laib Käse. Zu diesen fügte wahrscheinlich die Zeit der beschreibenden Rechte den Mahlpfennig à 5 kr. und ein Ehret von 2 kr. wie bei den Bambergischen Untertanen für den Amtmann ein ää (Mutterschaf) nebst dem Lamm oder 32 kr. zum Ehret. Die jährliche Einhebung der Stiftsdienste von diesen unter dem Kollektivnamen »Fuchshamer Güter« bekannten Höfen erfolgte mit der aus den ältesten Zeiten herkömmlichen gewissen Feierlichkeit einer Öffnung von Seite des chiemseeischen Amtmanns der Stiftskellerei.

Natürlich gingen im Lauf der Zeit durch Kriegswirren, Verschuldung, schlechtes Wirtschaften, durch Tausch und Verkauf, Brand und Plünderung einzelne Besitzungen wieder verloren, so daß dann weniger üppig gelebt werden mußte. Auch von der Obrigkeit kam so mancher Dämpfer. Die Reform von Cluny dürfte die erste und ernsthafteste ihrer Art gewesen sein. Bereits im 11. Jahrhundert ging von dieser Zisterzienserabtei eine starke Veränderung des Klosterwesens vor sich, die das üppige Leben verbot, größere wissenschaftliche Anstrengungen, ein keuscheres Leben sowie mehr Gebet und Arbeit verlangte.

Uns interessiert hier, daß der Speisezettel in den Klöstern (wenigstens vorübergehend) gekürzt und die Fastenzeiten verlängert wurden. Man hat aber auch später und häufig versucht, so etwa durch Abraham à Santa Clara und viele andere reformierfreudige Mönche und Kirchenfürsten, die gelegentliche Eß- und Lebensfreude in den Klöstern einzudämmen, was jedoch jeweils nur zeitweise gelang, denn gutes Essen war ja letzten Endes das einzige, was vielen geistig weniger interessierten Klosterinsassen blieb und was täglich mehrmals verführerisch auftrat und letzten Endes dann auch durch die eigene Tüchtigkeit der Mönche ermöglicht wurde. Mönche waren es nämlich, die für die Verbesserung von Getreidesorten, die Veredlung von Wein, Obst und Gemüse, Vieh- und Bienenzucht

verantwortlich zeichnen können. Sie haben, anschließend an die klassischen Ökonomen, die arabische Schule von Salerno und an die Kenntnisse ihrer wandernden Brüder aus Frankreich, Irland, Spanien und Italien immer neue Versuche gemacht, frische Ergeb-

Scharwerkender Klosterbauer

nisse verwertet, geforscht und erprobt und damit nicht nur ihre eigene Küche bereichert, sondern wurden zu Lehrmeistern für ihre Gemeinden, ja für das ganze Volk. Sie waren ja auch die einzigen, die lesen und ihre Kenntnisse niederschreiben, ihre Erfolge festhalten und fortentwickeln konnten.

Wurden auch später die Leibgedinge, die Hörigkeit, Zins und Lehensabgaben abgeschafft, fromme Stiftungen, noble Hinterlassenschaften und Geschenke blieben. Darüber hinaus blieben vor allem die Wallfahrten. Sie wurden schon sehr früh und klugerweise von jeglichem Fastengebot befreit, was natürlich den Umsatz in den Wirtshäusern und in den Klosterschenken hob und das Volk ausgabebereiter machte. Dabei spielte dann auch allerhand Kultgebäck als Andenken und Geschenk für die Daheimgebliebenen eine Rolle. Es gab Lebkuchen, Springerle (Gebäck) mit religiösen Bildern, geformte Quittenpasten, Kräuterprinten und ähnliches mehr aus den Klosterbackstuben. Auch aus dem Verkauf von Devotionalien, wie Rosenkränzen, Kreuzen, Medaillons, Scapulieren (Talisman), Weihwasser (Lourdes), Gnadenbildern,

Der Zinseinnehmer rechnet mit dem Abt ab

Kerzen, Lämpchen, Gebetbüchern und selbstgebrauten Klosterschnäpsen sowie Bier, schöpften Pfarrherrn wie Konvente ihre oft reich fließenden Quellen gut aus und konnten so ihre Tische üppig bestellen.

Soweit der Vertrieb dieser Wallfahrtsandenken nicht von der klerikalen Obrigkeit ausging, vermieteten sie wenigstens die Standplätze rings um Kirche und Friedhof teuer und hatten so auch wiederum Einnahmen. Die zu einer Art von Volksfesten ausgebauten Pilgerfahrten machten bei allen Teilnehmern das Geld locker, und es kam daher selten zu Engpässen in der pfarrherrlichen Haushaltsführung, was ja gerade wieder so manchen Eiferer und Reformierer veranlaßte, herzhaft dagegen aufzutreten. So wechseln saftige Lebensfreude mit karger Enthaltsamkeit, aber die Bedürfnisse des Magens haben immer wieder gesiegt und es ist uns heute möglich, aus all dem Für und Wider reiche Schlüsse zu ziehen, so daß auch die alte Kloster- und Pfarrhofküche klare Formen annimmt.

Die Zeiten von Wohlstand und Armut aber wechselten dauernd, und es waren nicht immer friedliche Besucher, die an die Klosterpforten pochten und forderten.

Zum Kloster Eberbach im Rheingau, in dem besonders die Zisterziensermönche aus Burgund den Weinbau pflegten, gehörten natürlich auch reiche Zinsgüter und inbesondere Weingärten. Auch sie spürten den Wechsel von Empfangen und Geben im Lauf der Zeit oft stark. In Friedenszeiten wurde gut gezinst, im 30jährigen Krieg z. B. aber machten sich die Schweden raubend über das Kloster her, und im Bauernkrieg leerten die aufsässigen Hintersassen das große Faß mit seinen 269 Ohm guten Weins. Dafür aber verstanden es wieder einige Äbte, sich als Weinhändler und Finanzmakler Einnahmen zu verschaffen. 1705 hatten Truppendurchzüge eine Einquartierung um die andere zur Folge. Einmal legte man dem Kloster Seligenthal dreißig Mann ein; es gab auf beiden Seiten allerdings nichts zu klagen, wie die Chronik meldet: »Sie waren still, bescheiden, ruebig, vergnieglich, aber Nudl aßen sie nit gern, waren am Mittwoch (Fasttag im Kloster) kommen; Freitag und Sambstag gab man ihnen fischl ... den fünften Tag als Sonntag ließ ihnen unser gnedige frau Muetter einen Pockh stechen, zue brätlein guet zuerichten, Pasteten, Dorthen machen; sie bedankten sich gar hoch«, als sie fortmußten.

Noch wäre von soldatischen Zwangsbesuchen, gar aus der Zeit des 30jährigen Krieges zu erzählen, da ging es wesentlich weniger gut ab, und wenn das letzte Stück Vieh aus dem Stall und der letzte Taler aus der Kasse geholt worden waren, wenn die Kirche ihrer Kostbarkeiten beraubt war, kamen Jahre einer schmalen Küche.

Das Kloster Seligenthal in Landshut besaß durch Schenkungen, Käufe, Erbe und Tausch allmählich sogar über 2000 Tagwerk Grund und Wald, viele Bauernhöfe und Güter, Mühlen, Gewerbebetriebe, Stadthäuser und anderes, so daß der Einschnitt in der Säkularisation, die alles zugunsten der Landshuter Universität wegnahm, recht bitter für das Kloster war.

Nonnen im Refektorium

Das erste Millenium unserer Kulturgeschichte ist noch ziemlich grau, um nicht zu sagen schwarz. Erst nach der klösterlichen Reform im 11. Jahrhundert (Cluny) und nach langsamem Erblühen des Rittertums, vor allem aber nach den Kreuzzügen, trat im 12. und 13. Jahrhundert eine neue Form des gemeinschaftlichen Lebens in Erscheinung. Der bei den Kreuzzügen mit der höheren Kulturstufe des Orients in Berührung gekommene Klerus und Adel lernte eine unbekannte und für die damaligen Verhältnisse schönere Welt kennen und brachte neben mancherlei realem Gebrauchsgut auch beachtliches Wissen von einer gehobeneren Lebensweise mit nach Hause. Die verfeinerten Sitten alter orientalischer Kulturgebiete im Verein mit der gewachsenen Aufgeschlossenheit der Heimkehrer, mit der Neugierde der Daheimgebliebenen, nicht zuletzt auch die wirtschaftlichen Voraussetzungen durch die erweiterten Handelsbeziehungen wirkten wie ein warmer Regen auf ausgetrocknetes Land. In kurzer Frist erblühte, über Spanien und Frankreich eindringend, die hohe Zeit des Mittelalters, mit ihrer geistigen Sammlung in den Klöstern, und die

Minnezeit, der Höhepunkt des Rittertums, mit einer neuen Literatur, mit Musik, Tanz, Lied und höfischem Zeremoniell, mit Schönheit bis zur Geziertheit. Verwoben mit religiösen Vorstellungen erwuchsen aus dem Dienst an der plötzlich so wesentlich erhöhten »Fraue« der Minnedienst und der weltliche wie kirchliche Marienkult. Das galt allerdings nur für eine dünne, die oberste, geistig tragende Schicht.

Gleichzeitig begann man die Eßsitten zu verfeinern und bildete das Mahl, die Gemeinsamkeit, die geistige wie physiologische Ruhepause zu einer zeremoniellen Schau aus, die den Wert der Nahrung erhöhte, den Dank für die Gabe ausdrückte, die das gesellige Niveau hob und Abwechslung im Alltag bot. Im Kloster, in dem das Leben eintöniger abrollte als draußen im rauhen Lebenskampf, waren künstliche Wellenschläge aufmunternder Lebensbejahung besonders notwendig, und so gestaltete man hier aus Klugheit und Bedürfnis das tägliche Mahl, selbst wenn es noch so einfach war,

zu einer Art heiligem Theater. Es war nicht überall gleich, wurde aber insgesamt doch immer mehr ausgebaut und so zu einem täglichen, wenn auch realen Gottesdienst. Man errichtete schon früh schöne Gemeinschaftsräume mit fest stehenden Tischen, während die weltliche Gesellschaft noch große Tafeln oder sogar nur ausgehängte Türen auf Schragen legte und nach dem Essen wieder aufhob, woher unser heute noch gebräuchlicher Ausdruck stammt, die Tafel aufheben. In den Klöstern jedoch, mit einem auf Dauer für einen größeren Konvent eingestellten Bedarf an Eßplätzen, schuf man spezielle Säle, die Refektorien, von groß, aber schlicht, bis übergroß und sehr prunkvoll. Sie waren ja den, die alten Klassiker studierenden Mönchen als besonders schön ausgeschmückte Eßräume, als Triklinium der Griechen und Römer bekannt.

Wir müssen uns nur in Klöstern mit gotischen Sälen oder solchen der Renaissance wie des Barocks umsehen und staunen über den Aufwand und die Schönheit, mit der man die so kreatürliche Nahrungsaufnahme auch an frommer Stätte ausstattete. Eingelegte Böden, Wand- und Deckengemälde, Marmor, Stuck und Kronleuchter, geschnitztes Gestühl, Riesentische, große Öfen oder sogar eine raffinierte Bodenheizung unter den Tischen, wie z. B. im Kloster Melk an der Donau, sind beredte Zeichen dafür, daß Essen nicht nur Notwendigkeit, sondern offizieller Dank an Gott, verlängerter Gottesdienst war.

Zur festgesetzten Stunde, streng nach Werk- und Feiertag, Fastenzeit oder Besuchen eingeteilt, wandelte, nicht etwa nur ging, der Konvent, genau nach Rangordnung, gemessenen Schrittes, korrekt und passend gewandet, nach einem Glockenzeichen ins Refektorium. Wie ein einstudiertes Ballett verteilten sich die Zweierreihen auf ihre Plätze, wobei die Oberen die Ehrensitze einnahmen. Nun wechselten Gebet, Segnung und Verneigung, Dank und ein gesungenes

Das ehemalige Refektorium von Kloster Seligenthal, Landshut

Mönche bei Mahl und Andacht

Amen mit dem Auftragen der Speisen durch eigens dazu bestimmte Brüder ab. Ein Mönch oder eine Nonne las dabei ein Kapitel aus der Bibel, ein Tischgebet oder einen Klassiker vor; man war bemüht, sich gegenseitig zu bedienen, zu unterhalten, die Speisen als Gottesgaben zu betrachten, sich zu entspannen. So feierlich, wie's begann, so feierlich ging's wieder mit einem choralen Dank zu Ende. Natürlich ist das eine Schilderung, wie es wohl oftmals nur gedacht und gewünscht war und wie es nur in guten Zeiten, bei höher gebildeten Gemeinschaften geübt wurde. Das Ideal war es jedenfalls und so wurde es auch vielfach geschildert, vor allem von Gästen und Chronisten. Auch das einfachste Essen wurde so zum Bankett, zum Tafeln, zum festlichen Mittelpunkt des Tages.

Gleichzeitig begann man die Eßsitten zu verfeinern. Da infolge des ganz primitiven Fehlens von Eßge-schirr oder Besteck vorläufig einmal, wie noch zu Zeiten der alten Germanen bis hinauf zum Sonnenkönig Ludwig XIV, alles mit den Händen gegessen wurde und nur große Gemeinschaftshumpen kreisten, so läßt sich vorstellen, wie es in ältesten Zeiten beim Essen zuging: triefendes Fett, vertropfte Tischplatten, verschmierte Finger und Kleider, auseinandergerissene Fleischstücke, über die Schulter geworfene Knochen, Hunde unterm Tisch, die Wirkung Alkohol enthaltender Getränke mit gröhlendem Gesang, ungehemmte Verdauungsgeräusche, blakende Fackeln, tropfende Kerzen.

Gerade in den Klöstern entstand durch die teilweise gehobenere Geisteshaltung der Insassen, durch die Verpflichtung dem Volk und ihren ihnen anvertrauten Schülern gegenüber, durch das Kennenlernen besserer Sitten durch die Kreuzzüge und die Reisen vieler Wandermönche und -prediger das Bedürfnis zur Entwicklung einer den Wert der Nahrung steigernden Tischkultur.

Und Mönche und Nonnen waren es denn auch, die sich dieser wichtigen Seite der gesellschaftlichen Renaissance annahmen, indem sie bessere Tischsitten einführten, sie auch lehrten und in Form von sogenannten Tischzuchten, eine Art Anstandsbücher, niederschrieben.

Erhaltene Tischzuchten in alten Handschriften, als Lieder oder Reime, Bruchstücke davon und auch nur das Wissen darum, sind sichere Beweise dafür, daß es die Klöster waren, die damit begannen, für sich selbst, für den Hof, den Adel, schließlich für Patrizier, Bürger und endlich auch für das Volk, bessere Eßmanieren einzuführen. Es gibt diese Tischzuchten in überfeinerter, sogar gezierter Liedform, als einfache Belehrung, wie auch als derben Scherz. Was nicht als zuerst handgeschriebenes Buch oder Flugblatt für den Lesekundigen umging, verbreiteten Wandermönche, Volks- und Bänkelsänger, Barden und Schausteller von Mund zu Mund.

Die frühesten Verfasser solcher Tischzuchten jedenfalls waren nachweisbar klösterliche Dichter und Reimer. Da ist als einer der ersten Thannhäuser (nicht der aus dem Venusberg, sondern ein Mönch) zu nennen. Er ist 1393 in Innsbruck als Wandermönch nachgewiesen.

Petrus Alfonsi (gest. 1105) schreibt in seiner »Disciplina clericalis« den Mönchen vor, wie sie sich bei Tisch verhalten sollen. Auch Erasmus von Rotterdam mahnt in seinem »Roman de la Rose« (1275 erschienen) die klösterliche Jugend, vor allem in seinem Kapitel IV: »De civilitate morum puerilum de convivis.«

Ihm folgt Thomas von Circelaere (1186–1235), Domherr in Aquileja, mit dem Lehrgedicht »Der welsche Gast«. In Augsburg hat eine Nonne, Clara Hätzlerin, eine umfangreiche Tischzucht in Gedichtform verfaßt. In der Bibliothek des Servitenklosters in der Rossau zu Wien liegt eine Handschrift aus dem 14. Jahrhundert, die sogenannte Rossauer Tischzucht.

1492 wurde die »Göttweiher Tischzucht« gedruckt. Sie mahnt:

> »Über Tisch nicht krau dich,
> Es ist zu Hof gar spöttlich;
> Greif nicht in den Busen oder auf das Haupt,
> Man meint sonst, du seiest lausig und betaubt.
> Wird dein Bauch zu Zeiten munter
> Und dein Hintern, bezwing's besunder,
> Daß er nicht kräh vor der Zeit;
> Mach dich von den Leuten weit.«

Es gibt noch viele alte Handschriften und auch Klosterkochbücher, die ähnliche Anhänge und Mahnungen, sich bei Tisch gesittet zu verhalten, vorweisen können. Jedenfalls war es sehr früh schon ein starkes klösterliches Anliegen, das oft rauhe Benehmen beim Essen zu verbessern, was allerdings schwer war, da ja alle helfenden Tischgeräte fehlten. Die Benützung von Gabeln z. B. war in einigen Klöstern lange ausdrücklich verboten, denn sie galten als weltlicher Luxus.

Bald kam durch Gutenbergs Erfindung das Buch in höherer Auflage heraus, und wieder waren es die Klöster, die zuerst das Lesen und Schreiben und dann den Gebrauch des Gedruckten lehrten, so daß man sagen kann, über die Klöster kam die gute Sitte des Essens in die Burgen und in die Häuser. Über die Klöster kam Bildung ins Volk.

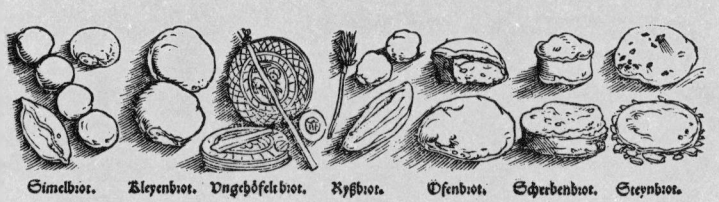

Simelbrot. Kleyenbrot. Vngehöfelt brot. Ryßbrot. Ofenbrot. Scherbenbrot. Steynbrot.

Zunächst soll ein wenig über die in früher Zeit zur Verfügung stehenden Lebensmittel geplaudert sein. Sie waren ja maßgebend für die Speisen. Aber wir müssen uns damit abfinden, daß es sich in alten Handschriften nur ganz selten um eigentliche Rezepte, sondern nur um kurze Hinweise handelt. Erst mit der Würzburger Handschrift »von guter spise« im Jahr 1345 (siehe Seite 91) beginnt das Rezept, das Kochbuch; alles frühere ist in einer Art Zunftsprache gegebene Erinnerungshilfe, Mahnung, Empfehlung oder chronikalische Aufzeichnung.

Der Ursprung aller Nahrung waren erbeutetes Wild, Wildfrüchte, Wildgemüse, später Getreidekörner und Brei daraus. Aus ihm entwickelte sich das geröstete Korn, der gebackene Fladen, das Brot. Ein Seitenzweig davon, auch vom Wort her zu verstehen, ist das Brauen, das Getränk aus gegorenem Getreidekorn, das Bier. Eine Weiterentwicklung ist das »gehöfelt Brot« (das mit Hefe gelockerte Brot) gleichfalls dem Gärvorgang entwachsen. Brot war Nahrung an sich, war Beikost zu Fleisch und Milch, Käse und Eiern, aber auch Unterlage der Speisen beim Essen, sozusagen der früheste Teller. Brot war an Stelle von Löffeln zum Aufnehmen von ragoutartigen Gerichten wie auch zum Binden, Eindicken und Verlängern von Speisen notwendig. Man hat ebenso Mehlspeisen und Gebäck, wie etwa die berühmten Goldschnitten (Seite 95), die Bavesen (Seite 217) usw., daraus bereitet. Brot war zum Begriff von Ernährung schlichtweg geworden, und heute noch wirbt man einfach um Brot für die

Welt, auch da, wo gar keines im engeren Sinn gegessen wird.

Zum Brotbacken kam hauptsächlich grobes Roggenmehl in Betracht. Man streckte es mit Gerste, Hafer, Frühsorten von Weizen, in schlechten Zeiten auch mit Heublumen, Stroh, Baumrinde, Wurzeln usw. Weißbrot war Festtagsspeise und wurde als Probstsemmel, als Herrenbrot geboten. Die Bezeichnung Schüsselbrot erhellt seine Aufgabe als aufsaugende Beigabe zu ragout- oder suppenartigen Speisen. Das Gesinde und die Bauern haben Gersten- und Haferbrot gegessen.

Allmählich verfeinerte man zu Festzeiten das Brot durch Zusätze von getrocknetem Obst (Birnen, Zwetschken), durch Honig und Gewürze. Daraus entstanden die Lebzelten, die Honigkuchen, die Pfefferkuchen, die tatsächlich viel Pfeffer, Ingwer und bereits andere orientalische Gewürze enthielten, wie sie durch die Kreuzzüge über Venedig in die Klöster kamen; denn die Klöster hatten die ersten Backstuben. Dort standen ja auch die meisten Bienenstöcke, weil Zucker noch höchst selten war und fast nur in der Medizin verwendet wurde. Gewürzkuchen mit Honig oder bereits etwas Zucker und süßen Trockenfrüchten, auch den ersten Rosinen, Feigen und Mandeln, sind also sozusagen Kreuzritterbeute. Man nannte sie ja auch häufig »Heidnische Kuchen«. Die Rezepte dafür waren aber noch recht wortkarg. Es handelte sich um einfache Fladen mit aufgestreuten Gewürzen oder

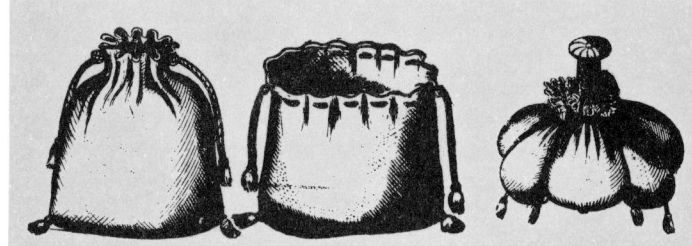

2 Reisemehlsäcke und ein sechsfächeriger Gewürzbeutel

Beim
Schneeschlagen

Früchten oder aufgeschmiertem Honig oder pikant mit Schmalz und Zwiebeln, etwa in der Art, von Pizzas, die ihren Ursprung gleichfalls darin haben.

Ein »heidnisches« Rezept aus frühester Zeit lautet:

»Man nehme Teig und breite ihn dünn; gesottenes Fleisch, gehackten Speck, Äpfel, Pfeffer und Eier hinein. Backe das, laß es aber nicht anbrennen!«

Erst allmählich ging man zu süßem Gebäck über, nannte aber den Zucker noch »indisches Salz«. Aus dem 11. Jahrhundert kommt die Kunde aus dem Kloster Tegernsee, daß man dort bereits Pheforceltum, also Pfefferkuchen (Zelten) gebacken hat.

Unter Pfeffer sind aber alle Gewürze, die aus dem Orient kamen, zu verstehen. Auch heute spricht man noch von »gepfefferten« Speisen, Witzen und dergleichen und meint damit die allgemeine Schärfe durch kräftiges Würzen. Nach ältesten Rezepten nachgebackene Lebkuchen erwiesen sich als so scharf, daß sie für die heutige Zunge geradezu ungenießbar sind. Ingwer hat man neben viel Pfeffer und Muskatnuß pfundweise verwendet.

Jacob von Rammingen, Straßburg, schreibt 1580 über Lebkuchen:

»Von Honig macht man Kuchen, welche gemeiniglich die Geistlichen machen und von den Mönchen Lebetha, von den Nonnen aber Lebkuchen und Leb-

zelten genannt werden, und dieselbigen werden aber nicht auf einerlei Weise gemacht.«
Die vielen Rezepte dafür beweisen das.

Den Klosterinsassen schmeckten natürlich die neuartigen Pfefferkuchen außerordentlich; so war es denn vorauszusehen, daß wieder ein Verbot dafür kam. Abt Bernerli hat deshalb schon im 12. Jahrhundert zuerst den Genuß von Pfefferkuchen eingeschränkt und sie schließlich ganz verboten. Er meinte: »Jeder Verständige wird mir recht geben, daß der Pfeffer, welchen man hineintut, für Mönche allzu hitzig sei, und weil sie die Speise stark mit Honig(kuchen) würzen, schmeckt ihnen jeder Wein sauer und sie machen beim Trunk ärgerliche Gesichter.«

Das Pfefferkuchenbacken hat man aber trotzdem nie aufgegeben, denn man verwendete ihn auch zum Kochen, indem man ihn, wie etwa heute noch, bei Wildsoßen, aufgerieben zum Verfeinern und Binden von Soßen, Ragouts, Braten usw., aber auch in geröstetem Zustand zum Dunkelfärben von Speisen gebrauchte.

Zudem wurde Pfefferkuchen ein sehr beliebter Geschenkartikel für hohe Feiertage, für Besuche, den Beichtvater, für Kinder und Kranke, und man hat sehr schöne Model geschnitzt, sie figürlich auszuprägen.

Aus dem Jahr 1332 ist bekannt, daß die Nonne Margarete Ebner vom Kloster Medingen neben Handar-

Küchenknecht aus der vatikanischen Küche beim Teigauswellen

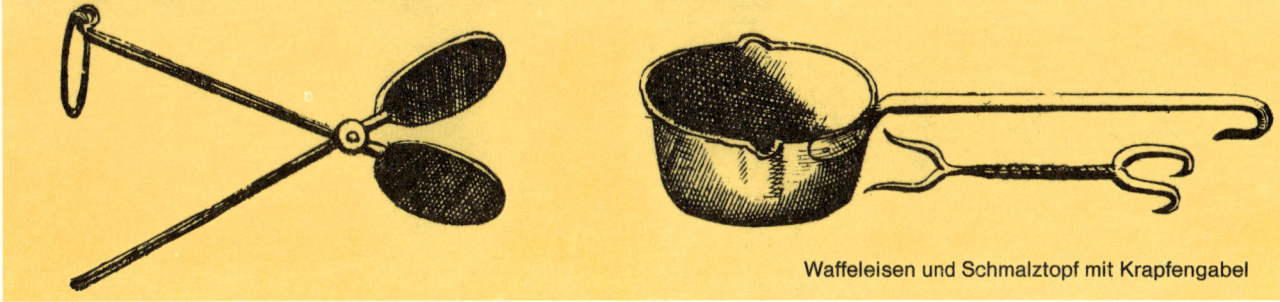

beiten und Kerzen auch »letzelten« an Meister Heinrich von Nördlingen schickte. Es waren aber viele Klöster dafür berühmt, wie etwa Frauenchiemsee, schöne Gebild-Honigkuchen zu bereiten, aus denen dann der Konvent sogar stetige Einnahmequellen zu machen wußte oder seine Ware gegen anderes tauschte.

Auch sonst waren die Klöster Vorbilder für das gesamte Backwesen, und sie hatten eigene Backstuben eingerichtet, aus deren Wissensschatz wir heute noch schöpfen können.

Zurückgeschaltet zum frühesten Fladengebäck gehört hierher auch die Oblate, deren Herstellung zumeist in Frauenklöstern erfolgte. Man stellte sie sowohl für den sakralen Bereich als geprägte und dann geweihte Hostie wie auch als Backunterlage für feines, besonders für Mandel- und Nußgebäck, aber auch zum Kochen her. Sie dienten zum Einhüllen zarter Massen. Darüber hinaus löste später die Oblate das Siegellack ab, weil

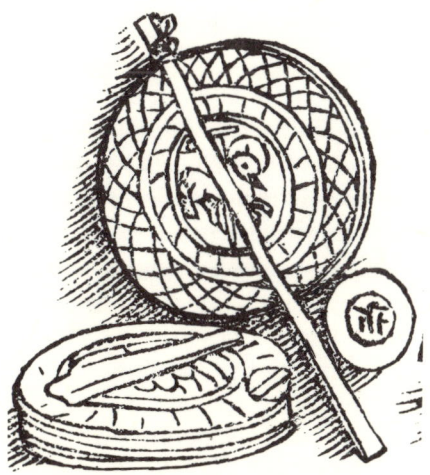

Ungehöfelt brot.

Große geprägte Oblaten (Waffeln). Ungehöfelt Brot = ungesäuertes (ohne Hefe) gebackenes Flachbrot

die aus Teig geprägten Siegel weniger der Bruchgefahr ausgesetzt sind. Man verwendet sie heute noch als Amtssiegel.

Ein aus frühesten Zeiten stammendes Gericht, das in der Entwicklungsreihe zwischen Brei und Mehlspeise liegt, war der oder das sogenannte »Koch«, die einfache Bezeichnung von jeder Art gekochtem Brei aus Mehl oder Grieß, Reis, Reismehl oder anderen Zerealien. Zunächst galt es als allgemeine Kost und konnte süß oder pikant, mit oder ohne Fleisch, mit oder ohne Gemüse, zart für Kinder oder stark gewürzt für Erwachsene auf den Tisch kommen. Das Koch war in der süddeutschen Küche noch bis in das 19. Jahrhundert hinein eine beliebte Speise mit vielen Variationen in Form feiner Mehlspeisen, so als Wikkelmus (Rezept Seite 233), als Auflauf und ähnliches mehr. Ihm zugesellt an Beliebtheit, an Langlebigkeit und Verwandlungsmöglichkeit ist das »Blanc manger«, also die weiße Speise, eine zarte Sülze, die aus Mandelmilch oder einem gekochten Mus aus Reis- oder Weizenfeinmehl und Fisch- oder Geflügelfleisch sowie Gewürzen, später auch in süßer Abart aus weißem Brei, Rahm und Früchten bestand. Das ursprünglich französische Zwischengericht, das als Verdauungshilfe galt und auf jeder Festtafel serviert wurde, ist in alle Sprachen und Dialekte des damaligen Europa verwandelt worden, so daß Mensier blâ, Blamentier, Plamenser, Mancho blancho, Blamasch usw. daraus entstand. Man hat die Speise mit Hausenblase (die mittelalterliche Gelatine) gesteift und mit Mandeln, Pistazien, Zimt, Zucker oder Pfeffer verfeinert. Das alte Blanc manger (Rezept Seite 93 und 232) lebt heute in süßer Ausführung als Creme bavaroise in der guten internationalen Küche fort.

Wenden wir uns wieder dem nächsten Glied der Kochgeschichte, dem gebackenen Mehlbrei oder Teig zu, der zum Gebäck, zum Kuchen wurde.

Da es ja nur offenes Feuer gab, waren natürlich die

Schön
geschnittene
Waffeleisen

Möglichkeiten für das Backen sehr beschränkt. Man kannte zunächst den Spießkuchen, einen um einen Holzspieß gewickelten oder aufgegossenen halbdicken Teig, der drehend neben der Flamme gebacken wurde und der in unserem Baumkuchen seinen Nachfahren hat. Daneben gab es das in Schmalz gebackene Kuchenzeug, besonders die Krapfen und deren Verwandte. Ein besonders nettes altes Rezept sind die Nonnenfürze. Sie haben ihren etwas anstößigen Namen einer Überlieferung zufolge, die allerdings mehrfach verwandelt auf uns überkommen ist. *Eine* Auslegung davon: Eine junge Novizin der Abtei zu Beaume-les-Dames war beauftragt, Schmalzgebäck herzustellen. Der Teig war aber anscheinend etwas zu feucht geraten, denn in dem Augenblick, in dem die Nonne ein Gebäckstückchen ins heiße Schmalz gab, ertönte ein sehr verdächtiges Zischgeräusch, und das gerade, als ein zu Besuch weilender Bischof auch die Küche besichtigte. Rot und blaß geworden, wollte die Nonne aus der Küche entweichen, aber der Bischof hatte so viel Spaß daran, daß er das Gebäck »Nonnenfürzchen« nannte. Dabei blieb es bis heute (S. 189).

Um Torten backen zu können, die allmählich immer mehr Eingang fanden, wurden eigene Tortenpfannen entwickelt. Es handelte sich dabei um schwere eiserne oder bronzene tiefe Pfannen mit 3 Füßen, einem Stiel und einem schweren, flachen Deckel, auf den für die Oberhitze glühende Kohlen gehäuft werden konnten. Die Pfannen standen im oder neben dem offenen, langsam abbrennenden Feuer. Zunächst aber waren es keine Torten in unserem Sinn, mehr Aufläufe oder Pasteten aus pikanten Zutaten, wie Fleisch, Fisch, Gemüse, Kräutern und Hülsenfrüchten mit viel Gewürzen. Erst allmählich wird die »Torte« süß und mit Obsteinlagen kombiniert.

Nahezu alle diese Nachrichten stammen aus den frühesten Aufzeichnungen aus Klöstern oder von Klosterköchen verfaßten Büchern.

Als nächstwichtige Speisen sind Hülsenfrüchte zu nennen; sie waren Grundlage für Suppen und Breie, Beilagen und Sattmacher. Erbsen wurden überdies als eine Art Vorläufer unserer Suppenwürze verwendet. In den meisten alten Rezepten ist darum die Arbeisbrü (Erbsenbrühe) zum Verbessern der Speisen erwähnt. Sie war täglich vorhanden. Deshalb sind auch sehr häufig Erbsen als Klosterzinsung genannt. Man verwendete sie für Suppen, Breie, Füllungen, Knödel und als Beilage sowie als Würze. Sie wurden mit anderen Hülsenfrüchten, mit Gemüsen und Salaten zu einer Speisengruppe vereint und galten als »Zugemüse«, von denen Rumpolt allein 275 Rezepte bringt.

Als eigentliches Gemüse kannte man in der Frühzeit aber in der Hauptsache nur Kraut, im Winter eingesalzenes, also Sauerkraut, und Rüben verschiedener Art. Daneben aß man Lauch, Zwiebeln, Knoblauch, Spinat sowie Spinatersatz aus Brennesseln, Melde usw. Ferner Gurken, Melonen und Sellerie. Erst spätere Züchtungen aus Klostergärten brachten feinere Kohlsorten. Bohnen wurden erst sehr spät als frisches Schotengemüse erkannt. Grüne Erbsen kamen noch später. Im Parsival wird eine Art Salat »purzeln unde latum (wohl Lattich) gebrochen in den vinaeger« (Essig) genannt.
Aber Kräutchen kannte man schon in großer Anzahl. Sie mußten die zumeist eintönige Kost bereichern.

So dichtet F. W. Weber in »Dreizehnlinden:«

> Kräftig sproß im jungen Garten
> Akelei und Ros' und Quendel,
> Blasse Salbei, Dill und Eppich,
> Eberraute und Lavendel.

Sogenannte Beikost war in deutschen Klöstern zunächst seltener, später kamen Knödel aus Brot, Bohnenkernen, Hirse usw. auf, wie der Küchenzettel aus

Dünsttopf, dreifüßige und vierfüßige Tortenpfannen mit flachen Glutdeckeln

dem Kloster Tegernsee erweist. In Italien kannte man, aus dem Orient kommend, schon seit etwa dem Jahr 1000 die Herstellung von Spaghetti und anderen Teigwaren, wie aus dem Tacuinum sanitatis des arabischen Schriftstellers Elimitar Elluchasem ersichtlich. Eine Abbildung zeigt deutlich das Trocknen der fein geschnittenen Teigstränge. Eine gute Weile später tauchen dann auch bei uns Speisen aus Mehl, wie Nudeln und Spätzle, auf.

Wenn jetzt erst von der Verwendung von Fleisch die Rede ist, so deshalb, weil es so früh eine Seltenheit in der Klosterernährung war. Zunächst wurde es für viele Orden überhaupt verboten, dann war es im allgemeinen zu wenig und überdies sein Verbrauch noch durch die vielen Fastentage stark eingeschränkt. Geflügel war zeitweise den Klosterinsassen überhaupt untersagt, da es zur Verweichlichung und zur Unkeuschheit führe. Als völlig ungeeignete Luxusspeise wurden gemästete Kapaune und Poularden angesehen, was sie aber im Gegensatz dazu später als spezielle Herrenspeise ins Refektorium brachte. Zur ausgesprochenen Krankenkost aber war normales Geflügel zugelassen.

Man hat das Fleisch anfangs nur am Spieß gebraten, als Ragout gedünstet, in der Suppe gekocht oder in Form von gehacktem Fleisch zu Pfannenzelten (Pfanzel), Pasteten, Torten, Füllungen, Knödel usw. verwendet. Zumeist schlachtete man nur im Herbst, weil das Futter zu wenig wurde und weil es als wichtiger Wintervorrat galt. Deshalb kamen in der kalten Jahreszeit auch nur gepökeltes oder geräuchertes Fleisch, Speck und Wurst in Frage. An Fleischsorten gab es vielerlei, weil in normalen Zeiten alles Getier einbezogen wurde.

Der Fisch als Fastenspeise mit all dem übrigen Wassergetier oder jedenfalls allem, was in und am Wasser lebt, hat im Kapitel Fasten seine eigene Würdigung erfahren (siehe Seite 43).

Vom heutigen Standpunkt aus gesehen, war also die Auswahl an Lebensmitteln noch recht gering, ja gelegentlich sogar armselig. Dafür verwendete man aber früher Speisen, von denen wir uns heute grausend abwenden. Man tischte Dinge auf, die uns unbegreiflich geworden sind. So ist in manchem Kochbuch, etwa bei Rumpolt, Hagger (siehe Seite 41), also in fürstbischöflichen Kochbüchern, zu lesen, daß man aus gekochter Rehhaut Sulzen, aus Hirschgeweihbast und Hirschgeil Ragouts, aus Fischköpfen Suppen und aus Rindermagen Würste gemacht hat. Es gab so ziemlich keinen Teil von Schlachttieren, den man nicht zu verwenden wußte.

Man aß Fischeingeweide, Fischgräten, Schuppen, Köpfe sowie Gallerte daraus, ferner Hühnerfüße, die Augen von Hammeln und Kühen, Hoden und Schwänze von Hirsch, Kalb, Schwein und Biber und auch ungeborene Hasen, Lämmer und Kälber. Sie wanderten gern in die Kochtöpfe, und Rumpolt z. B. hat solche Fetusse »für die jungen Herren in Österreich« zugerichtet. Ein kleines Erbe von vielen unbegreiflichen Speisen ist heute noch der sogenannte Schnepfendreck, also der Mageninhalt dieser Vögel. Jedenfalls erkennt man aus der Tatsache, daß alles restlos verwendet wurde, wie kostbar die Lebensmittel, insbesondere Fleisch und Fisch waren, und daß man aus vielen Hungersnöten gelernt hat.

Blut allerdings war verpönt. Bischof Thietmar von

3 verschiedene Tortenpfannen mit Glutdeckeln

Knoblauch.   Zybelen.   Alantwurtzel.   Melongianen.   Cucumeres/Citrulle.   Wurtzel v̄ Asa.   Essig.

Merseburg beklagt im Jahre 1018, daß viele Arme im Verspeisen von Blut keine Sünde sähen.

Papst Innozenz VIII. bekam 1492 das Angebot eines jüdischen Arztes, ihn mit dem Blut von Kindern zu heilen. Er wandte sich aber grausend ab.

Es scheint aber dann widersprüchlich, wenn man in Klosterküchen doch Blut als Zusatz zu Würsten und Füllungen und für Armeleutespeisen verwendete.

Fett war in Form von Butter und Schweinefett, aber auch Rindertalg sowie Hammelfett und einer Mischung daraus in genügender Menge vorhanden. Ebenso wurde viel Schweinespeck verwendet. Aus Butter machte man noch das köstliche Butterschmalz, das insbesondere für die feinere Küche verwendet wurde. Auch Olivenöl spielte, schon aus religiösen Gründen, während der Fastenzeit eine große Rolle, aber es war nicht überall zu bekommen. Man nannte es auch Baumöl, im Gegensatz zu Lein- oder Rapsöl, das in früheren Zeiten viel in den Klöstern Verwendung fand.

Es gab wohl in manchen, gut gestellten Klöstern täglich Fleisch oder mit einem Fleischanteil verfeinerte Speisen, aber vielfach mußte sich der Konvent eben mit Erbsen, Bohnen, Rüben, Kraut, Zwiebel, Knoblauch, Pastinaken, Kesten (Kastanien), Spinat, Mangolt, Rettich, Melde, Spargel, eine frühe dünne Sorte, später mit Weißkraut und dessen Weiterzüchtungen, wie Blumenkohl, Kohlrabi, Wirsing, Blaukraut und Blätterkohl, das aber erst vom 15. Jahrhundert an, be-

gnügen. Das Tegernseer Küchenbuch kennt nach Bierlinger noch wesentlich weniger Abwechslung. Da spielten Brot und Hirsebrei, Gelbe Knödel aus Hirse, Hülsenfrüchte, Grütze, Milch, Käse und Eier eine bedeutende Rolle neben kleineren und selteneren Gaben an Fleisch. Ekkehard segnete Hülsenfrüchte, Bohnen und auch einmal Hirse, denn sie bildeten ja einen Hauptanteil an Grundnahrung.

Es sind uns jedenfalls vielerlei Zeugnisse geblieben, wie einfach es in so manchem Kloster herging. So beklagt sich im 13. Jahrhundert der Klosterschüler Jean d'Antville in seinem »Aechitrenius« über das magere Essen:

Am Herde zischt ein armes, irdnes Töpfchen,
Drin schwimmen Erbsen und ein Zwiebelköpfchen.
Auch Bohnen – magre Kost! – ein Fädchen Lauch.
Die Speisenwürze gibt der Ofenrauch.
Der Geist berauscht sich an Burgunderweine,
Der Mund schlappt nur die Wasserflut der Seine.
(Aus dem Lateinischen von C. S. Gutkind.)

Möglicherweise waren die Schüler Kinder von armen Leuten oder es galt, sie nach ihrer Eltern Wille oder nach den oft sehr strengen Regeln des Klosters durch besondere Enthaltsamkeit für das Leben zu schulen.

Im 10. Jahrhundert, genauer gesagt 911, kam König Dagobert zu einem überraschenden Besuch ins Kloster St. Gallen und blieb bis zur Mittagsmahlzeit. Der Probst entschuldigte sich: »König, welch ein Mißge-

Reiß.   Bonen.   Erbßen.   Phäseln.   Lynsen.   Feigbonen.   Gesottner Rocken.

schick! Hättest du doch den nächsten Tag erwartet, morgen werden wir viel Brot und enthülste Bohnen haben, heute leider nicht.« Solche Armseligkeit entsprach oft den Zeitläuften, besonders wenn Kriege, Pest oder Mißernten, eine arme Gegend oder die Klosterregel größte Enthaltsamkeit verlangten.

Interessant ist in diesem Zusammenhang der Gartenplan von St. Gallen aus dem Jahr 820 und 830. Er wurde zwar nicht ausgeführt, beweist aber immerhin die Großzügigkeit und Vielseitigkeit der beabsichtigten Anlage. Gleich neben dem Haus des Arztes war zunächst der Kräuter- und Heilpflanzengarten mit 16 Arzneipflanzen gedacht. Daneben lag der Gemüse- und Küchenkräuterteil mit 9 großen Beeten für 9 verschiedene Gemüse, und auf dem Klosterfriedhof sollten zwischen den Gräbern Obstbäume gepflanzt werden. Ekkehard IV, der Chronikschreiber von St. Gallen, der seine Aufzeichnungen wohl mehr dichterisch gemeint hat, gibt uns trotzdem vielerlei Auskünfte über den kulinarischen Teil des Klosterlebens im 10. Jahrhundert. Zwar hat er uns in seinem poetischen Tischsegen, also in seinen oft mahnenden und wegweisenden Tischregeln, mit dem Hintergrund einer Unterrichtung auch anderer Mönche, so manches über Speis und Trank im Alltag hinterlassen, ein richtiger Kostzettel aber ist es nicht. Wir können immerhin aus seinen Andeutungen erkennen, daß sie mit anderen Kurznotizen über das Essen aus dieser Zeit mit den allgemeinen Eßgewohnheiten übereinstimmen und daß das Zeitkolorit überaus glaubwürdig ist. Der von ihm verfaßte Küchenplan wird zwar von Gelehrten mehr der Dichtung als der Wahrheit zugerechnet; wir wollen seine Aufzeichnungen aber hier doch mehr oder weniger für bare Münze nehmen, denn neue Rezepte oder Eßgewohnheiten hat Ekkehard wohl kaum erfunden, sondern die geschildert, die er durch seine einschlägigen Studien kennengelernt hatte.

Wenn er schreibt, daß man im Alltag Hülsenfrüchte und Obst, besonders Wildfrüchte, aber auch schon allerlei Südfrüchte, einfache Gemüse und Wurzelzeug aß, so entspricht das dem damaligen allgemeinen Konsum.

Betrachtet man dagegen die Festmenüs (siehe Seite 53), so kann man also keineswegs sagen, die Klosterkost war so oder so, sie war vielmehr schillernd vielseitig und daher historisch wie entwicklungsgeschichtlich interessant, so daß gerade ihr großes Gefälle viel aussagt. So z. B. wenn ein Bakkalaureus vom Grauen Kloster zu Berlin berichtet. Er war recht zufrieden mit dem gebotenen Essen und schildert den Alltag seines Aufenthaltes in Form eines genauen Tagebuches und schreibt nach Consentius, daß er im Jahre 1740 beinahe jeden zweiten Tag Fisch vorgesetzt bekommen habe. Da dieser in Art und Zubereitung sehr abwechslungsreich gewesen sei – bald mit Weinbrühe und Zitronen, bald mit Senf und Sellerie –, »habe ihm solche tractement sehre gemundet«.

Lber. Miltz. Yngeweyd. Feyßte/oð vnschlitt. Halß/vnd flügel. Baur vñ fell. Bäuch vñ wammen.

Gedämpfft speiß. Galrey.   Milch.   Saurmilch.   Newer Käß.   Alter Käß.   Oliuen.

Über den Handel mit Venedig, wie auch aus den eigenen Gärten, fleißig gesammelt in Feld und Wald, gab es eine Unzahl von Kräutern und Gewürzen, deren Gebrauch allgemein üblich und sehr stark war. Man kannte Pfeffer, Zimt, Nelken, Safran, Cardamömmelein, Ingwer, Ambra, Moschus, Lorbeerblatt, Anis, Fenchel, Basilikum, Kümmel, Thymian, Majoran, Rosmarin, Wacholderbeeren, Salbei, Knoblauch, Meerrettich und verbrauchte übermäßig viel Muskatnuß. Daneben waren Kapern und Senf geschätzt, und nach der süßen Seite hin Duftwürzen, wie Rosenwasser, Rosenöl und auch Rosenessig, Essenzen, Viola, Saft und Schale von Zitronen und Pomeranzen, Bittermandelöl sowie kleine Mengen von Rohrzucker. Natürlich spielte auch der Honig eine große Rolle.

Die einheimischen Früchte, abgesehen von einigen Hochzüchtungen bei Äpfeln und Birnen, waren noch klein und sauer. Aber die Zunge war daran gewöhnt. Ja, man kann in den alten Rezepten geradezu eine starke Neigung zum Sauren hin beobachten. Das schuf einen ganz natürlichen, ob bewußten oder unbewußten Ausgleich zu den meist überfetten Speisen und war sicherlich gesund.

An Nüssen schätzte man neben den erstaunlicherweise sehr reichlich und oft sinnlos verwendeten Mandeln auch Pistazien, Walnüsse, Hasel- und Zirbelnüsse, Bucheckern, die Kerne von Äpfeln und Birnen und die aufgeschlagenen Kerne von Zwetschken und später von Aprikosen und Pfirsichen. Man hat auch

schon Pfirsichblätter ihres Bittermandelgeschmackes wegen als Würzmittel gekannt.

Salz, das lebensnotwendige Urgewürz der Menschheit, war natürlich vielfach unter der Gewalt der Kirche. Ihr gehörten sowohl Salzbergwerke wie Salzzölle. Da war es selbstverständlich, daß Salz in den sakralen Bereich einbezogen und bei verschiedenen Gelegenheiten geschenkt oder geweiht wurde. Die schon geschmacklich oft notwendige starke Würzung mit Salz brachte vielen frühen Rezepten das mahnende Schlußwort: und versalz es nit!

Insgesamt wurde aus vielerlei Gründen stark gewürzt. Man sah darin Abwechslung, Überdeckung unangenehmer Gerüche und Anregung für die Verdauung. Überdies glaubte man lange an die Möglichkeit, durch viel Gewürz Pest und Cholera vertreiben oder wenigstens eindämmen zu können.

Als Nachtisch gab es bei festlicheren Gelegenheiten Obst, auch Südfrüchte, Nüsse, Marzipan, Quittenpaste, Lebzelten, Torten oder Eierspeisen.

Um auch für das Auge etwas zu tun, wurde die Festtagsküche, vor allem, wenn Besuch kam, schon sehr früh durch allerhand künstliches Färben verschönt. Man machte die Suppen und Breie, Kuchen und Pasteten mit Hilfe von Granatapfel- oder rotem Rübensaft rot, mit Safran gelb, mit Violwasser blau und mit Spinat grün und vergoldete Hirschgeweihe, Vogelschnäbel, Schweinsköpfe und Früchte oder steckte den Köpfen eine Zitrone ins Maul.

Fleysch an der   Dürr gesaltz-   Salz.   Küfleysch.   Kalb fleysch.   Geyssen   Wyder
sonne gedörrt.   en fleysch.   fleysch.   fleysch.

Bruder Braumeister aus dem Mendelschen Zwölfbruderhaus

Im Alltag gab es je nach Gegend den sauren Eigen- wein oder Most oder gar nur, wie bereits erwähnt, Es- sigwasser. In Weingebieten dagegen waren die Keller- gewölbe voll köstlicher Creszenzen und man konnte es sich bei frohem Trunk und Lob des Herrn wohl sein lassen. Die Mönche waren es ja auch, die für die Verbesserung des Weinbaus und die Pflege des Weines sorgten. Und in einem französischen Kloster in der Champagne wurde der Champagner, der Sekt erfunden.

Auch das Kloster Seligenthal zu Landshut besaß Weingärten, aber es handelte sich hier, wie im ganzen Donau- und Isartal, um eine ziemlich saure Angele- genheit. In der Chronik heißt es: »Swaz an den vir wingarten wirt, sol man verchauffen und der samnung (dem Konvente) guoten win darumb chauffen.« Wo das aber aus Geldmangel nicht möglich war, haben kluge Mönche und Nonnen ihren sauren Eigenwein durch Zusatz von Honig und Gewürzen, wie Ambra, Moschus, Ingwer, Pfeffer, Zimmet und Nägelein, scharf aromatisiert und zu einer Art Punsch gebraut, der nach noch älterem Vorbild »Hippocraß« genannt ist. Dieser im Mittelalter sehr beliebte Schlaftrunk ist nach seinem Filtriersack dem »Ärmel des Hippocra- tes« genannt. Vielleicht hat auch mancher Ärmel einer Mönchskutte nach altem Vorbild dazu gedient, dieses verkochte Gebräu zu klären. Hier ein schönes altes Rezept dafür:

Ein güter Hippocraß.

Nim Zimmet/iij. lot/j. quintlin.
Imber anderthalb lot.
Negelin.
Galgenwurtz/jedes j. quintlin.
Muscat blüst.
Muscatnuß/jedes xl. grän.
Pariß körner.
Cardomümlin.
Coriander/jedes xx. grän.
Aeniß x. grän.
Zucker xlviij. lot.
Roten wein/zwo maß.
Mandel milch ij. eß löffel vol. Stoße
was zü stoßen ist/mische alles durch einan-
der/schütte es offt durch de Hippocraß sack.

Schon damals gab es Flaschenträger

Frühe Weinbecherform

Dieser Hyppocrass, der in etwa dem Met verwandt ist, geht auch in religiöser Hinsicht auf ein sehr viel älteres Vorbild zurück. Man hat in germanisch-heidnischer Zeit den Brauch des Minnetrinkens damit ausgeübt. Die christliche Kirche hat das klugerweise nicht einfach verboten, sondern gestaltete es in die Marienoder Johannisminne um. Bekannt ist, daß auch im Kloster St. Emmeram zu Regensburg diese Sitte hochgehalten wurde. Als Otto der Große (936–973) den Convent besuchte, sagte er zum Abschiedsdank »Wir haben vom Gut St. Emmerams getrunken, da ist es recht, daß wir das Mahl mit seiner Minne beenden«. Alle Anwesenden tranken darauf und küßten sich.

Um den geistlichen Herren nicht schon in der Frühe zur Morgenmesse sauren Wein zuzumuten, begannen die Klöster und Pfarrherren, wie auch die bischöflichen Hofhaltungen in nördlichen Gefilden, sich um vollmundigere Südweine umzusehen. Durch Tausch, Kauf, Geschenke oder sogar eigene Weingärten gelangten sie so, recht früh schon, zu dem sehr beliebten Malvasier, zu Cypernweinen, Muskateller, Syrakuser, Claret und anderen. Man lernte auch aus dem Süden das Pflegen, Süßen und Würzen der Weine.

Klosterbier ist eine zu bekannte Sache, daß nicht viele Worte darum verloren werden müssen, die Namen berühmter Orden geben ihm heute noch das Gütesiegel.

Von ältesten Versuchen, mit Alkohol und mancherlei Kräuterzusätzen zu heilen, geht die klösterliche Likörfabrikation aus. Der weltweit beliebte Chartreuse aus der einsamen Bergkartause in Südfrankreich dürfte einer der frühesten gewesen sein, der als Einnahmequelle diente und der Vorbild war für so manchen anderen, feinen klösterlichen Kräuterschnaps und Klosterlikör, wie dem Ettaler, dem Benediktiner usw. An diesem süßwürzigen Geschäft haben sich Mönche wie Nonnen bis zur Gegenwart gleichermaßen beteiligt.

In manchem Mischgetränk, Punsch usw., hat sich auch das klerikale Wissen um die Wohltat alkoholischer Getränke in passenden Namen, wie »Bischof«, »Kardinal«, »Kapuziner«, der auch für einen guten Kaffee gebraucht wird, niedergeschlagen.

Eine alkoholische Anekdote soll auch dieses Kapitel beschließen:

Ein Rabbi hatte einst einen weinverständigen Pfarrherrn zu Gast und glaubte, diesem einen besonders guten Tropfen vorzusetzen.

»Nu«, fragt er, »wie schmeckt er?«

»Getauft«, sagt der Pfarrer und verzieht das Gesicht.

»No was?« antwortet der Rabbi. »Wird man schlechter vom Taufen?«

Pater Dominikus

Die Erhaltung von Lebensmitteln, den erntelosen Winter über, hat natürlich immer Schwierigkeiten mit sich gebracht, besonders, wenn der Konvent groß war. Da haben sich nun die klugen Brüder Küchenmeister oder die verantwortliche Schwester Kastnerin allerhand einfallen lassen und dabei auch älteste Traditionen übernommen. Die wichtigste Möglichkeit war natürlich zunächst einmal die Anwendung von Salz, das für Fleisch und Fisch sowie das Einlegen von Gemüsen, besonders Kraut und Rüben, eine große Rolle spielte.

Neben dem Salzen und Pökeln war natürlich das Räuchern schon früh als zweckmäßig erkannt, und man hat dazu die großen Rauchabzüge in der Küche wie auch eigene Räucherkammern verwendet, um größere Fleischvorräte nach dem Schlachten oder die Jagdbeute für Monate hindurch erhalten zu können.

Was dann immer noch Mängel zeigte und einen unangenehmen Geschmack oder Geruch annahm, das hat man mit scharfen Gewürzen übertönt. Darum hießen Ragouts aus Wildfleisch auch einfach Pfeffer und heiße Soßen Pfefferle, denn sie mußten stark gepfeffert werden.

Essig in unserem heutigen Sinn war zunächst noch selten, denn den Wein hat man getrunken und nicht zu Essig verarbeitet und Essig aus Obst ist nicht immer gelungen, so daß man anfangs zu anderen Sauerwürzen auswich, wie etwa Agras oder Agraz, den gepreßten Saft von unreifen Trauben. Mit diesem, auch aus grünen Stachelbeeren gewonnenen, ebenso aus sauren Wildfrüchten und Wein zusammen, machte man eine saure Brühe, die gleichfalls konservierend wirkte. Später wurde die konservierende Kraft von Essig immer mehr gebraucht. Man hat Fleisch, Früchte und Gemüse in Beizen aus Essig, Gewürzen und Kräutern eingelegt, hat aber auch ihre beschränkte Konservierungsdauer wohl erkannt. Für Feinspeisen wurde gelegentlich alkoholischer Südwein

zum Konservieren für eine kürzere Zeitspanne genommen.

Daneben wendete man auch Essigsülzen an, die sich luftabschließend um Fleisch und Fisch legten. Natürlich war das nur eine vorübergehende Möglichkeit, Speisen frisch zu halten, aber in den tiefen, kühlen Kellergewölben blieben diese Gallrath genannten Sülzen für weniger empfindliche Zungen doch eine Weile gut bis genießbar. Zum Sülzen verwendete man stark eingekochte, leimhaltige Fleischbrühen, oder man sülzte mit Hausenblase, der Schwimmblase von Fischen, sozusagen die Gelatine des Mittelalters.

Sehr früh hat man in Erfahrung gebracht, daß Öl wie auch heißes Fett oder Talg über Fisch oder Fleisch gegossen eine konservierende Wirkung haben, aber das war nur für eine vorübergehende Aufbewahrung von Nutzen.

Im Winter wurde natürlich die Kälte genützt. Man hat

Aus dem vatikanischen Vorratsgewölbe

Eis aus Bächen und Teichen gestochen und in großen Blöcken in tiefe Erdlöcher oder Gewölbe gefüllt, die dann allmählich zu mächtigen Eiskellern wurden und große Mengen von Lebensmitteln, wie etwa Wild, Schlachtvieh usw., aufnehmen konnten.

Für Fische hat man hier und da innerhalb der Kloster-anlagen besondere Fischkalter gebaut. Siehe Seite 192. Und mancher Klosterwald besaß ein Wildgehege, das den Wintervorrat an Frischfleisch bequem bot.

Eine sehr wichtige Rolle spielten getrocknete Lebens-mittel. Man verwendete dazu Sonnen- wie Ofenwärme und hat insbesondere Obst und Gemüse, Kräuter, aber auch Fleisch und Fische gedörrt, nicht immer zum Vergnügen empfindlicher Zungen.

Auch Honig und später dann der Zucker haben ihre besondere Konservierungskraft erweisen müssen. Überdies galt Alkohol in zunächst noch kleinsten Mengen als konservierend, war aber natürlich in seiner letzten Auswirkung noch unbedeutend, denn er war viel zu kostbar und wurde mehr in der Kranken-stube, denn im Kellergewölbe verwendet.

Milch hat man in Form von Topfen und Käse zu kon-servieren verstanden. Eier wurden in Kalkmilch einge-legt.

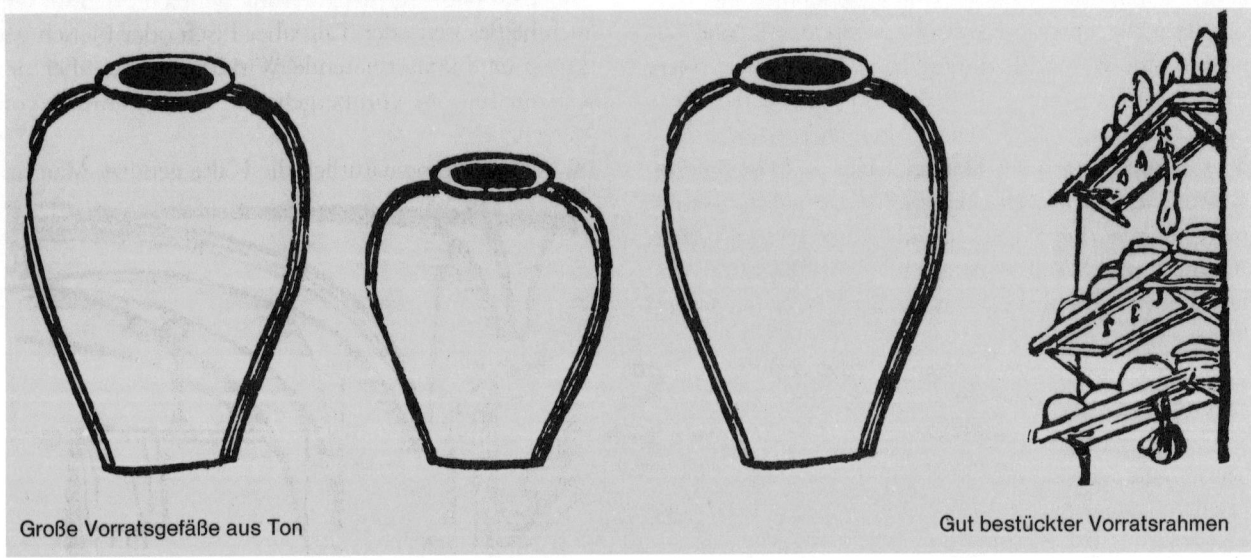

Große Vorratsgefäße aus Ton

Gut bestückter Vorratsrahmen

Wie schon eingangs erwähnt, kannte man in alten Zeiten wohl viele unserer heutigen Lebensmittel, wenn auch oft nur in einfachsten Entwicklungsformen; die Zahl der uns Heutigen seltsam vorkommenden Küchenzutaten war aber wohl ebensogroß. Die damals noch geringeren Kenntnisse, Grund und Boden richtig zu nützen, die Brache, Schlechtwetterperioden und dadurch bedingte Hungersnöte, die blankere Not der kleinen, abgabengeplagten Bauern und Zinsleute, all das hat die Menschen damals zugreifen lassen, wo es ihnen gerade möglich erschien. Alles, was da wuchs, kreuchte, fleuchte, flatterte, schwamm oder hüpfte, wurde für den Kochtopf eingefangen. So kam es, daß die Liste der uns seltsam anmutenden Speisen, die in alten Notizen, Rezepten, Chroniken und Pandekten auftauchen, recht lang ist.

Da aß man Pferde, obwohl sie die Kirche verbot, weil ihr Genuß noch ein Band zu heidnisch germanischen Zeiten knüpfte. Da tauchen in einem deutschen Diätbuch mit Kochrezepten und Gesundheitsregeln (Hero / Schachtafeln der Gesundheit 1533) noch Dromedare als Fleischlieferanten auf; man aß Esel, Damwild, Otter und Biber, Murmeltiere, Meerschweinchen, Eichkätzchen und Igel, Schwäne, Reiher, Störche, Kraniche, Möwen, Pfauen, Raben, Krähen, Kuckuck, Wiedehopf, Lerchen und Rohrdommeln, Amseln, Stare, Spechte, Geier, auch Schlangen, Frösche und Schnecken, große Käfer und so manchen Wurm. Daneben, wie schon Seite 32 erwähnt, die Tiere sozusagen mit Haut und Haar, mit Augen und Schwanz, mit Eingeweide und Geweih. Im Kochbuch von Rumpolt sind etwa 150 Tierarten genannt, die in die Küche kamen.

Das war aber nicht etwa nur Notnahrung, sondern von großen Küchenmeistern wie Platina, Rumpolt, Hagger, Coler usw. angepriesene Delikatessen, die mit großem Geschick in alle nur erdenkbaren Formen gebracht und (für damals) interessant gewürzt wurden.

Man bereitete Gallrath (Sülze), Ragouts und Suppen, Spießbraten und Knödel, Frikadellen und Pasteten daraus und schrieb so manchem tierischen Körperteil auch noch eine spezielle Wirkung auf den Esser zu.

Auch die Getreidearten traten vielfach noch in Frühformen auf. Man konnte das Saatgut noch nicht so gut reinigen, hatte also allerhand gemischtes Zeug in Verwendung, noch dazu durch Unkrautsamen weiterhin entwertet, und mußte es in Notzeiten sogar noch durch Birkenrinde, Heu, trockenes Laub, Queckenwurzeln, Eicheln usw. strecken, um Brei und Brot daraus bereiten zu können. Überdies waren Hafer, Heidekorn (Buchweizen) und Hirse, Spelt und Emmer in vielen Gegenden leichter zu ernten als Roggen und Weizen.

An Gemüse in unserem Sinn gab es gar nicht viel Abwechslung. Die sprichwörtlich gewordenen Kraut und Rüben boten die Hauptnahrung und galten als rechte Kloster- und Bauernkost. Gerade diese primitiven Erstlinge reizten die gelehrteren Patres und Fratres, bessere Gemüsesorten in ihrem Garten zu züchten, und sie waren es denn auch, die uns erste Kunde und frühe Rezepte für diese »Primeure« hinterlassen haben. Der Gartenplan von St. Gallen, der aus vielem Quellenstudium entstandene Roman »Ekkehard« aus dem 10. Jahrhundert, älteste Handschriften und Kochbücher aus klösterlichen Händen geben in ihrer Vielzahl zuverlässige Auskunft darüber.

Auch Obst begann schon eine entsprechende Rolle zu spielen. Hat man den Bedarf an Vitaminen schon vorausgeahnt oder nur einfach seine Abwechslungsmög-

Gazelenfleysch.   Haßen.   Kranch.   Büsarden.   Pfawen.   Gänß/Enten.   Staren.

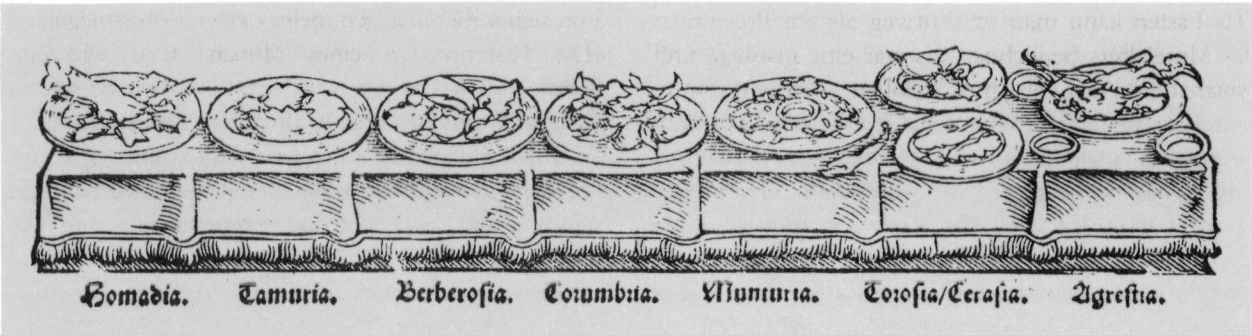

Bomadia.　Tamuria.　Berberosia.　Columbria.　Muntuma.　Corosia/Cerasia.　Agrestia.

lichkeit erkannt? Natürlich gab es noch keine Edelsorten an Äpfel und Birnen, es war meist Wildobst, sogenannte Holzäpfel und Holzbirnen, wie man sie in ihren alten Formen noch heute als Mostobst verwendet. Aber bald schon rankten sich an südseitigen Mauern Spalierbäume hoch, die edlere, süßere Früchte aus klugen Kreuzungen brachten. Eine große Rolle spielten Quitten. Daneben gab es Zwetschgen und Spillinge (runde Zwergzwetschgen), in verglasten Häusern oder in warmen Gegenden wohl auch schon Aprikosen, süße Pflaumen, Weintrauben und Kirschen. Dazu kamen Wildfrüchte aus Wald und Flur, Beeren aller Art, Mispeln, Bucheckern, Zirbelnüsse, Hasel- und Walnüsse. Ergänzt durch erste Südfrüchte, wie Mandeln, Feigen, Rosinen, Orangen, Zitronen und so manches andere seltene Mitbringsel von Pilgern, Kreuzrittern und Händlern, konnten die Menüzusammenstellungen in den Klosterküchen schon interessanter werden. Im Alltag jedoch herrschte größte Bescheidenheit und Eintönigkeit. Natürlich war jeder Küchenzettel regional anders, je nach dem Klima, dem Umland. Der Wald schenkte Wild, die Küste Fische und Krabben, Bäche Frösche und Krebse, gute Felder Weizen und Schweine, Weiden Schafe und Rindfleisch, in warmen Landstrichen gab es Geflügel, Wein, Honig, Früchte. Auch in Butter-, Schweinefett- oder Ölküche kann man einteilen, ebenso in eine bäuerliche oder herrschaftliche Küche, je nach seinen wirtschaftlichen Verhältnissen des Ordens und der Herkunft der Mönche und Nonnen.

Sogar verbotene Speisen spielten, für uns heute seltsam, eine bedeutsame Rolle. Daß der Hase als unkeusch galt, wurde schon anderwärts erwähnt. Er war zu fruchtbar und daher dem Zölibatsgedanken abträglich, da ja der uralte Naturglaube, daß der Mensch ist, was er ißt und daß alle Kraft und Schwäche der Nahrung direkt auf den Esser überginge, lange nicht auszurotten war. Wenn man daher einmal notwendigerweise Hasenfleisch in der Klosterküche hatte, dann wurde es so zerkleinert, gewürzt und in der Form verändert, daß es nicht mehr zu erkennen war. Man schmuggelte es den Mönchen und Nonnen dann eben schlau unter.

Eine niederdeutsche Chronik sagt auch, Rübensaat stärke die Natur und sei daher für junge Eheleute, nicht aber für Klosterinsassen geeignet. Angeblich erotisierende Gewürze, wie Muskat, Vanille, Mandeln, Basilikum und alle Zwiebelsorten, ferner Sellerie und so manches andere Kraut durften oft gar nicht oder nur in geringem Maß angewendet werden.

Schon ägyptischen Priestern war der Genuß von Fischen, den Poseidonpriestern in Athen wie auch den Poliapriesterinnen aus dem gleichen Grund der Genuß von Ziegenkäse verboten.

Das Fasten kann man schlichtweg als ein Phänomen des Mittelalters bezeichnen. Es war eine gläubige und ernsthafte Aufgabe mit großen Auswirkungen. Durchaus nicht nur religiöser Art, wie man, obenhin betrachtet, meinen könnte, sondern von ebenso großer gesundheitlicher wie sozialpolitischer Bedeutung. Man fastete, um dem Herrn zu dienen, seine Bußbereitschaft und seinen Gehorsam zu zeigen. Das schwere Essen in zu großen Mengen verlangte zudem eine gelegentliche Entlastung, die gerade durch die ethisch bedingte und dadurch leichtere Durchführbarkeit der vielen Fastentage gewährleistet war. Überdies zwangen Fastentage zur Sparsamkeit, das Volk ließ sich mit leerem Magen und religiösem Druck besser bändigen, die Unterwerfung unter das Gesetz der Kirche wurde laufend geübt und die Zehnten ließen sich leichter abführen, wenn die Töpfe leerer waren. Kurz, Fastende waren der Obrigkeit genehmer als Prasser. Es gibt aus alter Zeit noch so manchen Spruch, der das kurz sagt: fette Küche, magere Testamente. Davor hatte auch der Klerus Angst, denn fromme Gläubiger, die viel fasteten, ließen für ihn mehr übrig und zinsten auch besser. Nach außen hin deckte der Mantel des Glaubens alle hintergründigen Gedanken zu. Man drückte sich wohl gern poetisch oder hochgeistig, wohlmeinend oder mahnend aus, meinte aber letzten Endes doch das gleiche. Augustinus sagte: »Das Fasten reinigt die Seele, erhebt den Geist, unterwirft das Fleisch dem Geiste, macht das Herz demütig und zerknirscht, zerstreut die Nebel der Begierden, löscht aus die Flammen der Wollust, zündet an das Licht der Keuschheit.«
Erasmus von Rotterdam dagegen, dieser realistisch denkende Humanist, meinte, wenn von seiten der Kirche gegen Fastenbrecher mit dem Fegfeuer gedroht wurde:
»Es wärmt die Pfaffenküche und daher müssen sie es pflegen.«

Von sich selber dagegen meint der »Klosterspiegel«:
»Die Fastenpredigt eines Mönchs tönt wie eine Glocke,
Die zur Kirche ruft und selbst nicht hineingeht.«
Ein serbisches Sprichwort sagt dazu passend:
»Da wird nicht scharf gefastet, wo die Mönche für die Bäuche müssen den Tisch ausrunden lassen.«

Und ein gar fröhlicher, eßfreudiger Mönch meinte damals:
»Linsen sind mir schon recht, aber zu jeder Linse eine Bratwurst.«

Auch der Wein war oft dem Fastengebot unterworfen. Bei einer Visitation besichtigt ein Bischof auch die Kellerräume des Pfarrhauses. Mit Befremden bemerkt er Berge von leeren Weinflaschen, die hier aufgestapelt sind.
»Hier liegen aber sehr viele Leichen!« sagt er zu dem Pfarrer.
»Keine Sorge, Euer Exzellenz«, antwortet der Pfarrer, »keine ist ohne geistlichen Beistand gestorben.«

Eine zwar längliche (hier schon gekürzte), aber immerhin recht aufschlußreiche Erklärung des Fastens hat Paul Jacob Marperger in seinem »Vollständigen Küchen- und Keller-Dictionarium / Anno 1716« gebracht. Sie beleuchtet dieses Volksgesetz von vielerlei Seiten und vermag in seinem alten Stil ein rechtes Licht zu setzen.

»*Fasten* (Jejunare, französisch Jeuner)« heisset aller Speise sich eine Zeitlang enthalten / und dieses zwar aus unterschiedlichen Beweg-Ursachen / als vornehmlich zur Busse; Wie solchergestalt das Ninivitische Fasten in der Heil. Schrift bekannt ist. (2) Um dadurch dem Magen einigen Anstand zu geben / damit er die darinn restirende Cruditäten desto besser verdauen könne; Also heisset es: Multi morbi curantur media. Viele Kranckheiten werden durch Fasten und Enthaltung von der Speise curiret. (3) Ist ein gezwungenes Fasten / wann nemlich einem die benöhtigte Speise / zur Straffe eines Verbrechens entzogen / und er eine Zeitlang durch Hunger gequälet wird / oder sich gar zu Tode fasten muß. Und (4) fallen bey manchem Armen / der nicht viel zu beissen und zu brechen hat / sehr viele Fast-Tage / auch wider seinen Willen / ein. Unter allen Fasten ist das gewöhnlichste / welches der Buß- und Andachts-Bezeugung halber (damit man sich nehmlich destobesser zum Gebeht bereiten / und einiger Meynung nach / durch solch Casteyen seines Leibes / ein verdienstliches Werck thun möge) geschiehet / sonderlich bey denen Catholischen / als welche es nicht allein ihren beichtenden Sündern als ein Stück der Busse aufflegen / sondern auch als ein zur Seligkeit nohtwendiges Werck einschärffen; Dahero auch das Übertreten vor eine Todt Sünde geachtet wird; Es seynd die 40 Tage vor Ostern / die Quatember, die Vigilien, welche den Apostel- u. einigen andern Fest-Tagen vorgehe; das viertzig-tägige Fasten vor Ostern / Jejunium quadragesimae genannt / ist der gemeinen Meynung nach / zur Ehre des Leidens unsers HErrn u. Sehligmachers JEsu Christi von denen Aposteln selbst eingesetzet worden / Um die Quatember oder Aenderungen der vier Jahrs-Zeiten / das ist / in dem Martio, Junio, September und December, und zwar allemahl an einer Mittewoch fastet man / damit bey diesem Saisons-Wechsel GOtt gebührend angeruffen werde. Hierzu kommet auch, daß solcher wegen die Kirche / auch faste und behte / damit keine unwürdige oder gar schädliche Personen zu denen heiligen Würden u. Aemptern gelangen mögen.

Ferns ist zu mercken / daß das Fasten eigentlich in dem bestehe / daß man sich gewisser Speisen enthalte / zu einer bestimmten Zeit seine Refection oder Mahlzeit einnehme / vor solcher aber nicht das geringste geniesse / auch mit derselben sich vergnüge / und weiters nur bloß bey einer kalten Collation mehrentheils von Früchten bewenden lasse. Woraus dann erhellet / daß die Freytage und Samstage in Römischen Kirchen nicht eigentlich for Fast-Tage zu rechnen seyn / ob sie zwar insgemein so genennet werden; dann an denselben ist man weiters nichts schuldig als Abstinenz zu machen. Was nun die an denen Fast-Tagen verbohtene Speisen betrifft / so sind für solche / nicht allein alles Fleisch / der auf Erden und in der Lufft sich auffhaltenden Thiere / als nemlich der Vierfüssigen und der Vögel / sondern auch das / was von fleischigten Thieren herkommt / als Eyer / Milch, Butter / Käse zu zehlen; Die Fische aber / ob man zwar meynen möchte / daß sie ein Fleisch an sich haben / darff man essen / denn es haben solche kein rechtes wahres Fleisch; wozu auch kommt / daß / wie GOtt nach dem Fall unserer ersten Eltern die Erde / und was von solcher bewohnet wird / verfluchet / er die Wässer / und alles was in demselben lebet / ausgenommen / und wegen der Heil. Tauffe, zu der sie künfftig dienen solten / als heilig ausgesetzet. Wie dann auch solcher Ursach willen der Heil. Geist im Anfang aller Dinge auf denen Wassern geruhet. Die Zeit / wann die erlaubte Mahlzeit der Refection einzunehmen ist / hat kein Gesetz / und kan nach Belieben bestimmet werden / nur daß man innerhalb 24. Stunden / das ist / von einem Punkt der Mitternacht / an welchem sich der Tag anhebet / bis zu dem andern / nur einmahl Mahlzeit halte / die aber rechtschaffen / und auch ein herrliches in Fasten-Speisen bestehendes Gastmahl seyn darff. Bey der Collation zu Abends geniesset man angezeigter massen der Früchte / als der Oliven / Mandeln / Feigen / Rosinen / Aepffel / Birnen / Pflaumen / Rüben; und in Spanien irgendwo der Eicheln und Boxhörner / oder des Johannis-Brodtes / und anderer dergleichen

Wie man die Fische / so in tieffen Seen oder Wassern sind / welche man sonst nicht bekommen kan / so ferne bringen soll / daß man sie mit den Händen fangen kan.

Die reiche Fischernte wird ins nahe Kloster gebracht

Sachen / sammt des trockenen Brodts / Alle Arten Weines darf man so wol bey der Refection als Collation trincken / und dieses zur Gnüge; Wie dann auch dazwischen zwar nicht zu essen / jedoch zu trincken erlaubet ist. Es handelt einer, wann er sich an einem Fast-Tag bezechet / zwar wider die Nüchternheit / nicht aber wider das Fasten. Von dessen Rigor ausgenommen sind, die so das 21ste Jahr des Alters noch nicht zurücke geleget / und die / so das 60ste Jahr überschritten / indem jene wegen des Wachsthums / diese wegen der Schwäche des Leibes die zum Speisen gewöhnliche Mittags-Stunde offt nicht erwarten können; Gleiche Bewandniß hat es auch mit denen Schwangern und Säugenden, welche schwere Arbeit verrichten müssen / wie auch die Bettler, als denen es offt an Speise gebricht /

So ist auch / wann man bey einer vornehmen Gastung sich befindet / nicht eben vonnöhten die Unhöfflichkeit zu begehen / daß man die Speise / welche man / wann das Zeichen der zwölffte Stunde gegeben wird / würcklich in dem Munde hat / ausspeihen muß / Sondern man kan ohne Verletzung des Gewissens dieselbe wol gar zu sich nehmen. Jedoch mit einem Becher Weins / den man halb ausgetruncken / hat es eine andere Beschaffenheit und muß man solchergestalt zu trinken absetzen.

Solcher willen wird die Fasten nicht gebrochen / wann man gleich frühe in Gedancken an den Nägeln / Haaren / Schreib-Federn = harten Holtz / oder Tobacks-Blättern naget und käuet / oder in ein Wasser fält / und dessen nicht wenig einschlucket / auch nicht / wann einem eine Mücke in den Hals flöge / solte sie gleich hernach zum Elephanten geworden seyn. Wurde einen von der Speise, die er des Tages vorher genossen / etwas zwischen den Zähnen hangen bleiben / und er solches hinabschlingte / so wird darum die Fasten auch nicht gebrochen / weilen es als zur gestrigen Mahlzeit gerechnet wird.

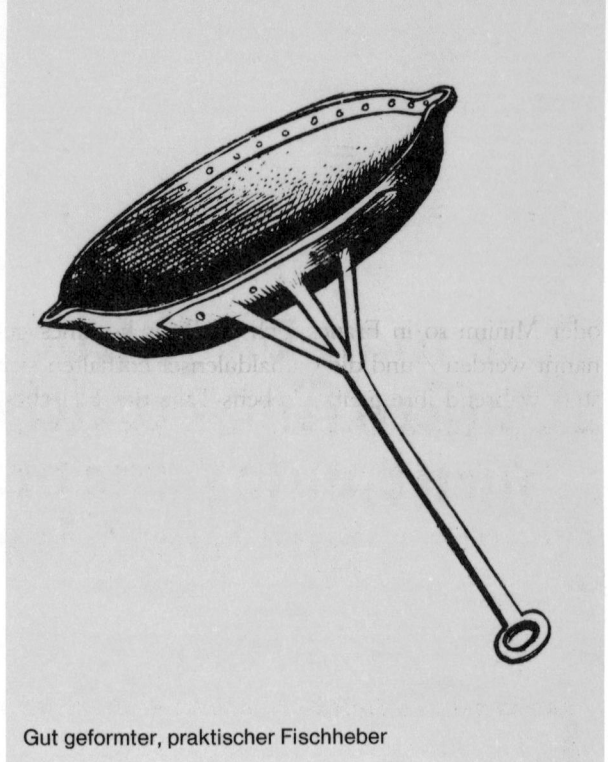

Gut geformter, praktischer Fischheber

Es ist auch wol gantzen Nationen, zu Linderung der harten Fasten / eine gewisse Freyheit zugestanden worden; Als nemlich denen Teutschen / weil sie an vielen Orten des Oels / guten Obst / und der Fische ermangeln / und aber doch der Hand-Arbeit sehr obliegen müssen / als ist ihnen von den Päbsten erlaubet worden / an denen Fast-Tagen Eyer / Milch / Butter / Käse / und nach Gelegenheit auch etwas Speck zu essen. Die Spanier / weil in dem Mittel-Land fast gar keine frische Fische bey ihnen gefunden werden / mögen wol des Sonnabends die Köpffe / Füsse und Eingeweide von den Ochsen und Kälbern essen. In Franckreich wird an denen Fast-Tagen ein gewisser schwartzer Vogel / zu Paris, la Macreuse, von andern le diable de la Mer genannt / welcher einer Ente nicht viel ungleich ist / zu essen zugelassen / und saget man / daß es darum geschehe / weil dieser Vogel ein gar kaltes oder vielmehr ein nach Fisch-Tran schmekkendes Fisch Blut habe / und auch in allen seinen Eigenschafften mit dem Fisch Blut übereinkomme. Um welcher willen auch denen Juden / denen doch Blut zu essen in ihrem Gesetz höchstverbohten war / das Fisch Blut zu essen erlaubet ist.

Einige Mönch-Orden / als die Carthäuser / Pauliner

oder Minimi so in Franckreich les Bons hommes genannt werden / und die Camaldulenser enthalten sich stets während ihre gantze Lebens-Tage des Fleischessens und die beyden letztere / noch über dieses der Lacticiorum, das ist / der Milch / Butter / Käse und Eyer.

Denen Cartheusern (ob zwar deren Orden für den allerschweresten gehalten wird / sind die Lacticinia erlaubet; Was aber insgesamt von ihnen ausgegeben wird / daß sie / wann der Christ-Tag auf einem Freytag fället / Fleisch speisen / ist eine grosse Unwahrheit und Unwissenheit.

Wie dann auch die Carthäuser einen so großen Abscheu vor dem Fleische haben / daß sie auch in der grossen Carthause zu Grenoble das Heil-Abendmahl abmahlen lassen / als wann an stat des Oster-Lamms ein Fisch wäre auffgetragen worden. Der eine fastet um daß er kranck ist / der andere fastet keiner andern Ursachen halber / als weil er zuvor so viel gessen / daß er einen Verdruß hat über die Speisen / und weil er nicht essen kan; Andere fasten nur darum / weil sie nicht gerne den Beutel fahren / noch Geld ausgeben wollen; Andere fasten nur darum eine Zeitlang / damit sie hernacher desto tauglicher und bequemer seyn können zum Vielfressen und Sauffen. Es fasten

auch die Krancken nicht darum / daß sie es gern thun / sondern zu Wieder-Erlangung der Gesundheit. Es fasten die Geitzigen / und wollen lieber dem Munde abbrechen / nur damit sie ihr zeitliches Guht vermehren können. Fasten erhält die fünff Sinne / es bezeuget und machet das Fleisch unterwürffig dem Geist. Das Fasten macht das Hertz mürbe und müde / es tödtet die Brunst der Geilheit / und es zündet an das wahre Licht der Keuschheit. Das Fasten liebet nicht viel Geschwätz noch Plauderwerk / es hält den Reichtum für einen Überfluß und unnöthiges Ding / es verachtet die Hoffahrth / liebet die Demuth / und gibt den Menschen Anleitung sich selbsten zu erkennen / daß er nemlich kranck / schwach und unverständig sey.«

Bei aller Frömmigkeit und dem Willen, die Seelen der Fastenden freudig zu machen und aufzurichten, steckt aber im Hintergrund immer ein wenig praktische Lebenslehre. So heißt es weiter:

»Aber es ist auch fürnemlich zu mercken / daß das Fasten nicht allein seyn / sondern begleitet werden muß mit Allmosen-geben / und mit den Wercken der Barmhertzigkeit. Und daher spricht der Hl. Augu-

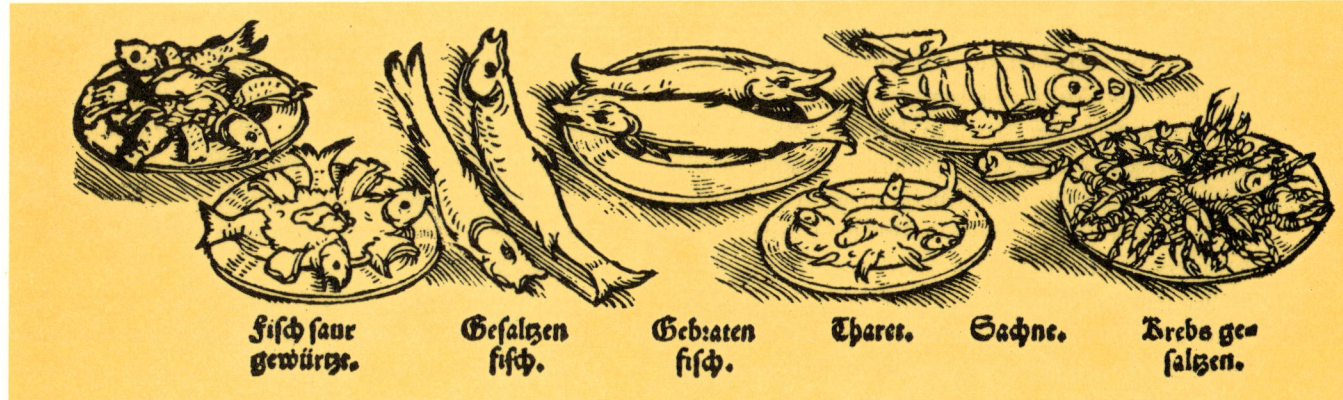

Fisch saur gewürzt.   Gesalzen fisch.   Gebraten fisch.   Tharet.   Sachne.   Krebs gesalzen.

stinus: Liebe Brüder, das Fasten ist gut / aber besser ist das Allmosen-geben. Woferne einer zugleich fasten und Allmosen geben kan / so ist es ein sehr gutes Werck / aber woferne er beydes zugleich nicht verrichten kan / so ist es besser / daß er Allmosen gebe. Hat er die Macht nicht zu fasten / so ist es genug daß er nur Allmosen gebe / aber wann einer fastet / und keine Allmosen gibt / so ist solches Fasten unheblich / und unverdienstlich.

Woferne derowegen das Fasten begleitet wird mit den Allmosen-geben / mit den Wercken der Barmhertzigkeit und mit dem Gebet / so ist nichts gewissers zu gewarten / als die ewige Gloria.«

Gleich nun, ob Fasten religiös, die Seele reinigend, den Geist erhebend, Geld sparend, die Gesundheit oder das Untertanwesen fördernd wirkte, es spielte sehr lange eine beinahe übergroße Rolle, sowohl im Kloster wie im Pfarrhaus, und von da aus geleitet im Volk, und beeinflußte natürlich auch die Entwicklung einer speziellen Culinaria, denn es gab viele Fastengebote und -verbote.

Zuerst übte man ja die Fastentage sehr streng aus und verbot nicht nur Fleisch, sondern auch alle tierischen Erzeugnisse, wie Milch, Butter, Käse, Schweinefett, Eier usw.

Selbst Karl V. von Frankreich mußte beim Papst um die Erlaubnis ersuchen, für sich und seine Frau Butter, Eier, Käse und Milch zu essen.

Eine Lockerung der strengen Fastengesetze erfolgte erst 1491, also knapp bevor Amerika entdeckt wurde. In so mancher Gegend versuchte man mit Öl auszukommen, aber z.B. Anna v. Bretagne erhielt vom Papst erst nach inständiger Bitte die Vergünstigung für den ganzen Norden Frankreichs, mit Butter zu kochen, weil Öl nicht einheimisch war. Dafür mußten Gebete und Spenden von Almosen das Gegengewicht halten.

Papst Julius III. (1550–1555) erließ später an die ganze Christenheit eine allgemeine Dispens für die genannten Nahrungsmittel.

Der Bischof Meinwerk von Paderborn sagte ums Jahr 1015, der Herr habe der Kirche die Gewalt gegeben, die Mönche in ihrem Verhalten zu unterweisen. In einer Versammlung erlaubte er daher den Mönchen, die kein Öl hatten, während des Fastens zwar nicht den Genuß des Fleisches vierfüßiger Tiere, aber den Gebrauch des damit verwandten Fettes. Hierauf befahl der Abt den hörigen Bauern, dem Kloster Schweine zu geben. Mit deren Speck und Fett sollten von jetzt ab die Speisen der Brüder bereitet werden.

Wo die Aufsicht ausreichte, wurde an Fastentagen rings um die Klöster sogar der Verkauf von Fleisch verboten, und Kranke konnten nur durch besondere Zeugnisse von seiten ihrer Seelsorger die Erlaubnis bekommen, Fleisch, aber auch nur weißes Fleisch (Kalb, Lamm, Geflügel) zu essen. So wird berichtet, daß im 10. Jahrhundert ein Mönch aus der Abtei von Cluny an einem Fasttage ein Huhn zum Braten getötet hatte. Auf eine diesbezügliche Anfrage erwiderte er: »Geflügel sei Fastenspeise, Gott habe Vögel und Fische zur gleichen Zeit erschaffen.«

Andererseits erklärte im Jahr 817 ein Konzil zu Aachen, daß eine so leckere Nahrung wie zartes Geflügel nur schlecht dem Begriffe der Entsagung entspräche und den Mönchen der Genuß nur zweimal im Jahre, vier Tage zu Weihnachten und vier Tage zu Ostern, gestattet sei. In Übertretungsfällen wurden schwere Strafen, ja sogar Geißelungen, über die Mönche und Nonnen verhängt. Deshalb war Geflügel im allgemeinen als Kloster- und besonders als Fastenspeise streng verboten.

Im frühen 9. Jahrhundert besaß z.B. die Abtei Staffelsee ein Gut in Bayern und hatte laut Aufzeichnungen unter seinen Vorräten »zwanzig geselchte Mastschweine samt Würsten«, was sich zwar recht gut anhört, den Mönchen aber wenig nützte, denn auf ihren Tisch kam meist nur Fisch. Deshalb gehörten zu vielen Klöstern auch große Vivarien und Teiche, in denen die notwendigen Fische gehalten wurden. Berühmt ob seiner Schönheit und Größe war der Barock-Kalter des Klosters Kremsmünster in Österreich. (Siehe Seite 192.)

Wie der Führer des Klosters bei einem Besuch erzählte, durften die Herren Patres nur während der Fastenzeit die schönen Galerien des Fischkalters zum Beten ihres Breviers benützen, um sich am Anblick seines Inhalts zu delektieren und auf den zu erwartenden Fastenfisch zu erfreuen. Das ist doch wahre Lebenskunst!

Damit auch Klöster ohne eigene Fischteiche oder Vivarien zu ihrer wichtigsten Fastenspeise kamen, befanden sich unter den Naturalleistungen ihrer Hintersassen sehr oft Fischzinsungen. So wird im 16. Jahrhundert berichtet, daß jeder Klostergutsverwalter, der zum Tafeldienst beim Erzbischof von Köln bestellt wurde, 52 Lachse, 50 Hechte, 200 Heringe, 300 Brassen und 25 Schüsseln anderen Suppenfisch zu liefern hatte. Das muß natürlich schon ein großes Gut gewesen sein.

Nachdem also Fleisch und Fleischprodukte, insbesondere jegliches Blut, ausschieden, Gemüse nur als gelegentliche Beigabe betrachtet wurde, Kartoffeln noch nicht bekannt waren und Mehlspeisen ohne Butter, Eier, Milch usw. gekocht werden mußten, blieb also mehr oder weniger nur der Fisch, und was sonst im und ums Wasser lebte, übrig. Mit erstaunlicher Phantasie, wohl auch getrieben vom eigenen Hunger und der natürlichen Begierde nach guter Nahrung, sicher auch angestachelt von den Mitbrüdern und allen übrigen fastenden Gläubigen, entwickelte sich eine Fastenküche, die uns heute erstaunen läßt. Interessant daher, was alles aus Fisch, Wassergetier und anderen Kaltblütern gemacht wurde. Zur Fastenkost gehörten

Klosterknechte beim Fischfang mit der Reuse

Krebse und Krabben, an der Küste natürlich Austern und Krustazeen, Seesterne und was sonst dort vorwärts und rückwärts krabbelte, im Inland spielten Salzhering und Stockfisch eine Rolle, dazu kamen Schnecken, Frösche, aber auch, als wassernahe und sich von Fischen nährende Tiere, Biber und Otter, desgleichen wurden Duckentchen, ja sogar Reiher und Schwäne zu Fastenspeise erklärt. Biber und Otter wurden denn auch nachweisbar von den Klöstern nahezu ausgerottet, jedenfalls so dezimiert, daß sie heute keine Rolle mehr spielen.

Es gab im Jahr gebietsweise bis zu 200 Fastentage, so daß die ständige Fischnahrung den Klosterinsassen natürlich oft recht leid wurde. Bruder Küchenmeister bemühte sich daher natürlich um eine recht abwechslungsreiche Darbietungsform und hat vielerlei Gewürze, Soßen und Ragouts, Pasteten und Fischbraten erfunden. Vor allem aber wollte er Auge und Gaumen der Esser wohlmeinend täuschen und hat daher erstaunliche Imitationen erfunden, so daß Fische wie Vögel oder Rehbraten, wie Kalbskopf, als Würste, wie Torten oder Brote auf die Tafel kamen.

Im Buch vom Leben der Mönche des Klosters Wald-
sassen ist von so einem frommen Fastenbetrug an-
schaulich die Rede:

»Zu meiner Zeit ereignete es sich, daß dieser Gerhard
erkrankte. Voll Mitleid ging ich zu ihm und sagte:
›Um Eurer Sünden willen gebiete ich Euch, Fleisch zu
essen.‹ Ich erhielt die Antwort: ›Guter Herr, befehlt
mir doch das nicht. Ich kann es ja gar nicht. Seit
fünfzig und mehr Jahren habe ich keines mehr gegessen.‹ Ich fragte nun, ob er Fische genießen könne.
›Ja, das kann ich, gesalzene und frische bin ich im-
stande zu mir zu nehmen, wenn sie mir vorgesetzt
werden.‹ Sogleich ordnete ich an, man solle für ihn
Rind- und Kalbfleisch zubereiten. Dies wurde ihm
unter dem Namen von Hausen und anderen Fischen
gegeben. Er nahm das Fleisch in seiner heiligen Her-
zenseinfalt voll inneren Trostes zu sich und glaubte
fest, er verspeise Fische ...«

Wenn es aber fastenmüde Klosterherren satt waren,
ewig Fisch und Grünzeug, Mandelmilch und Eierspeisen zu essen, dann ging der verständnisvolle
Bruder Küchenmeister doch gelegentlich dazu über,
Fleisch in versteckter Form zu bieten. Man war ja im
Vortäuschen recht gewandt geworden. Da wurde
dann ein Huhn zu einem Hecht, ein Kalbsbraten zu
einem dicken Karpfen geformt. Oder noch besser, der
Herr Abt machte es gleich offiziell und taufte ein
Spanferkel, auf das er gerade Lust hatte, Karpfen mit
den Woren »Ego te papto carpam«. Nach dem
Prinzip, daß nach der Taufe auch Heiden zu Christen
wurden, konnte sich durch den gleichen Akt eben ein
Spanferkel in einen Karpfen verwandeln.

Ein witziger Mönch, vielleicht einer aus der Küche,
der zugleich Jäger und Fischer gewesen sein mag, hat
sich mit so einem Wundertier einen Spaß gemacht
und einen Wallerbock gebastelt, einen Riesenwaller
mit aufgesetzten Bockkrickeln, der Anlaß war, daß der
dem Kloster zugehörige Bischof beim Papst angefragt

hat, ob die sonderbare, während der Fastenzeit erlegte
Fisch-Wild-Beute gegessen werden dürfte.

Es gibt mehrere solcher Trophäen und auch verschiedene tolle Jäger-Fischer-Geschichten dazu, die ihren
Ursprung in der vielseitig erwünschten Abwechslung
der eintönigen Fastenkost haben.

Auch Eier wurden, solange sie noch als Fastenspeise
verboten waren, aus Mandelmilch imitiert. Man
machte ebenso in Öl gebratene Eier aus Hechtrogen
und Mandeln als eine Art Kroßeier oder ersetzte
Milch durch Mandelmilch und machte Butter sowie
eine Art Käse daraus.

Ein »Mus von Jerusalem« bestand aus Barsch-Fleisch,
Zucker und Mandelmilch; ebenso mußte Reis herhalten, mit Mandeln und Fischfleisch zusammen allerlei Täuschungen für Auge und Gaumen zu voll-
bringen. Daraus stellte man auch »Goldene Schnitten«
oder einen »Schafskäse« her. Eine »Butterwurst« enthielt Brot, Gewürze, Mandeln, Topfen, wahrscheinlich
auch noch Fischfleisch.

Für den besonders in reicheren Klosteranlagen ange-
siedelten Biber gibt es bis in die Neuzeit, solange er
noch nicht ausgerottet war, eine große Anzahl lecker-
ster Rezepte, ebenso für den Fischotter. Auch Enten
und Duckentel erscheinen oft in den Rezeptsammlungen. Vielerlei Krebs- und in Küstennähe Krabben-
speisen sind uns ebenso überliefert wie Froschragout
und Gebackenes daraus. Auch Schnecken, sogar
Schildkröten, waren beliebt. Es gab eigene Frosch-
und Krebshändler, so den Peter Schindler in der Au
(München), der Bürger und Klöster zur Fastenzeit
versorgte.

Zu der Chronik über das Konzil zu Konstanz (1414)
sind Bilder enthalten, die das Feilbieten von Fischen,
Fröschen und Krebsen zeigen.

Man kochte und briet das alles in merkwürdig anmutenden Gewürzmischungen und Erscheinungsformen.
Durch eben diese überraschenden Gewürze und Zu-

taten, wie grüne Äpfel oder unreife Trauben, Sardellen und Salzheringe, Zibeben, Mandeln, Rosenwasser, Safran, selbst Honig oder Lebkuchen, kamen denn auch neuartige Geschmacksklänge heraus, die das Fasten erleichterten.

Wir würden uns bei solchen Kreationen wohl grausend abwenden, aber die frühe Küche war nun einmal ein erstaunliches Gemisch aus Scharf und Süß, Fleisch und Käse, Fisch und Zimt, Geflügel und Feigen. Dazu gab es merkwürdige Salate, Fladenbrot, Früchte, Kuchen aus Gemüse und Kräutern, Breie aus Hirse, Konfekt aus Mandeln und Honig, sauren Wein, Essigwasser und wieder eine Pastete aus Fisch und Fleisch. Hier für die Fastenküche weitere Variationen schaffen zu können, scheint beinahe unmöglich, und doch gibt die Lektüre alter Kochbücher immer wieder ebenso neue wie fremdartige Speisen preis.

Er bereitet Blanc manger wie auf einer Bildertafel von 1605 ausdrücklich vermerkt ist

Ein großes Fastenmenü ist denn auch erstaunlich. Da gibt es Würste aus Krebs- oder Fischfleisch, statt einem Blanc manger aus Geflügel wird ein solches aus Hecht hergestellt, man füllt Pasteten und Fladen, Eierkuchen und Knödel mit Fisch- oder Biberfleisch, stellt Speckseiten aus Weißfisch und Mandeln dar, bereitet in ähnlicher Weise einen »Freitagskalbskopf«; für einen Rehbraten nimmt man in Wein gekochte Feigen, Weinbeeren und Mehl, klebt den Teig auf einen Spieß, besteckt ihn mit Mandeln und streut zuletzt Zucker und Zimt darüber oder bestreicht das ganze Gebilde mit Honig. Die Leipziger Dominikaner machten einen Hirschbraten aus Hecht- und Karpfenfleisch. Aus Eiern bastelte man Wildbraten, aus anderem Fischfleisch »Rebhühner«. Als Bindemittel dienten Brot oder Lebkuchen, und vielerlei Gewürze halfen überdies dazu, das Ausgangsprodukt Fisch zu verstecken. Fischrogen, Heringsmilch, Karpfenleber usw. gaben weitere Möglichkeiten, große und kleine Haupt- und Zwischengerichte zu zaubern, so daß ein Fastenmenü sehr reichhaltig und scheinbar abwechslungsreich sein konnte, ohne viel mehr als Fisch zu enthalten. Ein Beispiel, ein Speiseplan von Max Rumpolt, der es 1581 als bäuerlichen Fastenspeiseplan deklariert hat, obwohl er es sicherlich seiner eigenen

Die Äbtissin unterweist eine Küchenschwester

Praxis im Hause des Fürstbischofs von Mainz entnommen hat. Es galt wohl dem Tisch zinsender Bauern.

1. Gang: Weißkohlsalat, mit hartgekochten Eiern garniert, dazu Bratfisch. – Ungarische Käsesuppe mit Zwiebeln, frisch gesottene Eier.

2. Gang: Eingemachte schwarze Karpfen.

3. Gang: Grünkraut mit Backfisch oder gehackten Rüben.

4. Gang: Eingemachter Hering mit Zwiebeln.

5. Gang: Warme Erbsen mit Sauerkraut.

6. Gang: Stockfisch mit Zwiebeln und Milch gekocht, fein weiß mit Butter.

7. Gang: Gebackenes, Kuchen, Hohlhippen, Steigleder und Setzküchlein, Äpfel, Birnen, Nüsse und Käse, alles in einer Schüssel.

Zum Schmunzeln:

Am Freitag trifft der Pfarrer im Wirtshaus einen Bauern an, der sich eben anschickt, eine mächtige Schweinshaxe zu verzehren. »Der Teufel wird dich holen, wenn du so gegen das Fastengebot sündigst«, sagt er grimmig.

»Der merkt nix, Hochwürden«, sagt der Bauer drauf. »Vorher hab i an Fisch gessen, und obendrauf iß i an Kaas. Kimmt der Teifi vorn eini oder hint: Überall siecht er a Fastenspeis.«

Man könnte auch darüberschreiben: »da staunt der Laie«, denn was hier geboten wurde, überstieg oft den Luxus der Fürstenhöfe. Aber seien wir nicht empört, Luxus der einen bedeutete immer Brot und Arbeit für andere. Und von beiden gab es zeitweise wenig, und es konnten ja auch Jahrzehnte zwischen einzelnen Festmenüs liegen, sie waren nur ihren Zeitgenossen jeweils so imponierend, daß man sie, oftmals bis in alle Einzelheiten, aufgeschrieben und so der Nachwelt bewahrt hat. Das ist von großem kulturhistorischen Wert, zeigt es uns doch frühe Möglichkeiten, Prunk zu entfalten und gut zu essen, wenn wir überhaupt die damalige Gourmandise akzeptieren.

Das Mahl wird anserviert, die Speisenträger kommen

Ein klösterliches Festmenü aus dem X. Jahrhundert

Eines der frühesten deutschen Menüs dürfte dem Ekkehard von St. Gallen zu entnehmen sein, und daß seine Schilderungen der damaligen Eßgewohnheiten und -möglichkeiten der Wirklichkeit recht nahe kommen, ist höchst wahrscheinlich. Jedenfalls halten sie den Vergleich mit anderen gewonnenen Erkenntnissen sehr wohl aus. Die angegebenen Speisen treten auch in echten Dokumenten in der gleichen Form auf, und man weiß ja aus vielerlei Andeutungen, was damals zur Verfügung stand und was nicht. In dieser Beziehung hat sich der Autor, Victor von Scheffel, der immerhin kein Fachmann, also nicht Koch gewesen ist, erstaunlich gut eingefühlt. Das gibt mir, allerdings selbsterteilt, das Recht, hier mit dem Küchenzettel des Klosters St. Gallen aus dem 10. Jahrhundert zu beginnen. Der Anlaß des Menüs war ein fürstlicher Besuch im Kloster, nämlich der Herzogin Hadwiga von Schwaben. Es gab:

Dampfender Hirsebrei
Hirschziemer
Bärenschinken (B. im Garten)
Biber
Fasane
Birkhuhn
Rebhühner
Turteltauben
Vielerlei Fische Rheinland
Äschen, Trischen, Lampreten
Klosterwein Auslese
Veltliner
Pfirsiche, Melonen
Feigen

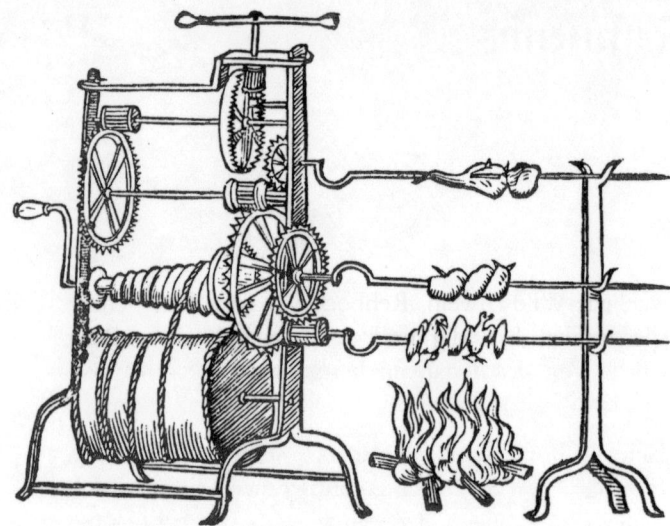

Großer mechanischer Spieß aus der Vatikanküche um 1605

Ein anderes, sehr altes, uns aus Deutschland überliefertes Festmenü im Rahmen einer klerikalen Handlung dürfte das der Einweihung der Pfarrkirche zu Weißenfels sein. Das Riesenbankett wurde im Jahre 1303 dem Bischof Bruno von Zeitz veranstaltet und zog sich über zwei Tage hin. Wie bedeutsam es war, geht wohl am besten daraus hervor, daß uns der genaue Speisenzettel überliefert wurde. Man sieht geradezu, wie dem wahrscheinlich dürren Stadtschreiberlein dabei die Zunge naß wurde. Hoffentlich hat er auch in einer fernen Ecke und mit einigen Leckerbissen daran teilnehmen dürfen.

Das Bankett begann so:

»Das ehrste Gericht.
Ein Eiersope mit Sofran, Pfifferkörner und Hönig darin. Ein Hyrsen Gemüze. Ein Essen Schavfleisch mit Schollen daröber. Ein gebraten Huhn mit Tzwetschken.

Das ander Gericht.
Stockfisch mit Oel und Rossynen, Bleyer in Oel gebacken. Gesotten Al in Pfeffer, Gerehster Puckling mit Leipziger Senff.

Das dritte Gericht.
Speise-Fische sawer gesotten. Ein Parmen gebacken. Kleine Vegel in Schmalz gepregelt. Ein Schwanzkeile mit Borken.

Den anderen Dag hat man gegeben:
Das ehrste Gericht.
Gelb Swyne Fleisch. Ein Eierkuchen mit Honigk und Wynbeeren. Gebraten Hering.

Das ander Gericht.
Kleine Fische mit Rossynen, kalte Bleyer gebraten, die dez vorigen Dags übrig geblieben. Ein gebraten Ganz mit roten Rüben.

Das dritte Gericht.
Gesalzen Hecht mit Petersilie. Ein Salat mit Eyern. Ein Gallerdten mit Mandeln besetzt und Ervortischen Anisse eberstreyt.«

Was anläßlich der Einweihung der Marienkirche einer italienischen Stadt im Jahr 1196 der anwesenden hohen Geistlichkeit zum Festbankett geboten wurde, berichtet der Chronist Ceccano:
Dem Kardinal-Presbyter Johannes: einhalb Pfund Pfeffer, Zimt und Safran, 100 Brote, 6 Krüge Wein, 1 Kuh, 2 Schweine, 2 Kapaunen, 6 Hennen, 15 junge Hühner, 1 Gans; dem Bischof Johannes von Amagui, dem Bischof von Alatri Taddeus, dem Bischof von veroli Oddo (jedem einzelnen): 90 Brote, 5 Krüge Wein, 1 Kuh, 1 Schwein, 4 Hennen, 10 junge Hühner, 1 Gans, 9 Maß Getreide, 1 paar Schüsseln, 2 Servietten, 1 Pfund Wachskerzen, 2 Fackeln usw.
Ein interessantes Festessen beschrieb auch ein Anonimo Fiorentino, also ein unbekannter Florentiner, im Jahr 1308. Es wurde Papst Clemens V. von Kardinal Pelagrù gegeben. In der Übersetzung aus dem Italienischen von C. S. Gutkind lautet der Text:
… So nahte die Essenszeit heran. 16 Kardinäle begleiteten den Papst aus dem Schlafzimmer in den prächtig geschmückten Saal. Dort segnete er die Tafel und nahm an der Spitze des Saales Platz. Zur Handwaschung kamen außer den eigenen 4 Edelleuten und 12 Knappen noch einmal ebenso viele von Herrn Hannibal. Diese 4 Edelleute trugen neue Gewänder aus

goldgewirktem Tuch auf der einen und Seide auf der andern Seite. Und jeder erhielt vom Kardinal einen silbergestickten Gürtel und einen Geldbeutel im Wert von 25 Goldgulden zum Geschenk. Und auch die 12 Knappen trugen seidene Gewänder; jeder von ihnen bekam gleichfalls einen Gürtel und eine Börse im Wert von 12 Goldgulden, nur weil sie den Papst bedienten. Und außerdem halfen noch 50 Knappen des Herrn Hannibal, alle neu gekleidet in gelbe und rote Seide.

Und der Saal, in dem Unser Herr mit 16 Kardinälen und 20 andern hohen Prälaten und Edelleuten von Stand speiste, war folgendermaßen ausgerüstet: Da war ein Tisch mit 12 Knaben, alle unter 12 Jahren, alle verwandt mit dem Papst, mit ihren Lehrern und Edelleuten und Knappen, die sie unterrichten, erziehen und bedienen. Die Wand am Kopf des Saales und noch ein Strich der beiden Seitenwände war bis hoch hinauf mit den erlesensten Gold- und Seidentüchern ausgekleidet. In der Mitte, hinter dem Sessel des Papstes, lief von oben bis unten ein meterbreiter Streifen scharlachroten Tuches, den der Sessel selbst auffing. Es war herrlich anzusehen und von so schöner Farbe, wie man sie noch kaum kannte. Der ganze übrige Saal war mit großen Teppichen behängt, auf denen verschiedene neue Geschichten dargestellt waren. Und ebenso war der Boden mit Teppichen belegt und mit Fußkissen ausgestattet. Die Tischtücher waren in edlen Mustern reich gestickt.

Es gab 9 Gänge zu je 3 Gerichten, im ganzen also 27 Speisen, von solcher Mannigfaltigkeit, daß, wollte man sie beschreiben, man darüber sterben würde. Meine Feder würde müde werden, und sie hat doch wahrlich noch vieles andere zu berichten. Es gab alles, was man nur will, alles was teuer, gut, besser und am besten ist. Nach den ersten 3 Gängen kam als Intermezzo ein riesengroßer Berg herein, aus lauter Wild aufgebaut: ein mächtiger Hirsch, der lebend schien und doch gekocht

war, ein Wildschwein, Rehböcke, Hasen, Kaninchen; alles schien lebendig und doch gekocht. Der Berg wurde von den Knappen hereingeschoben und von den Edelleuten begleitet. Und eine laute Freude brach aus, deren Getöse man wohl bis nach Vignone gehört haben mag.

Darauf kam der vierte Gang; als der beendet war, erschienen die Knappen von Herrn Hannibal und sprachen so zu Unserm Herrn: Heiliger Vater, dort unten

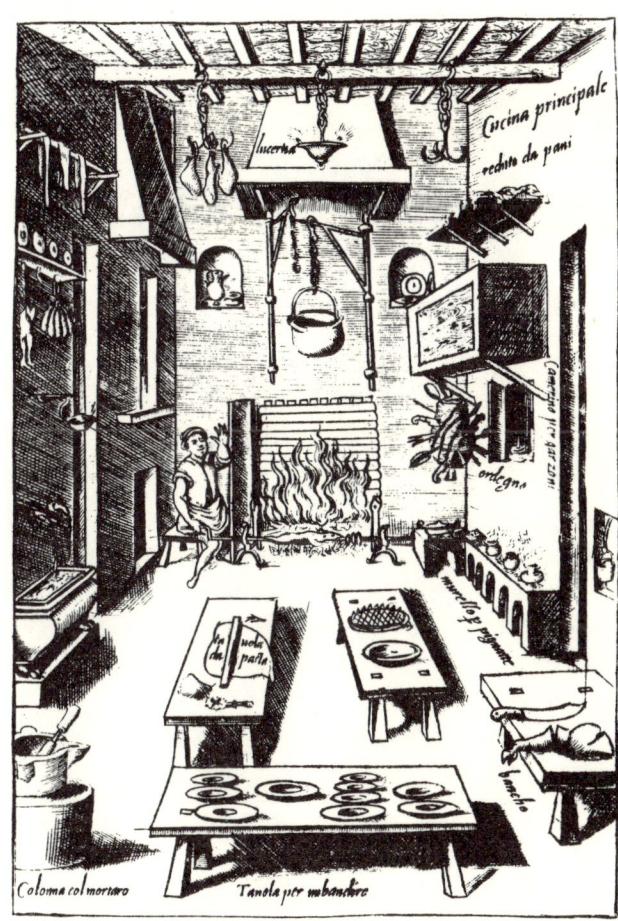

Ein Blick in die große Küche des Vatikans mit riesigem Kaminfeuer und 5 weiteren Feuerstellen

wartet ein edles Schlachtroß, und hier sind zwei Ringe und ein Pokal. Der Kardinal bittet, daß Eure Heiligkeit geruhen möge, diese Dinge entgegenzunehmen. Der Heilige Vater nahm die Ringe, einen mit einem großen Saphir, den anderen mit einem riesigen Topas. Und er steckte sie sich an den Finger. Und er ergriff den Pokal und befahl, das Schlachtroß in Empfang zu nehmen. Den Pokal schenkte er allsogleich einem der 4 Edelleute, die ihn bedienten. Man erzählt, das Pferd habe einen Wert von 400 Goldgulden, die Ringe von 140 Goldgulden und der Pokal von 100 ...

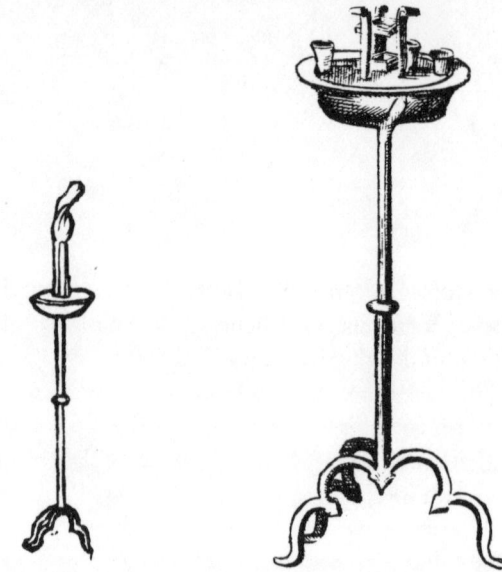

Kleiner und großer Leuchter für den Speisesaal

Wappengeschmückter Tischbeutel für teuere Feingewürze

Ein Festessen war früher nämlich stets mit – meist sehr noblen – Gastgeschenken verbunden. So wie man heute auf die Servietten oder Teller Pralinchen oder Osterhasen, Konfekt oder Schokoladetaler legt, so schenkten die großen Herren einst Schmuck oder Silbergerät, den Herren Waffen, den Damen exotische Vögel und kostbare Hutagraffen, vergoldete Becher oder dergleichen.

Besonders während der Renaissancezeit waren die Bankette der Päpste, Kardinäle und Prälaten, an denen nicht selten auch die Damen der geladenen Fürstlichkeiten teilnahmen, von großer Pracht und übertrafen oft die königlichen und kaiserlichen Hofhaltungen. Der Hunger nach Lebensfreude war groß und durch

Pest- und Kriegszeiten oft ins Ungemessene gesteigert. Man lebte kurz, aber intensiv.

Wie hoch bewertet der kulinarische Lebensgenuß war, zeigen überlieferte Berichte, nach denen Heinrich VIII. von England seiner Köchin für einen hervorragenden Pudding die Einnahmen eines ganzen Klosters schenkte und ein Papst der Renaissancezeit seinen Leibkoch für ein Hühnergericht adelte.

Aus unserer Zeit weiß man, daß der damalige römische Kardinal-Staatssekretär dem Komponisten Rossini für einen selbsterfundenen Salat den apostolischen Segen erteilte.

Hier folgt ein Fastenessen in Roma-Travestere, das der hochwürdige Herr Kardinal Lorenzo Campeggio von Bologna Seiner Majestät, dem Kaiser Karl V. gab, als seine Majestät im Monat April des Jahres 1536, noch in der Fastenzeit, in Rom einzog. Das Bankett wurde von Bartolomeo Scappi (1545) in seinem Buch »Opera ...« in Venedig veröffentlicht.

»Zuerst wurde der Tisch mit 4 parfümierten und reich bestickten Tischdecken, 12 Servietten, 5 Gedecken für die Speisen vom kalten Buffet und 7 für die warmen Gerichte der Küche ausgestattet, jedes zu 3 Tellern, von 3 Truchsessen und 3 Tranchiermeistern serviert.«

Dann gab es eine Folge von insgesamt 148 Essen, die alle aufzuzählen langweilig wäre. Nur soviel sei erwähnt, daß es bei

Presse zur Gewinnung von Fleischsaft

Schüsseln bzw. Braten, Salate, Torten, Fruchtschalen, Pasteten, Ragouts, Gelees, Seegetier, Aufläufe, Konfekt und noch vieles andere mehr gab.

Es wird eigens vermerkt, daß dazwischen die Tischdecken gewechselt, prächtig gestickte Servietten neu aufgelegt, daß goldene und silberne Gäbelchen und Löffelchen und parfümierte Zahnstocher in goldenen Tassen gereicht wurden und daß viel Silberplatten auf den Tisch kamen. Unter den Speisen sind erstaunlich modern anmutende zu finden, wie Forellen in gewürzter Weinsoße oder Venezianische Steinbuttsuppe, Maismehltorte mit Apfelgelee, Fischfrikadellen in Form von Geflügel, Kringelchen, Kaviar mit Zitronensaft, Salat von Kapern und Weintrauben, Rosinen in warmer Weinsoße. Von den Speisen bestehen allein 68 aus Fischen, denn es handelte sich ja um ein Fastenmenü, aber darunter waren so feine Sachen, wie große Seekrebse mit Kernen und Saft von Granatäpfeln, gebackene Langustenschwänze mit Rosinensoße und Orangenkonfekt, gebackener Kaviar in Omelettes aux fins herbes, Schildkröten aus Teig, vergoldet und versilbert.

Man könnte noch lange schwärmen von der Phantasie und der Raffinesse des Bartolomeo Scappi. Über dessen Kochbuch weiteres auf Seite 114 und 145. Er verstand es, auch an Fastentagen Bankette zu zaubern, die dem Auge wie dem Gaumen gleich großer Genuß gewesen sein mögen.

In dem Buch »Klosterleben im Mittelalter« wird vom Abt Angelus Rumpler von Formbach etwa um das Jahr 1500 berichtet:

… Er war mäßig groß und dick. Den Wein liebte er gar sehr … ohne ihn war er nie, ohne Becher konnte man ihn niemals treffen. Dazu liebte er viel und gut zu speisen, daher wurde er auch so dick und fett, daß ihn niemand umspannen konnte. Er hatte seine Freude an eitlen Dingen und hatte immer eine große Gefolgschaft …

Ein spezielles Werk über das Zurichten von »Banquetti« hat Christoforo Messisbugo, der Küchenmeister des Kardinals Hippolyt d'Este, in Ferrara 1549 geschrieben. Näheres darüber Seite 116.

Großartig war das Festbankett, das Papst Gregor XIII. im Jahre 1575 gab:

Das Bancket deß Pabsts Gregorii XIII. gehalten zu Ehren 20. Cardinälen und dreyen Königlichen Abgesandten.

Servieten. DIe Haubt-Tafel war in dem grösten Saal gesetzet/ beziert mit den künstlich zusammen gelegten Servieten/ darvon auch ein Castel mitten auf der Tafel gebauet/ und in selben ein Fahnen/ darinnen deß Königs in Hispanien Wappen zu sehen/ auffgestecket. Unter diesem Castell waren Bilder eines Ritter und etlicher Soldaten.

Geschencke Erstlich wurden aufgetragen kalte Gerichte/ als Mandelmilch/ Salat/ Granaten/ ꝛc. und so offt man getruncken/ wurde einem jeden Gast ein andres Serviet oder Fatscheinlein gereichet/ welches mit wolriechenden Wasser gewaschen war/ den Mund darmit zu trocknen/ und dieses geschahe gleichfals/ so vielmals man neue Trachten brachte.

Alle seltzame Speisen zu erzehlen ist nicht nöhtig/ sondern allein ist dieses zugedencken/ daß man 23. silberne verguldte Schalen/ so viel der Gäste waren/ auffgesetzet/ und einem jeden die/ so für ihm gestanden/ geschencket/ und sampt denen darinnen liegenden Confect mit nach Hause gegeben hat.

Bilder. Alldar waren zu sehen 5. Marcepane Bilder 2½ Spann hoch/ verguldet/ daß sie weissen Marmol gegleichet.

Gedräng wie es zu meiden. Die Mänge und das Gedränge welches bey dergleichen Gastereyen einzureissen pfleget/ wurde auf folgende Weise verhütet: Zween vornehme ansehliche Herren gangen in dem Saal herumb und schafften alle schlechte Gesellen/ so mit grossen Herren hinein gewischet/ in ein andres Zimmer/ in welchem man ihnen zu essen und zu trincken verschaffet/ und wurde keiner mehr eingelassen. Deßgleichen wurde auch für die Edlen und Rittersleute/ in einem Zimmer 4. lange Tafeln bereitet/ und also der Saal sonder Ungelegenheit von sehr vielen Leuten befreyet/ und an vier besagte Tafeln wurden fast alle vornehme Herren/ von denen darzu befehlten Marschalken gebeten und freundlichst genöhtiget. Von diesen Nebenzimmern konte man in den Hof gehen/ die Thüren aber in dem Saal waren verschlossen/ daß die/ so geessen/ hinweg/ aber nicht wieder zurucke gehen konten.

Bediente. Für die jenigen/ so zu Tisch gedienet/ wurde auch eine Tafel von den Ubergebliebenen bereitet/ nach dem die hohen Herren Gäste Urlaub genommen/ und hatten auch die Knechte und Kutscher ihren Antheil bey diesem Bancket/ jedoch alles absonderlich/ daß sie nicht Ursach hatten/ sich in den grossen Saal/ unter dem Schein ihrer Herren Dienste/ zu drängen.

Originaltext zum Bankett des Papstes Gregorius

In dem dickleibigen Pergamentband: »Haus- Feld-Arzney- Koch-Wunder-Buch« des gelehrten Herrn Johann Christoph Thiemen, Nürnberg 1682, das Klosterherren wie Hausvätern und Hausfrauen als eine Art Bibel der Praxis galt, sind in einem besonderen Kapitel über berühmte Festmenüs aus dem damaligen Europa spezielle Fasten-Festessen erwähnt:

Von den Fisch- oder Fasten-Tractamenten

Zum ersten Eingang trägt man auf die Fisch-Bisque / auch allerhand Suppen / die man ausdenken kan. Zum andern setzt man auf Karpffen und gefüllte Schleihen / allerhand Gestooftes / und was sonst auf dem Rost gebraten ist / mit warmen und mit kalten Fisch-Pasteten. Zum dritten setzt man auf die trocken-abgesottene Fische mit andern / so in Butter und Oel geprägelt sind. Zum vierdten / etliche andere warme Gerichte / von Eyern und andern Sachen. Zum fünfften Spiegel-Kuchen / derer etliche mit Pfeffer bestreuet sind. Zum sechsten und siebenden / setzet man auf Früchte / kleine Fisch-Pasteten / Confituren / Conserven und Marcipan / eben wie an den Fleisch-Tägen.

Was andere Früchte betrifft / als Rüben / Rettich / Melonen / Maulbeeren / Pflaumen / Kirschen / Apricosen / Pfirsingen / Pomeranzen / Citronen und dergleichen / setzet man oben auf die gegabelte Saltz-Fässer und Schlüssel-Ringe / eben / wie bey einer Gasterey / da man Fleisch speiset / ein jedes bey der Tracht / da es sich am besten schickt.

Man muß aber in Acht nehmen / daß zu der Zeit / da die Früchte häuffig sind / man nicht gar zu viel Gebachens mit aufsetze / im Widrigen aber / da die Früchte was rar sind / die Tafel desto mehr mit Gebachenem ziere.

Bankett, daß Papst Clemens IX. am 9. Dezember 1668 der Königin Christine von Schweden gab

Der seltsame Fall, daß eine Frau vom Papst im Vatikan zum Essen eingeladen wurde, brachte natürlich auch besondere Umstände mit sich. Zunächst einmal mußten 2 Tische gedeckt werden, denn der Papst speist stets allein.

Schon mit der Einholung der Königin begann die hochoffizielle Schau, die in langatmigen Beschreibungen und Bildern des reichen Tafelschmuckes erhalten sind. Beim Ablauf des Essens mit dauernden gegenseitigen Trinksprüchen, bei denen sich die Königin jedesmal erhob und bei den freundlichen Komplimenten, die von einem hohen Mittelsmann übertragen wurden, kam natürlich kein Behagen auf. Nur die vielen Zuschauer kamen auf ihre Kosten, denn der Tafelschmuck aus gezogenem Zuckerzeug, angefangen von mythologischen Figuren, Tempeln, Bäumen und

Verschiedene einfache Pastetenformen

Bosquetten bis hin zum Leiden Christi, war sehenswert, wenn auch so gar nicht nach unserem heutigen Geschmack. Wie Schauspieler saßen die sich höflich zulächelnden Hauptpersonen unter rotgoldenen Baldachinen, sich gegenseitig übertrumpfend an leeren Artigkeiten und gemäßem Schnickschnack. Der Papst trank einen herzstärkenden Saft aus Walderdbeeren, Kirschen und Limonen, Christine nippte am Weinglas. 12 camerieri segreti straordinari, davon 10 allein für die Königin, trugen, peinlichst beachtet, alles gleichzeitig auf, und zwar:
4 Fleischspeisen und eine große Auswahl von Desserts. Den Abschluß bildeten Früchte und Konfekt, die wiederum in Kunstwerken aus gefärbtem Zucker serviert wurden.
Das Mahl endete mit einem kurzen Geplauder, zu dem man die 2 Stühle für die beiden Beteiligten zusammengerückt hatte. Dann entfernte sich zuerst der Papst, dann sein Gast. Ob befriedigt, vermeldet die Chronik keineswegs.

Natürlich gedachte man bei all diesen Festschmäusen auch der Armen und stellte in den Refektorien und insbesondere bei großen Banketten das sogenannte Almußfaß auf. In dieses wurden alle Reste gegeben und am Schluß an die Armen verteilt. Recht appetitlich muß das nicht gewesen sein, die Absicht aber jedenfalls war gut.

Menü während eines Conclaves

Nicht gerade an Genüssen reich war das Menü, das den Herren Kardinälen während eines Konklaves zur Papstwahl im Jahre 1721 geboten wurde. Schon aus der Einleitung der Beschreibung geht hervor, daß die Speisenwahl ziemlich einfach und knapp gehalten wurde, damit die Herren sich möglichst rasch entschließen und nicht genüßlich schwelgen und tagelang brauchen, um der Kirche eine längere papstlose Zeit zu ersparen. Dafür wurde das Essen mit um so mehr Zeremoniell und schöner Verbrämung gereicht. Lesen Sie selbst den Ausschnitt aus dem originellen Buch »Gründliche Nachricht vom Conclave«:

»Damit auch den Cardinälen die Lust vergehen möge / allzulange in dem Conclave zu verbleiben / so sind ihnen vom Pabst Bonifacio VIII. alle delicate Speisen verboten / also daß / wenn in acht Tagen kein neuer Pabst erwehlet wird / ihnen die übrige Zeit ein gewisser Antheil Brodes und Weines / und sonst nichts gereichet werde; welches aber heut zu Tage nicht mehr in Acht genommen wird.
Es wird ihnen die Speise / mit grossem Pomp und Pracht also überbracht: Erstlich gehen 2. Diener voran / deren jeder einen grünen oder violetten Stab / auf welchem des Cardinals Wappen stehet / in Händen hat. Nach diesem kömmt der Marschall des Cardinals mit einem silbernen Stab / in Begleitung einiger seiner Edelleute und Bedienten. Hierauf folgt der Mundschenck mit einer Serviete auf seiner Schulter / und dann 2. Diener / welche Gläser und das Silber-Geschirr tragen. Nach diesem bringen 2. andere Diener die Speisen / allerhand Brodt / Confituren und Flaschen mit Wein / welches zusammen in schönen gemahlten Körben an Stöcken getragen wird. Soferne nun ein fremder Reisender dieser Solennität bey-

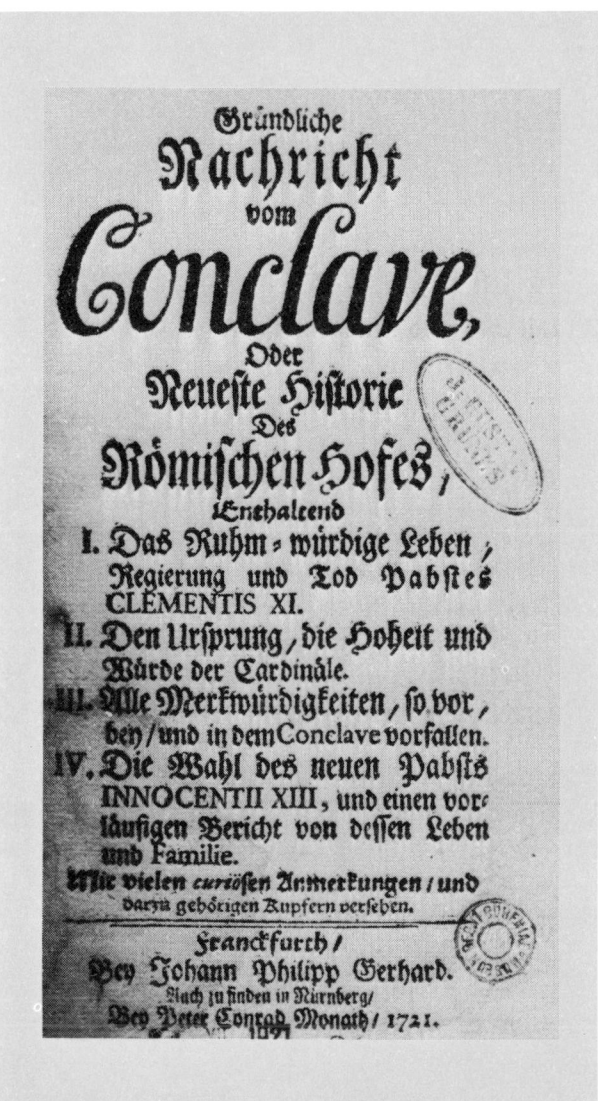

Beschreibung des Conclaves von 1721

Die einfachen Speisen werden prunkvoll aufgetragen

zernen Verschlag 2. Scheiben / die sie Route oder Räder nennen / vermittelst welche denen Cardinälen die Speisen zugeschoben / und von denen Conclavisten inwendig angenommen werden. Darbey befinden sich etliche Prälaten / deren Amt ist / die Speisen und andere Dinge / auch die Personen / so selbige bringen / aufs genaueste zu besehen / damit nicht etwa Briefe darinnen verstecket seyen; indem es denen

Die Speisen werden vor dem Auftragen genau kontrolliert

wohnen will / so kan er zwar hierdurch Gelegenheit bekommen / mit dem Cardinal am Fenster / durch welches ihm die Speisen gereichet werden / zu sprechen / gleichwol aber selbigen nicht sehen / weil er durch eine runde Scheibe / welche hinten zugedecket ist / bedecket wird. Wenn ihm ein Fremder die Speisen überreichet / bedancket sich der Cardinal höflichst / und befiehlet seinen Bedienten / ihn stattlich zu tractiren / welches sie dann auch genau in Acht nehmen.

An dem Ende der ersten Celle sind in einem höl-

Cardinälen und allen Conclavisten diese Zeit über nicht vergönnet ist / Briefe zu schreiben oder zu empfangen. Gleichwol geschiehet es / daß / so bald ein oder der andere Cardinal im Vorschlag ist / man es gleich in ganz Rom weiß; / ohnerachtet ein solcher Conclavist / der hierüber betreten würde / nicht nur alle Hoffnung zu einiger Beförderung verlieret / sondern auch nach dem Gefängnis wandern muß / daraus er ohne ausdrücklichen Befehl des neuen Pabstes nicht wieder erlassen wird. Wenn die Speisen und das Getränk hinein gereicht / schliesset der Cursore, so auch einen silbern Stab in der Hand führet / wieder zu; und der Prälat / nebst dem Ceremonien-Meister / sehen zu / ob es recht verschlossen / und das Schloß verriegelt. An diesem Ort wird auch denen Ambassadeurs Audienz gegeben / als welche nach geschlossenem Conclave dasselbe nicht mehr betreten dürfen.«

Ausführlich ist ein großer Tafelschmuck anläßlich des 50jährigen Jubiläums des Wiener Erzbischofs Siegismund Graf von Kollowitz beschrieben. Die aufwendige Feier fand am 22. Oktober 1749 statt und wurde vom Kammerdiener und Zuckerbäcker Ihrer Hochfürstlichen Eminenz, Johann Dyonisi Vollkomm, verfertigt. Die Aufzeichnungen dieser sensationellen Tafelzier umfaßt 4 Folioseiten, und darin wimmelt es nur so von Göttern und Faunen, Blumen und Pyramiden, Häusern, Eiszapfen und Triumphbögen, Männlein und Bäumen, Fischteichen und Weintrauben. Alles aus Zucker, dem damals noch sehr wertvollen Importmaterial, gezogen.

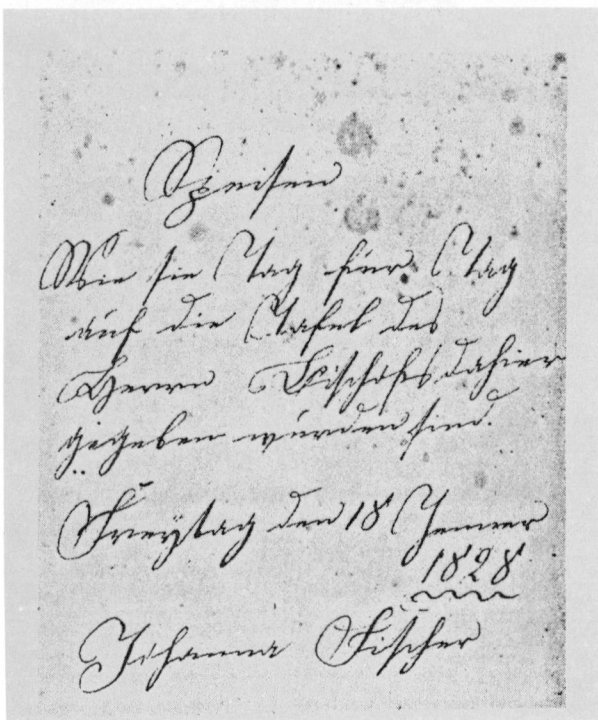

Aufzeichnungen, was der Herr Bischof täglich gegessen hat

Der kleinen Handschrift aus dem Jahr 1828, von Johanna Fischer, der getreuen Köchin des Herrn Bischofs, ist nicht zu entnehmen, wo sie gearbeitet hat. Jedenfalls an einem bayrischen Haushalt, denn es gab außer freitags stets Rindfleisch mit Beilage als 2. Gang, schon wegen der guten Rindsuppe mit ihrer noblen Einlage. Dann folgte jeweils ein zweiter, kleinerer Gang, der werktags mit Geflügel, Braten oder Wildpret und einer feinen Mehlspeis abschloß. Am Montag, dem 21. Januar – es muß ein Feiertag gewesen sein –, gab's:

Lebersuppe

Rindfleisch mit einer Beyspeise von Schinken-Kartoffeln und sauhern Rahm untereinander

Kohl mit Kastanien und Bratwürste

Gansleber mit Zitronen

Ein Reiß-Pudding mit einer Wein-Soos

Feldhühner und eingemachte Weichsel

Schinken und Salat

Am Dienstag, dem 22. Januar, war's auch nicht schlecht.

Frl. Fischer servierte:

Schühsuppe mit Leberklößen

Rindfleisch mit Sartellen-Soos

Gefülltes Kraut und von der Füll Würste

Hecht mit einer gelben Soos

Lammfleisch mit einer weißen Soos

Ein Fasan mit eingemachten Zwetschgen

Ein Makronenkrem

Und so geht es weiter, ein gutes Vierteljahr lang, dann ist die Handschrift mit dem 20. April zu Ende.
Bei einer solchen Fülle und Auswahl wundert es nicht, wenn der bischöfliche Schneider viel Stoff für die Soutane des geistlichen Herrn gebraucht hat. Aber wir dürfen auch nicht vergessen, daß die kulinarischen Freuden zu den wenigen gehörten, die dem Klerus erlaubt waren. Aber auch da haben die höheren Behörden und kirchliche Eiferer oft Einspruch eingelegt, Verbote erlassen, Höllenstrafen angedroht und zur Mäßigung gemahnt.

Der europäische Saufhans von Pöllnitz erzählt von einem Besuch in der bischöflichen Residenz zu Würzburg nicht gerade von einem Festmahl, denn von einem solchen würde er wenig mitbekommen haben, weil ihm flüssige Nahrung wichtiger war. Das wußte auch sein Gastgeber, der prachtliebende und gastfreundliche Fürstbischof Schönborn, und ließ deshalb ein Sauf-Fest besonderer Art arrangieren.
Pöllnitz schreibt darüber:
»Sie führten mich in den Keller, den ich illuminiert fand wie einen Katafalk, der zu meinem Begräbnis dienen sollte. Es wurde mit Pomp begangen: Die Gläser dienten als Glocken, an Stelle der Tränen wurde Wein vergossen: endlich, nachdem der »Gottesdienst« beendet war, trugen mich zwei Heiducken in den Wagen und von da in mein Bett.«

Von was wir gerne hören und lesen, um uns gruselig zu ergötzen, das sind die großen Prunkessen der Barockzeit, die als zuchtlos und viel zu üppig verschrien sind. Aber jede Zeit hat ihr charakteristisches Gesicht, und erst alles miteinander, von hoch bis tief, gibt uns den rechten Standpunkt. So priesen die einen die Kochkunst als 10. Muse, andere wieder meinten ganz vernünftig zu all den riesigen Menüs: Gäbe es kein Fastengebot, die Ärzte müßten es erfinden.
Sogar Aussprüche aus der Heiligen Schrift wurden gerne als Entschuldigung für die geliebten Gaumenfreuden herangezogen. So:

Matth. 15: »Was in den Mund eintritt, verunreinigt nicht den Menschen.«

Gregor (30. moral. 14): »Sowie beim Essen das Bedürfnis mit dem Ergötzen gemischt ist –; was nun die Notdurft verlangt und was dem Ergötzen dient, das weiß man nicht zu unterscheiden«; und Augustin (10. conf. 31): »Wer, o Herr, nimmt nicht hie und da Speise zu sich über die Grenzen der Notdurft hinaus?« Was aber jemand nicht vermeiden kann, das ist keine Sünde.

»In einer jeden Art von Sünden ist die erste Bewegung Sünde. Die erste Bewegung aber, um Speise zu nehmen, ist keine Sünde; sonst wären Hunger und Durst sündhaft. Also ist Gaumenlust keine Sünde.« So kann man es auch auslegen!

Dazu gab es aber wieder weit negativere Einstellungen; Thomas von Aquino sagt in seiner »Summa Theologica«:
»Die Gaumenlust ist eine Sünde.«
Geiler von Kaysersberg war gleichfalls unter den Mahnern und Predigern gegen die »Prassnarren, Füllnarren, Fässelnarren, Weinschläuche, Büss den Wein, Weingänsslein«! Er hat damit besonders die Geistlichkeit gemeint und keineswegs nur das Volk. Ebenso sind uns die wortgewaltigen, mit oft saftigen und guten Beispielen gespickten Predigten des Kapuzinerpaters Abraham à Santa Clara bekannt.
»Obschon dermalen kein Kaiser Heliogabalus vorhanden, der eine Mahlzeit hat zurichten lassen von lauter Pfauen- und Nachtigallenzungen, so findet man doch allerseits einen schädlichen Mißbrauch in dem Traktieren. Ja, es ist kaum zu glauben, daß der reiche Prasser (im Evangelium) so viele Speisen hat auftragen lassen wie dermalen oft ein gemeiner Kämpelflicker, wenn er einen Bürstenbinder zu Gast ladet. Es kommen fast täglich fremde Speisen und ausländische Bissel auf, daß also Kessel, Pfannen und Bratspieß sich müssen auf fremde Sprachen verstehen ... Dahero kein Wunder, daß oft wegen der Küche Haus und Hof zugrund gehen und die so edle Seel von der groben Schmerwampe unterdrückt wird.«
Oder: »Schaut, meine Wiener, dem Leib schlägt man nichts ab, es koste, was es wolle. Alle Elemente müssen spendieren: ob der Erde die Vögel, auf der Erde die Tiere, in der Erde die Wurzeln müssen diesen ganz aus Erde gepappten Dalcken zu Diensten sein, es koste, was es wolle. Pfeffer aus Calecut, Nägele aus Moluka, Zucker aus Candia, Ambra aus Brasilien muß er schlucken und schnucken, es koste, was es wolle.«
Eine gute Weile früher ereiferte sich das Kloster Clairveaux in einer Streitschrift gegen die Cluniazenser darüber, auf wie viele Weise allein Eier bearbeitet und »mißhandelt« werden.
Ein amüsantes Zeitbild vor dem Ersten Weltkrieg zeichnet uns Mina Wilhelm aus Perlesreut, ihres Zeichens Pfarrhofköchin und tüchtige Wirtschafterin in Triftern. Sie gibt den Speisezettel anläßlich des bischöflichen Besuches zur Firmung preis, an der 12 Geistliche teilgenommen haben, und sagt nicht nur aus, was es alles zu essen gab, sondern auch, was der ganze Festschmaus gekostet hat. Das waren noch Zeiten, als ein Truthahn von 11 Pfund 14 Mark gekostet hat. Auch das Bier, das die Helfer in Küche und Pfarrhaus getrunken haben, ist genau registriert, nur beim Wein, der ins Speisezimmer zu den HH. (Hochwürdigen Herren) kam, darüber schweigt des Sängers Höflichkeit. Vielleicht stammte er aus dem pfarrhöflichen Weinkeller selbst, jedenfalls: »hübsch viel«.

Nun noch ein Speisezettel vom 40stündigen Gebet 1914 mit Pater Johannes und Pater Rempert:

Freitag: Mittag. Erbsensuppe mit Goldwürfel. Gebackener Hecht mit gemischtem Salat. Apfelstrudel und Kirschen

Abends: Brotsuppe. Gebackene Fische mit gemischtem Salat, Kartoffel und Butter

Samstag: Mittag. Bratwurst und gebackene Lebernockelsuppe. Gansjung mit Butterbögen. Rindfleisch mit Rübenkraut, Bohnen, Rana (rote Rüben), Gansbraten mit gemischtem Salat und Birnen

Sonntag: Hirnruladsuppe. Zunge mit Kartoffel, Rindfleisch mit Rübenkraut, Wirsing, Bohnen, Schweinsbraten mit Salat und Kraut

Abends: Carviolsuppe, Kalbsnierenbraten mit gemischtem Salat und Kompott

Montag: Bisquitsuppe. Eingemachtes Lam mit Mundküchl und Kartoffel, Rindfleisch mit Blaukraut, Weißkraut, Rana, Gansbraten mit gemischtem Salat, Kompott

Nachmittag: Aufschnitt,
abends: Rehbraten.

Im Anschluß an den Küchenzettel ist dann noch jahrelang der führende Pater des Stundengebetes, bis 1920, aufgeschrieben.

Einen schön geschriebenen Speisezettel von der Einkleidung der Schwester M. Honorata, etwa um 1920, soll noch die neuere Zeit in Hinblick auf klerikale Festmenüs beleuchten. Man spürt den guten Willen, aber die schlechte Epoche oder war die Novizin ein armes Mädchen, dessen Verwandtschaft auch nicht verwöhnt war? Die Beschreibung der Menüfolge lag im handschriftlichen Kochbuch der bischöflichen Köchin Johanna Fischer. Eine Ortsangabe ist leider nicht zu finden. Die Schaumrollen und der Kartoffelsalat zur Gans deuten auf Passau, Ingolstadt oder Freising, jedenfalls tiefstes Bayern, hin.

Aus der gleichen, handschriftlichen und herzlich naiven Notizensammlung eine:

Firmung 1927 Triftern, Niederbayern, 11. Mai

Um ½ 6 Uhr 10 Min. Abends kam Seine bischöfl. Gnaden an. Um ½ 8 Uhr nach der Maiandacht war es zu Tisch. Es waren 5 H. H. Es gab Bisquitsuppe, gebratenen Indian (Truthahn) mit gemischten Salat und Apfelkompott, dann Käse und Butter. H. H. Bischof ging um 9 Uhr, die andern um 10 Uhr ins Bett.

Mittags: Brandnüßl und Leberscheiben für die Suppe, dann paniertes Soßfleisch, Butterbögen und ausgestochene Kartoffel. Rindfleisch, Kohlrabi, Wirsing, Gurken, Preißelbeeren. Gansbraten, grünen Salat, Kartoffelsalat und Compot.

Bröslkuchen mit Weinguß.

Torte mit Wein und Kaffee. ½ 2 Uhr Schluß. Punkt 12 Uhr zu Tisch. 4 Uhr Wegfahrt.

1 Mark Zitronen, 1 M. Orangen, 1.50 M. Brösl, 2 M. Kaffeebrot. Vom Markt hatte ich um 6 M. Confekt, reicht leicht die Hälfte, 2 Torten, reicht eine, 2 M. Butterbögen. Vom Gärtner hatte ich 3 Gurken a 1.10 M. 10 Stück Salat a 25 dl. (reichen 8). 10 Stck. Kohlrabi a 50 Pfg. Rettiche 1 M. Von Putz 8 Pfund Rindfl. (reichen 6). 6 Pfund Kalbfleisch, die Gänse kosteten M 2.30 = 36 M. Indian (Truthahn) wog 11 Pfund = 14 M. Teller reichen aus, auch Tischzeug. Soßie (Soßière) reicht eins.

Um 4 Uhr waren wir erst fertig in der Küche. Bier hatten wir 10 Fl. v. Harlander, 10 v. Lindinger, 10 von Scheithamer, getrunken wurden blos 16 Flaschen. Wein hübsch viel. Es waren 12 Geistliche.

Triftern, den 16. Mai 27

Blumenstöcke hatte ich von Herlinger v. Friedhof. 3 Wagerl voll. auch v. Geier und Reichenlehner hatte ich solche.

*Speiszettel zum Stundengebet
in einem niederbayrischen Pfarrhof
1929*

Donnerstag Abends: Gemüsesuppe, Hackbraten, Endivie
und Kartoffel. Apfelk.
Freitag Mittag: Gefüllte Bisquittschöberl, Supp. Rindfl.
Weißkraut, Rübenkraut, Bohnen, Gansbraten, ge-
mischten Salat und Kompott
Abends: Griessuppe, Gans v. Mittag und Fastenspeise.
(Schweizerhösle) und Kompott
Samstag: Mittag: Milzwurstsuppe, Rindfl. Blaukraut,
Wirsing, Preißelb., rollierten Nierenbraten und Sa-
late
Abends: Bröslknödlsuppe. Filetbraten. Geröstete Kar-
toffel und Schmarrn
Sonntag: Gselchte Fleischknödl und Lebernockerl.
Rindfl. Weißkr. Bohnen Johannisbeeren, Indian,
Bratkartoffel, Salate, Torte und Wein. – Kaffee

Zur Abwechslung einige klerikale Bosheiten:

Ein dicker Domherr könnte niemals Selbstmord begehen. Erstens aus moralischen Gründen. Zweitens
aus praktischen Gründen: Hängt er sich auf, dann
reißt der Strick; will er sich ertränken, schwimmt er
mit all seinem Fett obenauf.

Was ist ein Domherr?
Der Versuch des lieben Gottes, die menschliche Haut
aufs äußerste zu spannen.

Aus einem Zirkus, der in einer Bischofsstadt gastiert,
sind zwei Löwen ausgebrochen. Nach einiger Zeit
werden sie wieder eingefangen und sitzen nun zusammen im Käfig, der eine so mager, daß ihm die
Knochen durch das Fell stechen, der andere prall und
fett.
»Wo bist denn du gewesen?« fragt der fette den mageren.
»Im Wald«, sagt der. »Aber da gibt's ja nichts zu
beißen. Und wenn man mal einen Hasen aufgestöbert
hat, sind einem gleich ein Dutzend Forstaufseher auf
den Fersen. Wo hast du dich denn so gemästet?«
»Ich bin in der Stadt geblieben«, sagt der fette. »Ge-
schlafen habe ich in einem Beichtstuhl im Dom. Stell
dir vor: Jeden Tag einen dicken Domherrn zum Frühstück! Und das haben die bisher noch gar nicht ge-
merkt!«

Beim Kapuzineressen hat Pater Placidus ein bißchen
zuviel gegessen und getrunken. Plötzlich sinkt er unter
den Tisch. Der Pater Guardian schickt sofort einen
Mitbruder nach dem heiligen Öl, doch da tönt es
unter dem Tisch hervor: »Um Gottes willen, nichts
Fettes mehr!«

Pfarrhof-Küche war immer schon ein Gütebegriff, denn da ging es in den allermeisten Fällen reichlich her. Besonders im süddeutschen Raum, in katholischen Gegenden, galt der Herr Pfarrer viel, und er war ja auch meist oder wenigstens vielfach mit einem dazugehörigen Bauernhof ausgestattet, so daß man auch nicht Pfarrhaus, sondern Pfarrhof sagte. Noch heute kann man in so manchem Landstädtchen den Hochwürden auf dem Traktor sitzen und seine Felder bestellen sehen. Es waren ja oft Bauernsöhne, Zweitsöhne, die sich zum geistlichen Beruf hingezogen fühlten, und für sie war das Führen eines Bauernhofes nichts weiter als eine geliebte Nebenbeschäftigung. Und wenn kein ausgesprochener Hof dazugehörte, so wenigstens ein großer Obst-, Beeren- und Gemüsegarten mit Geflügelhof und Bienenständen. Da liefen schöne Pfauen, fette Gänse, große Truthähne herum, da flogen Tauben und Goldfasane auf, da gab es Eier in Fülle, und was sonst noch fehlte, das brachten die Dorfbewohner als Geschenke, als freiwillige Abgaben vom Schlachten und Kirchweihfeiern, Proben vom Weihnachtsgebäck und Torten von Hochzeiten.

Bei solcher Fülle ist natürlich auch der Herr Pfarrer zum Feinschmecker geworden. Aber er ißt zuwenig, und seine Hauserin, die sehr gut kocht, ißt in ihrer Verzweiflung die Reste auf und wird dabei immer runder. Da wird sie eines Tages energisch und sagt: »Hochwürden, so geht's nicht weiter, entweder es kommt ein Schwein in den Stall oder ein Kaplan ins Haus!«

Die hauptsächlichsten Einnahmen flossen den Pfarrhaushaltungen aber zweifelsohne aus den Oblationen, das heißt den Darreichungen oder Abgaben zu. Oblate heißt so viel wie das Dargebotene, das Gereichte und ging als Begriff von der im sakralen Bereich – wenn geweiht – als Hostie bekannten kleinen weißen Gebäckscheibe aus.

Für Pilgersegen, der noch aus der Zeit der Kreuzzüge stammt, für das Beichthören, für Trauungen, Flurumgänge, Aussegnungen, Messelesen, die Kommunion, Ablaßzettel, überhaupt für alle kirchlichen Handlungen war es üblich, ja sogar als feste Pfründe verankert, daß Oblationen, also Abgaben gereicht wurden, die sich in ihrer Höhe nach der Bedeutung der Kirche oder des Ortes, in dem der Pfarrherr wirkte, richteten. Zur Vereinnahmung dieser Zahlungen gab es in größeren Pfarrgemeinden oder Klöstern eigene Oblatenpater, die für die streng geregelten und auch rechtlich gesicherten Abgaben oder Reichnisse wie auch für alle frommen Spenden verantwortlich waren. Nur in einsamen Bergpfarreien oder Klöstern oder in solchen, die das Armutsgelübde sehr streng einhielten, war dagegen oft Schmalhans Küchenmeister.

Pfarrhöfe, besonders wenn eine Wallfahrtskirche oder eine kulturhistorisch interessante Kloster- oder Kir-

Waffeleisen mit Wappen

chenanlage mit zu betreuen war, hatten auch selbstverständlich viel Besuche, so zu Wallfahrten, Missionen, zum 40stündigen Gebet, zu Zeiten von Firmungen, Exerzitien und ähnlichen Anlässen, so daß sie aufnahmefähig sein mußten. Man richtete die Gästezimmer und legte die Menüfolgen fest. Mit vielen, oft freiwilligen Hilfskräften aus Dorf und Stadt wurde dann ein lebendiger Gästetrubel bewältigt, und die Ergebnisse aus der Küche und das Lob der erfreuten Esser wurde dann gerne zur Erinnerung von so mancher Pfarrhofhauserin in ihr Kochbuch eingetragen, und gerade diese Vermerke strahlen heute noch den ganzen Saft, die ganze Kraft dieser Tafeleien aus. So eine tüchtige Hauserin oder Pfarrerkathl konnte ja gut wirtschaften. Aber auch sie ist leider seltener geworden, und ein junger Kaplan meinte, man müßte nicht nur die Gehälter, sondern vielmehr ihre Betitelung aufwerten, so wie die Putzfrau zur Raumpflegerin, die Flugzeugmaid zur Stewardeß wurde. Nach einiger Beratung meinte einer der schwarzen Herren: vielleicht Zölibatesse?

In evangelischen, meist nördlicheren Gefilden wurde die vielfach kleinere Wohnung des Herrn Pfarrers Pfarrhaus genannt. Da liefen mehr Kinder herum als Extra-Einnahmen herein, so daß der Küchenzettel sparsamer, die ganze Haushaltsführung enthaltsamer war. Von einem Rezept für eine »Pfarrhaustorte« z. B. weiß man daher von vornherein, daß es ein Sparrezept, eine sättigende, aber wohlberechnete und qualitativ angemessene Angelegenheit ist. Für Feinschmeckereien war mehr der Pfarrhof geeignet, und die oft gewaltigen Rundungen der H. H. (Herren Hochwürdigen) haben dafür auch ein äußeres Zeichen gesetzt, während die Herren Pastoren als groß und schlank galten. Natürlich gab's da wie dort beides: Schlemmer wie Kostverächter, aber die erwähnten Typen sind schon irgendwie der Erfahrung entwachsen.

Bleiben wir also bei der Küche der Pfarrhöfe; zum Ruhm der Kulinaria und auch der gesamten Küchenkultur sind ihr mehr bemerkenswerte Realitäten zu verdanken als der schlichteren Pfarrhausküche, die ja bei nicht allzu üppigem Salär die gleichen Probleme wie jede andere Familie zu bewältigen hatte und für uns daher wenig Charakteristisches bietet.

Waffeleisen mit Wappen

Eduard Mörike (1804–1875), Pfarrer in Cleversulzbach, hat ebenfalls die Zusammenhänge von Leib und Seele, Predigt und Kulinaria wohl erkannt und ihr in einer herzhaften Form Ausdruck gegeben. Hier seine Pastoralerfahrung:

> Meine guten Bauern freuen mich sehr;
> Eine »scharfe Predigt« ist ihr Begehr.
> Und wenn man mir es nicht verdenkt,
> Sag ich, wie das zusammenhängt.
> Sonnabend, wohl nach elfe spat,
> Im Garten stehlen sie mir den Salat;
> In der Morgenkirch mit guter Ruh
> Erwarten sie den Essig dazu;
> Der Predigt Schluß fein linde sei;
> Sie wollen gern auch Öl dabei.

Daß es in den großen bischöflichen und fürstbischöflichen Residenzen entsprechend großartiger war, ist wohl selbstverständlich. Hier verlangte der Stand des Hausherrn größte Repräsentation. Zum Schloß in Würzburg meinte Napoleon, daß dies wohl der schönste Pfarrhof Europas sei. Unter dem prachtliebenden Mäzen Schönborn galt Würzburg denn auch, trotz Paris, als eine wahre hohe Schule des eleganten Hoflebens. Was die Führung einer großen Küche und die Güte der Weinkeller anbelangt, waren sie den weltlichen Fürstenhöfen sogar oft überlegen.

Das hat dann auch die Welt, wie üblich, mit Spott und Humor, mit Bewunderung und Neid quittiert, und es gibt so manchen boshaften Witz über das gute Leben des hohen Klerus, der sozusagen Dampf abgelassen hat im Gemüt der im Schatten solcher Pracht Stehenden.

Aus dem Pfarrhof auf höchster Ebene, aus dem Vatikan, sind aus jüngerer Zeit sehr anheimelnde Tatsachen vom Wesen einer »Hauserin« bekannt geworden. Es handelt sich um Mutter Pasqualina, einer Franziskaner-Nonne aus dem bayrischen Ebersberg, die über 40 Jahre die ebenso liebevolle wie energische Betreuerin von Papst Pius XII. war. Schon als junger Kaplan hatte er sich, krank und schmal, ihrer Fürsorge anvertraut, dann wurde sie seine bischöfliche Stütze, seine Kardinalshilfe und ging mit ihm nach Rom in

den Vatikan. Voll anerkannt in ihrer unerbittlichen, getreulichen und klugen Betreuung hatte sie eine sanfte Gewalt auszuüben gelernt, die wohl am besten durch folgende Erinnerung zum Ausdruck kommt:

Als der amerikanische Außenminister John Foster Dulles dem Heiligen Vater nach seiner schweren Erkrankung einen Genesungsbesuch abstattete und sich die beiden Männer unterhielten, öffnete sich leise die Tür zum Audienzimmer. Eine Nonne im Gewand der Franziskanerinnen näherte sich, neigte fast unmerklich das Haupt und sagte auf deutsch: »Heiliger Vater, Sie müssen essen.«

»Ganz recht, Mutter Pasqualina«, antwortete der Papst freundlich, »ich lasse die Suppe nicht kalt werden.«

Dulles hatte die Worte verstanden, erwartete aber, die Nonne würde wieder gehen. Sie blieb aber in der unverkennbaren Haltung eines Menschen stehen, der

Die Würzburger Residenz, der schönste Pfarrhof Europas

70

nicht zu weichen gedenkt. Pius XII. erhob sich und erklärte dem amerikanischen Außenminister lächelnd: »Es gibt keine Gewalt auf Erden, die unsere gute Mutter Pasqualina vertreiben könnte, wenn die Suppe auf dem Tische steht.«

Die 1894 geborene Josefine Lehnert, jetzt Mutter Pasqualina, war bis zuletzt die Hüterin des kleinen Restes von Wärme und Behaglichkeit im Leben des durch sehr viel Zeremoniell und Pflichten eingespannten Pius XII. Sie hat mit drei weiteren Nonnen für sein leibliches Wohl gesorgt und dem einsamen Mann auf dem höchsten Gipfel der klerikalen Welt wenigstens etwas häusliches Behagen und kulinarische Freuden geschenkt. Eine Tat der fürsorgenden und klugen Liebe, die erst nach seinem Tod ans Licht kam und ihr gar nicht recht war. Sie war mehr oder weniger die höchstgestellte Pfarrhofköchin.

Wenn sie es nötig gehabt hätte, wäre ihr die vatikanische Bibliothek nützlich gewesen, denn in ihr stehen nachweislich 128 alte und neuere Kochbücher.

Johannes XXIII., an sich ein sehr bescheidener Kirchenfürst, hat sich eines Tages diese Kochbücher des Vatikans kommen lassen und aus den etwa 3000 Rezepten, die im Laufe der Jahrhunderte von den Päpsten wie von den Köchinnen sowie Küchenmeistern des Vatikans gesammelt wurden, etwa 300 ausgesucht, die der Küchentradition entsprechen. Diese Rezepte sollten zum Wohl des hohen Klerus wieder praktiziert werden. Sie reichen vom gefüllten Kapaun Innozenz' III. bis zur Mastente Papst Gregors VII.

Damit hat Johannes XXIII. die seit Jahrhunderten am Heiligen Stuhl gepflegte Küchentradition weiterführen lassen wollen, denn sie sollte ein Vorbild für die Staats- und Diplomaten-Empfänge in aller Welt sein. Auf die Frage von Kritikern, ob es nicht etwas Wichtigeres zu tun gäbe, als alte Kochbücher durchzustöbern, meinte Johannes lachend: »Ich will doch sehen,

was meine Vorgänger kochten, ich werde das eine oder andere Mahl herauspicken lassen.«

Ein Schweizer Schriftsteller hat sogar den Wunsch geäußert, ein päpstliches Kochbuch des 20. Jahrhunderts zu schreiben und es allen Regierungen zuzusenden, aber bis jetzt ist noch nichts Derartiges erschienen.

Als der neue Papst Johannes Paul II. im Oktober 1978 nach seiner Einführungsmesse vom Fenster seiner Privatgemächer aus die Gläubigen begrüßte, sagte er zum Abschluß: »Jetzt ist es Zeit zum Pranzo«, und verabschiedete sich damit lachend und sympathisch wirklichkeitsnah, denn auch ein Papst darf Hunger haben.

Noch ein paar nicht böse gemeinte, aber der pfarrherrlichen Kulinaria entwachsene Bosheiten sollen den ersten Teil des Buches abschließen.

Daß all das gute und oft reichliche Essen, dem die Geistlichkeit so gerne ergeben war, Kritiker aus den eigenen Reihen wie aus dem Kreise der Beobachter zu so mancher Bosheit angeregt haben, ist klar. In ihrer oft witzig ausgedrückten Art aber sind auch Körnchen der Wahrheit enthalten und lassen da und dort ein kleines, erhellendes Lichtlein aufblitzen, das auch dazu gehört, die Szene zu beleuchten.

Nicht ganz ernst zu nehmen:

Bei einem Festmahl sitzt ein katholischer Pfarrer neben einem Rabbiner. Eine Platte mit einem saftig gebratenen Spanferkel läßt der Rabbiner lächelnd vorübergehen. Fragt der Pfarrer: »Wann werden Sie einmal wissen, wie köstlich so ein saftiger Spanferkelbraten schmeckt?«

»Bei Ihrer Hochzeit«, sagt der Rabbiner.

An der Tafel kommt zuerst der Abt, dann der Küchenmeister und dann ich, sagte der Narr; der Herrgott ißt bei uns mit den Armen.

Ein Bote sollte Kapuzinern eine Aalpastete übergeben. Abraham a Santa Clara aber rief ihn zu seinen Augustinern herein. Da sagte der Bote: »Die sind ja schwarz!« Darauf der Prior: »Ja, wir sind in Trauer!«

Ein Kapuziner wurde von Wölfen gefressen; darauf sagte ein Jesuit: »Hunger muß furchtbar sein!«

Was haben Priester und Spargel gemeinsam? Sobald sie violett (Kardinäle) sind, werden sie ungenießbar.

Ein Pfarrer wird in eine entlegene Bauernhütte des schottischen Hochlands gerufen, um dort ein Kind zu taufen. Als er nach beschwerlichem Fußmarsch eintrifft, fragt er den Bauern: »Seid ihr auch gut vorbereitet?«
»Aber sicher«, sagt der Bauer, »den saftigsten und schwersten Schinken habe ich aus dem Rauch geholt.«

»Ich geh jetzt zum Beichten«, sagt die Fleischersfrau zu ihrem Mann.
»Aber sei vorsichtig«, sagt der, »nix vom Geschäft, der Pfarrer ist unsere beste Kundschaft.«

In einem oberbayrischen Dorf ist ein neuer Kaplan aus der Stadt. Als er zum ersten Mal Beichte hört, bekennt ihm ein Bauer, daß er ein Reh gewildert habe. Auf solche Probleme nicht vorbereitet, bittet der Kaplan den Sünder, einen Augenblick zu warten, und geht hinüber zum Pfarrer, der in dem anderen Beichtstuhl sitzt.
»Da ist einer«, sagt er, »der hat ein Reh gewildert. Was soll ich ihm geben?«
»Nicht über zwei Mark fünfzig fürs Kilo, mehr zahle ich nie!«

Auf einem Bankett sitzt ein Kardinal neben einer bis an die Grenze des Tragbaren dekolletierten Dame.

Als jene beim Nachtisch nach einem Apfel greift, legt ihr der Geistliche warnend die Hand auf den Arm und sagt: »Vorsicht, Gnädigste! – Denken Sie ans Paradies!«
»Keine Sorge, Eminenz«, erwidert die Dame, »ich hatte nicht vor, Ihnen den Apfel anzubieten, sondern wollte ihn selbst essen.« – »Eben das meinte ich«, sagt der Kardinal. »Als Eva vom Apfel gegessen hatte, bemerkte sie, daß sie nackt war.«

Wieder einmal ist ein Kapuziner beim Bauern zum Mittagessen eingeladen, und die Bäuerin trägt einen prachtvollen saftigen Knochenschinken auf. Wohlgefällig betrachtet ihn der Ordensmann und dreht und wendet das leckere Stück nach allen Seiten.
Fragt der Bauer: »Was ist, Hochwürden, gefällt er Ihnen nicht?« – »O doch, lieber Mann, nur ... ich weiß gar nicht, wo ich ihn anschneiden soll.«
»Ach, das ist doch gleich«, antwortet der Bauer.
»Ja, wenn es gleich ist, dann schneide ich ihn am liebsten im Kloster an«, sagt da der Kapuziner und läßt den Schinken in seiner Kapuze verschwinden.

Ein Jesuit ist bei einem Dorfpfarrer zu Tisch. Die Haushälterin hat eben zwei knusprige Brathähnchen aufgetragen, als der Pfarrer zu einem Versehgang gerufen wird. »Fangen Sie inzwischen ruhig an«, sagt er zu seinem Gast. Der Jesuit verspeist mit Genuß sein Hähnchen. Und als der Pfarrer immer noch nicht zurückkommt, erbarmt er sich auch des zweiten. Es wäre doch schade, wenn es kalt würde, denkt er. Dann setzt er sich zum Fenster, zündet sich eine von des Pfarrers guten Zigarren an und schaut hinaus in den Hof.
Endlich kommt der Pfarrer zurück und sieht den leeren Tisch. Eben da reckt sich auf dem Mist der Hofhahn und kräht.
»Einen stolzen Hahn haben Sie da«, sagt der Jesuit.
»Der kann auch stolz sein«, antwortet der Pfarrer, »er hat schließlich zwei Söhne bei den Jesuiten.«

In einem Pilgerhospiz sind spät am Abend drei geistliche Herren eingetroffen: ein Weltgeistlicher, ein Franziskaner und ein Jesuit. Zu essen ist nichts mehr da, außer einem einzigen Ei. Damit kein Streit aufkommt, beschließen die drei, daß derjenige das Ei bekommen soll, dem der treffendste Spruch einfällt.

Als erster nimmt der Weltgeistliche das Messer, schlägt die Spitze des Eis ab und spricht: »Epheta!«

(»Tue dich auf!«) Danach ergreift der Franziskaner das Salzfaß, streut etwas Salz in das Ei und sagt: »Nimm denn hin das Salz der Weisheit!« Als letzter ergreift der Jesuit das Ei, schält es sorgfältig und steckt es in den Mund. Während er genüßlich kaut, vernehmen die beiden anderen – wenn auch etwas undeutlich – seinen Spruch: »So gehe denn ein in die Freuden deines Herrn!«

Zweiter Teil

Ein Blick in die vatikanische Hauptküche

Der zweite Teil des Buches ist den Kochbüchern und der praktischen Kulinaria, dem Rezept gewidmet. Um die Entwicklung des Kochens beweiskräftig aufzeigen zu können, ist er, seinem natürlichen Ablauf entsprechend, nach Jahrhunderten geordnet. Wie es in der Art der Rezepte liegt, sind selbstverständlich die allerfrühesten in ihrer Originalform eigentlich nur Studienobjekte und ob ihrer oft krausen Darstellung mehr Lesevergnügen als praktischer Kochkurs. Sie wurden deshalb nur so weit in moderner Sprache wiedergegeben, daß sie dabei nicht zuviel von ihrem urtümlichen Reiz verlieren. Allerdings muß bei so alten Rezepten stets bedacht werden, daß sie anders ausfallen werden als zu ihrer Zeit, und zwar besser, denn wir haben heute andere Fleischqualitäten, andere Gemüse, andere Töpfe, andere Ansprüche, eine geschultere und verwöhntere Zunge.

Was dagegen in den letzten Jahrhunderten an guten Dingen geboten wurde, das ist auch ohne Übersetzung brauchbar und rechtfertigt den Begriff Kochbuch um so mehr. Sicherlich ist die Einteilung ungewöhnlich, aber wohldurchdacht, damit der Leser sich schneller zurechtfindet. Eine Übersicht der Rezept*gruppen* am Schluß, vor dem alphabetischen Inhaltsverzeichnis, erleichtert es überdies noch, die Kochanweisungen zu finden, die zum Nachkochen locken.

Auf alte Weise zu köcheln ist ja ein besonders reizvolles Unterfangen, ein extra Freizeitspaß und ein origineller Versuch. Wandert man aber weiter, ins 17. oder 18. Jahrhundert, wird man finden, daß alles, was da an guten Dingen in Klöstern und Pfarrhausküchen gekocht wurde, Vorbild und reine Gaumenfreude ist. Besonders zeichnet sich das 19. Jahrhundert durch viele Feinrezepte aus.

1 6   0 4.

Schreibender Mönch, Lyon 1555

So, wie schon sehr früh schriftliche Anweisungen und praktische Notizen für den Wirtschaftsgebrauch, Wetterregeln, Landbauerfahrungen, Abrechnungen und die Heilkunde, kurz für alle Lebensbereiche getätigt wurden, so hat man auch die Küche miteinbezogen und Speisezettel sowie Rezepte aufgeschrieben. Das geschah aber noch lange nicht als exakte Vorstellung, so wie man heute Kochbücher sieht, sondern in lockerer Form, etwa als Erinnerungsstützen. Zumeist waren es wohl diätetische und medizinische Heil- und Hilfsmittel, die man weiterreichen wollte und in Form von Recipes festhielt. Daraus entstanden dann in Wort und Begriff unsere Rezepte. Aber noch lange nicht als eine logische Folge und klare, unmißverständliche Anweisung, sondern zwischen allerlei Zaubersprüchen, Scherzgedichten, Segnungen und Beschwörungen, zwischen Roßarzeney, Liedern und Wetternotizen lose eingeschaltet. Man wollte nur einmal rasch vermerken, was man irgendwo gehört, gelesen, gesehen und gegessen hatte.

Obwohl täglich mehrmals praktiziert und mit viel, viel Arbeit, Mühe und Sorge auf den Tisch gebracht, erschien die Überlieferung von Essensgewohnheiten als Selbstverständlichkeit und daher nicht wichtig genug. Ursprünglich waren es ja nur Heiligen- und Streitschriften, die Bibel, Philosophie, alte Literatur, Geschichte, Medizin und Naturkunde, was sich in Pulten und Regalen, später erst in Bibliotheksschränken angesammelt hatte. Aber immerhin behaupteten sich schon Medizin und Naturkunde in riesigen Pantekten, und aus ihnen entwickelte sich die Diät, das Wissen um die gesunde und schädliche Ernährung, und die Heilmittel, also ein leiser Beginn von Kochkunst, vom Kochbuch überhaupt.

Diese Aussagen waren für Meister und Kenner, aber keineswegs für Lehrlinge oder gar für Hausfrauen, sondern für den eigenen Gebrauch aufgeschrieben. Im Vorwort der »Küchenmeisterey« heißt es zum Beispiel im bezug auf die notwendigen eigenen Kenntnisse eines Kochs und daher die Ungenauigkeit der Rezepte erklärend: »Ob du die masz kanst treffen, so bistu ein rechter Koch.«

Als sicherste Aufbewahrungsstätten dürfen Klosterbibliotheken gelten, und sie sind denn auch die Fundorte für erste Hinweise auf die Rezepte, denn in erster Linie waren es ja Mönche und Nonnen, die lesen und schreiben konnten und die in ihrer Hingegebenheit an ihre religiösen Aufgaben zeitlose Tradition pflegen konnten. Jede Generation fühlte sich nur als Glied einer endlosen Kette und trug emsig zur Vermehrung von geistlichen, geistigen wie weltlichen Schätzen bei.

Beim exakten Studium von Handschriften der frühen Epoche und später in gedruckten Büchern fällt auf, daß sehr viele Rezepte und Kochratschläge oft aufs Wort getreu einander gleichen. Das galt keineswegs als Plagiat, sondern war durchaus in der Ordnung, denn jegliches Schrifttum, selbst Küchenrezepte, war schon vom Schreibmaterial her wertvoll und wurde daher vielfach kopiert und wanderte so unverändert von Generation zu Generation. Hand(ab)geschriebene Küchentraktate, wie etwa das Kochbuch Meister Martinos (siehe Seite 102), waren deshalb auch gern das Hochzeitsgeschenk für hochgestellte Paare oder Gastgeschenke von Klosterbesuchen.

Benedikt von Nursia, der Gründer des Klosters auf dem Monte Cassino (529) und der Gründer des Klosterwesens überhaupt sowie des nach ihm benannten Ordens, gab in seiner Ordensregel die Weisung: »Ein Kloster ohne Bücherschrank ist ein Kloster ohne Waffen.« Deshalb schufen viele Klöster, besonders die der Benediktiner und Zisterzienser, so St. Emeram, Fulda, Salzburg, St. Gallen oder Reichenau usw., Schreibstuben, in denen gerade solche Schriften und Dokumente gesammelt wurden und wo sie in den Klosterbibliotheken, soweit diese erhalten blieben, heute noch zu finden sind. Da saßen nun die schrei-

Arbeits- und Schreibtisch in der vatikanischen Küche

Laternenhaus und Handleuchter

benden Brüder an großen Pulten, kopierten alte Schriften und erstellten neue.

Hier schufen sie ihre bis heute vielfach erhaltenen reich illuminierten Werke, die, gleichgültig welchen Inhalts, oft einen kleinen Anhang über Medizin bzw. Diät- und Kochrezepte enthalten. Auch in ihren Kalenderbildern erweist es sich, wie sehr das Alltagsleben mit dem Kochen und Essen zusammenhing, denn wir finden darunter Bilder über das Aussäen von Korn, das Ernten von Obst und Getreide, über das Scheren von Schafen und das Schlachten von Schweinen, das Einsalzen von Fleisch, über Vorratshaltung und den weihnachtlichen Festschmaus. Aus all dem können wir die damaligen Speisenfolgen ebenso ersehen, wie die benützten Gerätschaften oder die angewandten Kochtechniken. Es sind zwar immer nur winzige Hinweise auf das frühe Geschehen, aber wer daraus zu lesen versteht, kann sich ein zusammenhängendes Bild der Epoche machen.

Das Schreibstubenleben war, wie alles im Kloster, streng geregelt. So durfte wegen der Feuergefahr kein offenes Feuer gebraucht werden. Das Reden war verboten, damit in der Stille weniger Fehler gemacht wurden. Auch lag die Schreibstube, um dem alltäglichen Betrieb fern zu sein, zumeist im ersten Stock des Klostergebäudes.

Da kundige Schreiber sehr selten und begehrt waren, hatte man sogar eine Strafregelung erlassen, daß, wer einen Schreiber erschlägt, so schwer bestraft wird, wie derjenige, der einen Bischof erschlagen hatte.

Aus der Gegebenheit heraus, daß das erste europäische Schreibmaterial, das Pergament, sehr teuer war

und ja auch nicht in endlosen Massen hergestellt werden konnte, hat man es, besonders in den Klosterschreibstuben, nur für wichtige Werke, besonders für religiöse, verwaltungstechnische und philosophische Schriften verwendet. Erst als der Ratsherr Ulman Stromer 1390 vor den Toren von Nürnberg eine alte Mühle zur ersten deutschen Papiermühle umbaute und mit lombardischen Papiermachern betrieb, wurde das so begehrte Schreibmaterial billiger, und so wanderten die ersten weltlichen Aufzeichnungen, also auch Kochrezepte, in die Bibliotheken.

Mönch am Pult in der Schreibstube

Die Klosterküchen mußten natürlich ihrem Leistungszwang entsprechend groß sein. Meist waren sie seitab in einem Nebengebäude untergebracht und hatten genug Zusatzräume, wie Backstuben, Geschirrkammern, Keller- und Gesindestuben, Fleisch- und Selchkammern usw. Sie waren wegen des offenen Feuers in schweren Gewölben untergebracht und infolgedessen zumeist dunkel, durch Feuchtigkeit und Hitze voll Dampf und Dunst und auch sonst höchst unbequem, wenn man heutige Maßstäbe ansetzt. Die Töpfe und Häfen, Pfannen und Roste waren groß und schwer, dabei voll Ruß und Fett, das Wasser mußte nahezu immer vom Hofbrunnen hereingeholt werden, die Kellertreppen waren tief und steil. Da wundert es beinahe, daß es auch Stiftsköchinnen gab, die den Konvent oder die Brüderschaft versorgten. Wir kennen mehrere solcher tüchtiger Frauen, die ihre Rezepte und Erfahrungen niederschrieben. Sonst waren es aber doch in Herrenklöstern in der Hauptsache männliche Klosterangehörige, die in der Küche wirtschafteten. Auch ihnen konnte das Unglück passieren, daß von ihrer Küche aus ein Brand entstand. So wird aus dem Kloster Rinchnach im Bayrischen Wald aus dem 17. Jahrhundert berichtet: »Am 19. Mai 1671, dem Pfingstdienstag, an dem das Fest der Kirchweihe gefeiert wurde, brannte das ganze Kloster nieder. Wie man sagt, war die Ursache des Brandes ein unvorsichtiger Koch, der infolge der Ankunft neuer Gäste zur

Eiserner Zusatz- oder Reiseherd

Kleiner, gemauerter, bereits halbhoher Nebenherd

Zeit der Vesper sich beeilte, Schweinspasteten zu braten. Um rasch ein starkes Feuer zu entfachen, schüttete er Fett oder Harz hinein. Dadurch loderte die gefräßige Flamme auf, daß sie durch den Kamin viele Funken auf das darüberliegende hölzerne Dach ergoß. Bevor Mittel zum Löschen bereitgestellt werden konnten, fraß sich die Wut des Brandes überallhin fort. Der schlimmste Klosterbrand unserer Geschichte!«

Um solche Unglücksfälle möglichst zu vermeiden, hat man begonnen, eigene Küchengebäude oder jedenfalls außenstehende Kaminanlagen, wie z. B. im Kloster Seligenthal in Landshut, zu errichten.

Aus Sicherheitsgründen wurde z. B. auch die Küche

Schwerer Kessel, Kochtopf und großlochiges Sieb

Marmorbrunnen in der vatikanischen Küche

Der wegen Feuersgefahr außerhalb des Gebäudes stehende Großkamin der Klosterküche Seligenthal in Landshut

Aschenschaufel, Kehrwisch und Glutschieber für die Herdbedienung

des Papstpalastes in Avignon im obersten Stockwerk eines mächtigen Turmes eingebaut. Das hohe Gewölbe mit den großen Kaminen hatte durch eine Außentreppe Zugang und war dadurch gegen jede Feuergefahr abgeschirmt. Wahrscheinlich sind aber auch die Speisen beim weiten Transport in die Speisesäle kalt geworden. Man hat die Schüsseln deshalb, und um überdies die Möglichkeit einer Vergiftung unterwegs auszuschalten, übereinandergetürmt und mit Tüchern umhüllt aufgetragen.

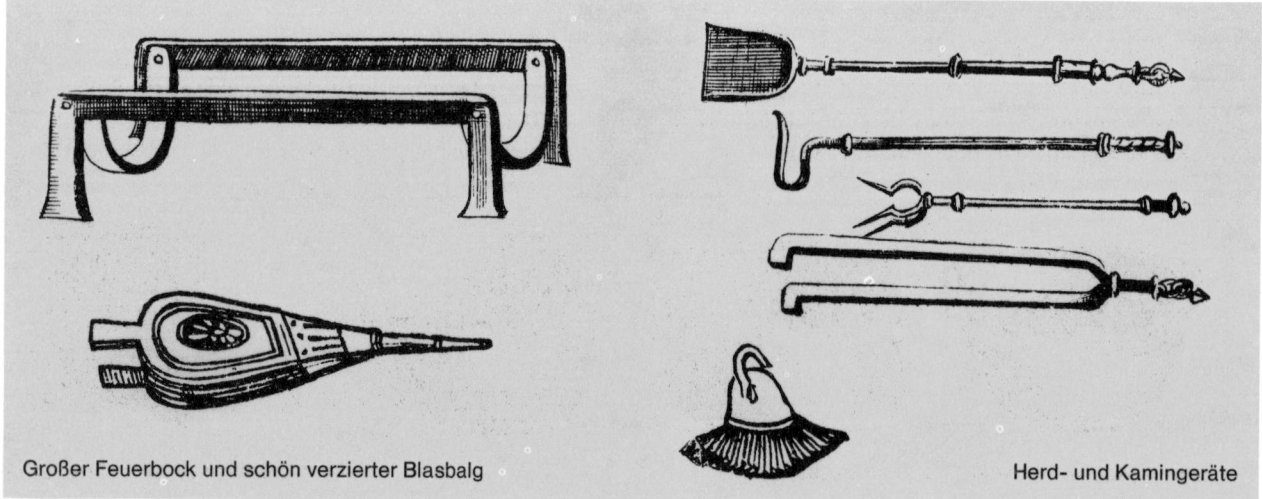

Großer Feuerbock und schön verzierter Blasbalg

Herd- und Kamingeräte

Da, wie vorerwähnt, Kochbücher ursprünglich keine für die Allgemeinheit angelegten Aussagen, sondern nur Erinnerungshilfen für den internen Gebrauch einer Gemeinschaft sein sollten, hat man sich natürlich für ihr Äußeres zumeist wenig Mühe gegeben. Lose Zettel, von verschiedener Hand geschrieben, oder Hefte, die rasch zerfledderten, mit flüchtigen oder auch ausführlicheren Rezepten und Notizen gefüllt, dagegen wieder schöne Lederbände, sorgsam, sogar mit Rgister, geführt, geben bei näherer Betrachtung viel Geschichte preis. Der Schriftduktus weist auf die Entstehungszeit hin und zeigt deutlich, ob der Schreiber gebildet oder dumm, ordentlich oder künstlerisch veranlagt, ob er sparsam oder großzügig war.

Aus Rezepten läßt sich der Sozialstatus, die Größe der Gemeinschaft, die Jahreszeit, sogar der Beruf erkennen, denn bei viel bäuerlichen Zutaten sehen sie ganz anders aus als in der Stadt oder wenn Jäger oder Fischer Beute lieferten. Oder wenn Diät gekocht werden muß, wenn Kinder oder alte Leute, Fuhrknechte oder Bischöfe verpflegt werden müssen. Ebenso gibt sich die Gelehrsamkeit in lateinischen oder jedenfalls mit lateinischen Brocken gespickten Rezepten kund. Und damit sind wir bei einer Spezialsprache, dem der Kulinaria entwachsenen Küchenlatein.

Das klassische Latein hat sich durch Un- und Halbgebildete und insbesondere auch durch die alltägliche Gelehrten- und Klostersprache sehr verwässert, und der St. Galler Geschichtsschreiber Joachim von Watt, ein Zeitgenosse Luthers, hat sich bereits lauthals beschwert, daß man in neuer Zeit ein sogenanntes Kuchelatein spräche. Ebenso weist Joh. Turmair, genannt Aventino, der berühmte bayrische Geschichtsschreiber, darauf hin, daß »unser redner und schreiber, voraus so auch latein künnen, biegen, krümpen unser sprach in reden, schreiben, vermengens, felschens mit zerbrochen lateinischen worten, machens mit großen

umbschwaifen unverstendig, ziehens gar von irer auf die lateinisch art mit schreiben und reden, das doch nit sein sol, wan ein ietliche sprach hat ir aigne breuch und besunders aigenschaft. Es laut gar übel, und man haist es Kuchelatein, so man latein redt nach ausweisung der teutschen zungen; also gleichermaß laut's übel bei solch art erfarnen, wo man das teutsch vermischt mit frembden worden«. Er schreibt auch 1517 von einer in Augsburg erschienenen »Rudimenta grammaticae« von einem schlechten Latein, das er »Kuchlatein« nennt. Dazu muß man allerdings wissen, daß es schon damals viele neue Lebensmittel, Züchtungen, frisch entwickelte Handwerkszweige, Erfindungen usw. gab, die nicht aus dem früheren Leben her bekannt waren und deshalb zu einer Neuschöpfung von Bezeichnungen zwangen. Diese wurden allerdings recht frei und großzügig erfunden, und bereits um 1500 hat man sich bemüht, den Barbarismus der lateinischen Sprache, das Küchenlatein, zu bekämpfen, was aber anscheinend nicht gelungen ist. Zudem ist ja bekannt, daß das Küchenpersonal in alter Zeit als etwas Verächtliches und Niedriges bezeichnet wurde, daß die Gebräuche und Sitten in den Küchen sehr primitiv und oft grob waren. Deshalb gab es auch mehr Köche als Köchinnen.

Platina, der streitbare Humanist, dagegen verteidigte laut und vernehmbar die notwendig gewordenen Neubildungen im Latein und ist dabei selber einer der großen Gestalter, denn die Welt hat sich ja mächtig gewandelt seit der Antike, sie ist »wiedererwacht«, was ja der Epochenbegriff Renaissance klar ausdrückt. Mit Ausnahme einer kurzen Erhellung, der Periode Karls des Großen, war die Frühzeit, vom Untergang Roms bis zu eben der Renaissance, also über ein Millennium, lange recht dunkel.

Platina erkannte das Bedürfnis, die klassische, aber mehr oder weniger abgestorbene Sprache neu zu beleben und wollte keine Beschränkung auf die alten Begriffe dulden, sondern sie als internationale Umgangssprache der Gelehrtenwelt erhalten wissen. Das verlangte unbedingt eine Erneuerung und Bereicherung. Und da er selbst ein Kochbuch, das erste, das überhaupt gedruckt erschien, geschrieben hat, wandte er sich natürlich kulinarischen Begriffen und Ausdrücken zu, die aus der küchentechnischen Entwicklung seit der Antike her notwendig geworden waren. So kommt es, daß er auch zum Verteidiger des Küchenlateins wurde.

Noch der römischen Kurie wurde seit dem 14. Jahrhundert wiederholt vorgeworfen, daß ihr die Sorge um Küche und Keller wichtiger wäre als die Pflege der Wissenschaft. Auch Petrarca beklagte sich als reiner Dichter und Schöngeist über den niedern und groben Stil einer seit tausend Jahren gebrauchten und verwilderten Sprache, die man eher als einen sklavenhaften Ausfluß von Worten benennen müsse. Küchenlatein wurde deshalb als verächtliche Bezeichnung, vielerorts sogar als Beschimpfung angesehen. L. Valla hat um 1540 in einem Dialog das Küchenpersonal das niedrigste und gemeinste Latein sprechen lassen. Das ist verständlich, wenn man weiß, daß Köche ja nicht Latein gelernt hatten, sondern alles nur vom Hörensagen weitergaben und so die Sprache verkrüppelten.

Seiler sagte 1922: »Das Wort Küchenlatein ist in der alten humanistischen Lateinschule gebildet worden, womit im Gegensatz zum klassischen Schullatein das barbarische Latein bezeichnet, und das insbesondere in der Klosterküche von unwissenden Mönchen gebildet wurde.«

Hier beschränkt sich der Gelehrte wohl zu stark auf die klösterliche Küche, denn auch das Handwerk und der Tagesgebrauch haben das gute alte Latein stark verwildern lassen, so daß es nicht den Klöstern oder der Küche allein angelastet werden kann, daß es so verdorben ist. Im Deutschen Wortschatz, 1925, ist

z. B. zu lesen: »Küchenlatein, barbarisches Latein, insbesondere verderbtes Mönchslatein, wie es die Fratres in den Klöstern sprachen.« Man nannte die verdorbene Sprache deshalb sogar Scherz- oder Spottlatein, besonders in Gelehrtenkreisen.

Neben dem primitiveren Küchenlatein, gab es dann auch noch das als Umgangssprache benutzte Klosterlatein, das eine Komposition aus dem alten Latein und Italienisch war. Diesem an sich zumeist glücklicheren Sprachgemisch oder besser gesagt dieser Entwicklung verdanken wir sehr viele, auch heute noch bekannte Küchenbegriffe, wie Oblate, Biskotten, Konfekt, Spezerei, Bretzel, Panade, Karbonade usw.

Der Mundschenk gießt Wein ein, der Saaldiener serviert die zugedeckten Schüssel an

Diese frühe Zeit bringt noch wenig komplette Rezepte, vielmehr sind da und dort in ältesten Klosteranalen nur knappe Hinweise auf Speisen und Speisenfolgen zu finden. Meist handelt es sich dann jedoch um noch ältere, überkommene Gerichte oder auch um ganz neue, die damals noch sehr imponierten, weil sie aus fremden Ländern kamen. Kreuzritter und Gewürz- oder Seidenhändler brachten sie aus dem Orient und wandernde Kleriker aus den spanischen und venetischen Spitälern mit. So wissen wir von arabischen, heidnischen und spanischen Gerichten, wie sie sich dann in den ersten Handschriften niederschlugen. Heute oft gar nicht mehr feststellbar, um was es sich dabei handelt, sollen hier einige aufgezeigt sein, um das exotische Bedürfnis von einst zu beweisen.

Die ältesten Schreiber bleiben zumeist noch anonym. Deshalb trifft man nur selten auf Namen und Persönlichkeiten. Um so mehr gelten uns heute als eine der frühesten Überlieferungen die Niederschriften der *Hildegard von Bingen* (1098–1179). Sie war die Gründerin und dann Äbtissin des Benediktinerklosters Rupertsberge bei Bingen und mit ihren mahnenden, prophetischen und dichterischen Werken eine bedeutende Erneuerin des damaligen Klosterwesens. Unter ihren visionären Schriften finden sich aber auch viele praktische Anweisungen für die Heilkunde, den Kräutergarten, die Diät und für die Küche. Natürlich hat sie kein Kochbuch geschrieben, aber ihre klugen Ratschläge und ihre Fürsorge dienten auch dem leiblichen Wohl ihrer Schwestern im Konvent und ihren Mitmenschen.

Sie, die große Frauengestalt des Mittelalters, war eine universelle Figur. Nicht nur Dichterin, Seherin, Reformerin, wußte ihr frommer Sinn auch die Realitäten des Lebens zu erkennen. Deshalb mühte sie sich um Küche und Krankenstube, Gemüsegarten und Heilkräuter. Gelehrt, wie sie war, konnte sie die alten Mediziner lesen und in praxi anwenden und darüber hinaus aber durch eigene Versuche und Erfahrungen neue Erkenntnisse erlangen. Sie waren natürlich von ihrer Zeit geprägt, so daß wir vieles davon nicht mehr verstehen, denn alles Wachsen und Gedeihen ist noch von den vier Elementen, vom Charakter des Menschen, von der Jahres- und Tageszeit und von den Gestirnen bestimmt.

Einige ihrer Anweisungen und Beobachtungen der Garten- und Pflanzenwelt kommen schon recht nah an Küchenratschläge und damit an Rezepte heran. Sie

Sizbeis. Salhadia/vnd Scindibzis. Madua/vnd Mastia. Zyserbrü. Sumania/vnd Sumacheria. Habarisia/vnd Sirinsia. Ziribes.

Orientalische Speisen, deren Kenntnisse die Kreuzritter zu uns brachten

weiß viel über die Wirkungen einzelner Nahrungsmittel und Heilkräuter auf das Wohlbefinden und die Gesundheit von Mensch und Tier.

So gibt sie vor allem bei so manchem Gericht die davon ausgehenden Heilkräfte oder ihre Unverträglichkeit an. Mag das meiste gar nicht stimmen, so erstaunt es doch, wie früh eine Frau sich überhaupt schon mit der Wirkung von Nahrungsmitteln auf den Organismus beschäftigt hat. So verlangt sie, daß die »starke Kälte« des grünen Salats (Gartenlattich), die ihn gesundheitlich schädlich mache, mit Essig, Dill oder Lauch zu temperieren sei. Oder sie erinnert daran, daß man in schweren Zeiten aus Buchenlaub Gemüse bereiten kann, wohl als eine Art von Kohl oder Spinat.

Auch von Erdbeeren weiß sie, daß sie mehr warm als kalt sind. Natürlich sind Walderdbeeren gemeint.

Fischgerichte von Lampreten, meinte sie, seien ungesund, weil diese im unreinen Wasser leben.

Wintermilch dagegen hielt sie für gesünder als die Sommermilch, weil sie nicht so viele Säfte aufgenommen hat, und Fleisch von Eseln für unverträglich, weil es nach dieses Tieres Dummheit rieche.

Die wenigen so frühen Rezepte, die schon als solche anzusprechen sind, kommen aus italienischen Klöstern oder aus den Küchen des hohen Klerus oder des Vatikans.

Ein gut Sod auf alle gefangenen Vögel

Koche die Vögel in Fließwasser, nimm ein Stück wohlzerkochtes Rindfleisch, zerhacke das klein, darnach stoße es klein in einem Mörser, verbrenne drei Birnen auf dem Rost, bis sie schwarz sind, röste eine Schnitte Weißbrot, zerreibe das alles und wirf es in die Fleischbrühe, die nicht zu sehr gesalzen ist, siede es, und drücke es dann durch ein Tuch. Hierauf lege die gekochten Vögel hinein, schäle Birnen, zerschneide sie

zu vier Stücken, lege sie dazu, lasse sie allmälig sieden, würze mit Ingwer, Muskatblume, Zimmetrinde und ein wenig Pfeffer, jedoch nicht zu viel. Laß allmälig aufsieden und schicks hinein.

Nun folgt eines der ganz seltenen Rezepte mit Angaben von Zutaten, das zwar in nahezu allen Handschriften des Mittelalters, aber in verschiedenen Formen, einmal knapper, einmal umständlicher auftaucht und das noch heute als Quittenpaste beliebt ist. Sie galt als besondere Leckerei und wurde auf die jedes Festmahl abschließende Konfektschale gegeben. Manche Frauenklöster, vor allem an Wallfahrtsorten, haben sie bis vor wenigen Jahrzehnten noch hergestellt, hübsch in Form gegossen und verkauft.

Muhs von Birnquitten

Nimb fein Muhs, so du von gestohsenen Birnquitten hast, gieb aufs Feuer mit Honig, verkochs und gieb auf langes Holtz drei Finglen hoch. Lass daselbst truckan und schnaidts in eckigte Stücklen.

Aus einem Klosterkochbuch
zu Mantua (um 1100)

Da die Quittenpaste wahrscheinlich auch aus dem Orient stammt, wußte man sogar ihren arabischen Namen: gabicz.

Melone in Würzwein

Ein sehr frühes »Rezept«, das heißt, eine knappe Andeutung davon, spricht von einer Melone, die in einer Soße von Minze, Honig, Wein und Pfeffer serviert wurde. Das ist eine uns ganz modern anmutende Zusammenstellung. Nur würde die Melone heute als Nachtisch gelten, einstmals war sie Zukost zu Fleisch oder Fisch.

In einem Katalog der Wiener Bibliotheca Palatina ist eine Handschrift von Albertus Magnus (1193–1280) unter dem Titel »Tractatus de nutrimento et nutribili« (Ein Kapitel über Ernährung und Nahrungsmittel) zu finden. Selbst dieser hohe Kirchenmann und Scholastiker, Bischof und Universitätslehrer hat sich also um die Kulinaria bemüht. Mit Recht wurde er wegen seiner Vielseitigkeit »Doctor universalis« genannt, denn er erkannte erstaunlich früh, wohl auch aus der Schule von Salerno, dem Quell der Zeit, die leibgeistigen Zusammenhänge im Menschen. Gerade deshalb hat er sich für die Ernährung und indirekt damit für das Zubereiten derselben, also für das Kochen interessiert. Mit seinen Schriften wollte er seinen Mitmenschen helfen und auch der Forschung dienen. Uns dünkt es heute amüsant zu lesen, daß Albertus Magnus meinte, Rüben seien kalt und feucht, aber zur Speise geeignet, wenn sie mit Petersilie temperiert werden. Das klingt schon an Diätvorschriften an, wie ja alles einst der Zunge *und* dem Organismus taugen mußte.

Mögen wir auch solche Vorstellungen heute erstaunlich finden oder gar belächeln, so beleuchten sie doch die frühe Erkenntnis maßgeblicher und weitblickender Persönlichkeiten, daß die richtige Nahrung über Wohl und Wehe der Menschen entscheidet.

Klöster waren ja nicht nur politische Institutionen, Versammlungs- und Konferenzstätten, sondern darüber hinaus für breiteste Volksschichten Lehranstalten und damit überaus wichtig in ihrer sozialen Funktion. Gerade die Großen ihrer Zeit wußten das, und so sind wir in der glücklichen Lage, so manches über die allgemeine, insbesondere aber über die klerikale Kulinaria zu erfahren.

2 Küchenknechte passieren eine Suppe durch ein Tuch

Mehrmals wird im 16. Jahrhundert in einigen frühen Kochbüchern auf ein schon 300jähriges Klosterkochbuch hingewiesen, ohne daß irgendeine nähere Auskunft über das Woher zu finden ist. Vielleicht war die Handschrift nur eine Kopie, die von einem Klosterbruder noch durch eigene Merkzettel und Anweisungen ergänzt worden war. Existiert muß sie jedenfalls haben, denn das folgende Rezept, eine uns heute seltsam dünkende Anweisung, stammt daraus.

Linsen mit Ochsenaugen

Damit sind nicht etwa Spiegeleier gemeint. Man hat tatsächlich im Mittelalter bis in die Renaissancezeit hinein die Augen von Ochsen, Kälbern, Hammeln und Schweinen mit Appetit gegessen, so wie Hammelaugen heute noch im Orient als Ehrengabe für einen Gast gelten. Da Hülsenfrüchte, also Linsen, Erbsen

Verschiedene Schöpfer und Sieblöffel, rechts ein wahrscheinlich dem obersten Koch reservierter Probierlöffel

und Bohnen zu den Grundnahrungsmitteln gehörten, kann man sich wohl vorstellen, wie ein solches, ragoutartiges Gericht ausgesehen haben mag. Nähere Angaben fehlen.

Ein altspanisches Gericht ist die

Olla podrida,

zu deutsch »fauliger Topf«, ein Eintopf aus Fleisch, Speck, weißen Bohnen oder Gemüsen und viel Gewürzen, der je nach Gegend und Vorräten, Zeitläuften und Gewohnheit wechselte. Halb Suppe, halb Ragout wurde diese Armeleutespeise sicherlich auch in den Spitälern der Klöster, die kranke Pilger und fahrendes Volk aufnahmen, gekocht. Jahrhundertelang taucht die Speise als beliebiger Mischmasch dann in allen Rezeptsammlungen als Alle Podriden, Hollapotried allerbatricisuppe, en ale Badryden oder sogar als Patriepastete auf. Sie soll nach Rumpolt bis zu 100 Zutaten verlangt haben. Im einzelnen besteht sie z. B. aus Kohl, Lauch, Mohrrüben, Zwiebeln, Kürbis, Knoblauch, Pfeffer, Öl, Essig, Schweine-, Kalb- und Hammelfleisch sowie reichlich Speck. Oder aus Kichererbsen, frischem und altem Speck, Huhn, Schinken, Wurst, Kalbsfuß, Schweinsohr, Hackfleischklößen sowie Reis, Schmink- und anderen Bohnen und einer Unmenge von Gewürzen und Kräutern. Kennzeichnend für diese Nationalspeise ist jedenfalls, daß sie wie alle diese Mischgerichte aus sehr vielerlei Fleisch- und Gemüsesorten besteht.

Gleichfalls Importware waren arabische Hammelgerichte oder das »Mus von Jerusalem«, gebratene Hühner in Honigsoße, Marzipan, Feigentorten und anderes.

Daneben gibt es eine Darstellung, wohl die erste, von Knödeln, die eine Nonne kocht und ißt, wie das auf einem Fresko vom Jahr 1280 in Hocheppan dargestellt ist.

Wir wissen auch von Heringen, wohl gesalzene Ware, die Ludwig der Heilige (1226–70) in großer Zahl, nämlich jährlich 70.000 Stück, an die Klöster und Spitäler verteilen ließ. Auch von Sankt Florian wird berichtet, daß bereits im 13. Jahrhundert Barben gegessen und zum Lieblingsfisch erklärt wurden. Man kannte bereits 50 verschiedene Fischsorten, noch aber keine ausgesprochenen Rezepte dafür. Nur etwa Fische in Kräutersoße, eingesalzene Fische, in Fischdarten (Pasteten), Sardellen, Makrelen in Mandelmus oder Forellen in allerlei Salsen. Die Salerner Gesundheitsregeln, die sehr maßgebend waren, rechnen be-

Der Koch preßt Topfen (Quark) ab

reits im Jahr 1101 Forellen zu den 10 gesunden Fischen. Daher gehörten sie, schon als Fastenspeise, zu den wichtigsten Klosterzehnten. Und damit dem Konvent nichts vorenthalten wurde, ging das Wort um: Wild und Fisch gehören auf den Herrentisch. Für Fischdiebe gab es darum auch schwere Strafen.

Ein höflich Essen von einem Pfauen

Willst du machen ein höflich Essen von einem Pfauen, so rupfe ihn und laß den Schwanz und auch die Federn auf dem Haupte dran bleiben, und verbind den Schwanz samt dem Haupt mit nassen Tüchern, daß sie wohl verwahret sein, und stecke den Pfau an einen Spieß und brate ihn fein ab. Wenn er dann gebraten ist, lege ihn auf eine Schüssel und mache den Hals hübsch mit einem Drathe, daß er emporsteht und zeuch auch eiserne Drähte durch die Federn am Schwanz und breite sie fein auseinander und mache dazu eine gute Brühe oder gelben Sod und mache Farbe darzu durch Mandelkern oder Rousincken.

Massiver Dünsttopf mit Verschlußriegel, ein Vorfahr unserer Schnellkocher

Wohldurchdachte Schöpfer und Siebe

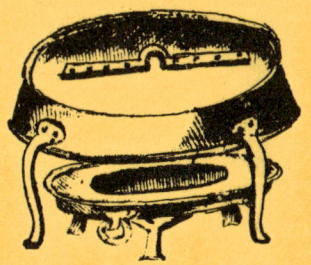

Dreifüßige Tortenpfanne mit Deckel

Zucker- und Muskatreibe

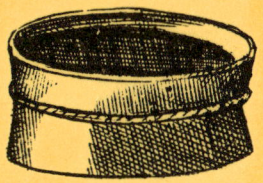

Mehldrahtsieb

Wie man den Rehkopf zurichten mag

Thue de Rehkopf kochen, mache ihn recht rein, klaube das Fleisch ab von den Knochen und zerhacke es aufs Kleinste, thue es in einen Mörser, zerstoße es wohl, darnach zerklopfte etliche Eier und zerlaß das gehackte Fleisch damit, treibe es durch ein Tuch, mache es mit Honig süß, reibe ein Wenig Weißbrot dazu, würze es mit Pfeffer, Ingwer, Zimmetrinden, Nelken, Saffran, doch dessen nit viel, thue das auf ein heiß Schmalz in einen Tiegel, laß es wohl ausprägeln und richte es an.

Ein dreihundertjähriges Klosterkochbuch.

Würste von gehackten Fischen zu machen

Nimm Barsche, Caruschen, Schleie, Barben, Hechte, Karpfen oder sonstigen Fisch, zerhacke sie ganz klein, nimm aber erst die Gräten heraus und wirf dazu Nelken, Muskatblumen, kleine Rosinken, Safran. Temperi*rts wohl ab, wie vorgeschrieben ist, und mache von den Fischen Würste eines Fingers lang und lege sie in siedend Wasser, laß es einsieden, und wenn sie gesotten sein, so nimm sie heraus und mache darauf ein braun Sod. Nimm geringes Bier, Essig und Pfefferkuchen, laß es sieden und würze es ab mit rechter Maaße mit allerlei Würtze. Willst du es ganz gut haben, thue dazu guten Wein und kleine Rosinken.

Auch Süßigkeiten gab es bereits. Man verwendete Honig und in kleinsten Mengen bereits Zucker, der aus dem Orient mitgebracht worden war. Aus Frauenklöstern wird so früh gemeldet, daß es Gebäck aus Mehl, Honig und Gewürz sowie Konfekt und Latwerge, ein verdauungsförderndes dickes Frucht-Mus mit Gewürzen oder eine Paste daraus, als Nachtisch gab. Ekkehard IV. spricht von weißem Brot, das durch Eier getrieben wird, also schon eine Art Kuchen oder jedenfalls Feinbrot und damit eine ungewohnte Lekkerei.

Es hat sich nicht viel geändert: Teigzange und Backrädchen zum Garnieren von Pasteten und Kuchen

In den Klöstern wurde alles schriftlich festgehalten, auch Wirtschaftsvorgänge, auch Kochrezepte

Bisher kannte man nur Küchen- und Kochanweisungen in loser Blattform oder kurze Vermerke in Manuskripten anderen Inhalts oder knappe Notizen auf Buchdeckeln, in Bibeln oder dergleichen. Da taucht erstmals im europäischen Raum die als buchartige Blattfolge gefaßte Sammlung von Kochrezepten, die Würzburg-Münchner Handschrift auf: *»Das buch von guter spise.«* Zwar kein Kochbuch in unserem Sinn, eher ein Anhang einer Liedersammlung mit Roßarznei und andern guten Ratschlägen. Bunt durcheinander, aus der Hand mehrerer Köche, geradeso, wie sie dem Schreiber vorgelegen haben. Es wurde daraus allerdings ein mehr gemaltes Kunstwerk, denn ein simples Fachbuch. Aber der Schreiber war sichtlich kein Koch und manchmal auch ein wenig flüchtig, so daß vom Hören wie vom Schreiben her Fehler entstanden, die wieder Korrekturen verlangten. Der eigentliche Kompilator war sicherlich Michael de Leone, der wohl auch Feinschmecker und überdies von Haus aus Schulmeister, d. h. ehrenamtlicher Schulleiter (scholastikus) am Neuen Münster zu Würzburg gewesen ist. Hier ist der Herr Kanonikus als gelehrter Theologe und Doktor beider Rechte auch begraben.

Die Niederschrift des Buches »von guter spise« mag einige Jahre gedauert haben, aber sie erschien wichtig genug, sie mit den Gedichten des Königs vom Odenwald und einer weiteren Sammlung von häuslichen und praktischen Rezepten in der sogenannten »Leone-Handschrift« zu vereinen. Auf diese Weise ist uns das Kochbuch erhalten geblieben. Die gesamte Schrift steht heute in der Universitätsbibliothek in München.

Ihr Kochteil umfaßt nur rund 100 Rezepte, ist also kein richtiges Kochbuch, sondern eben nur eine lose Sammlung.

Die einzelnen Anweisungen sind auch nicht sinn- und inhaltsgemäß abgestimmt, die Numerierung ist oft unbekümmert falsch oder ausgelassen, und gelegentlich fehlen auch die Überschriften. Das alles nimmt ihnen aber nichts von ihrer Aussagekraft als frühestes Kochdokument. Sie wurden jedenfalls von einem Könner verfaßt und waren für einen großen, also klösterlichen oder Herren-Haushalt bestimmt.

Geradezu anheimelnd sind viele Küchenausdrücke, die in Altbayern bis vor kurzem noch in Gebrauch und in Kochbüchern zu finden waren. So klingt das »phunt« (Pfund) dem später zugewanderten ½ kg gegenüber doch viel heimatlicher. »Zwerhe über« hat sich in »überzwerch« (gestürzt) erhalten, aus »walken« ist das spätere walgeln und der Walger (Wellholz) entstanden. Der »Vierdunc« als Vierdung oder Vierding (¼ l) geisterte noch vor wenigen Jahrzehnten in Kochbüchern herum. Ein »irdinen hafen« klingt genauso vertraut an wie »nözzelin« = Nössl (kleines Gefäß), »briz« = Bries, »honicsaum« = Honigseim, »clüppelin« = Klupperl (soviel wie Finger), »flemen« = Flomenfett, »marach« = Maurachen (Morcheln), »würfeleht« = würflig schneiden, »butern« = dem niederbayerischen der Budern (Butter) entsprechend oder »wisseln« = Weichseln (Sauerkirschen).

So manches Rezept ist durchaus nachkochbar und verständlich; einige enthalten allerdings Begriffe, die selbst von Gelehrten wie Hans Hajek und Sprachforschern wie Schmeller nicht mehr gedeutet werden konnten. Wenige Rezept-Beispiele sollen zeigen, wie nah sie uns insgesamt eigentlich heute noch stehen.

Beim Lesen »von guter spise« werden Bilder aus seiner Entstehungszeit lebendig. Sie zeigen, was gedacht und gekocht, wie die Speise aufgetragen und gegessen wurde. Den Rahmen dieses spätmittelalterlichen Gemäldes bildet das große Tafelwesen der Epoche, das noch stark vom Ritterdienst der Herren, dem Madonnenkult und dem minniglichen Magdtum der Hohen Frauen bestimmt war. Natürlich ist nur Prunk der ritterlichen, klösterlichen wie fürstbischöflichen Hofhaltung aufgezeichnet, aber mit der so vielschichtigen Arbeitsverteilung kommt vom großen, ze-

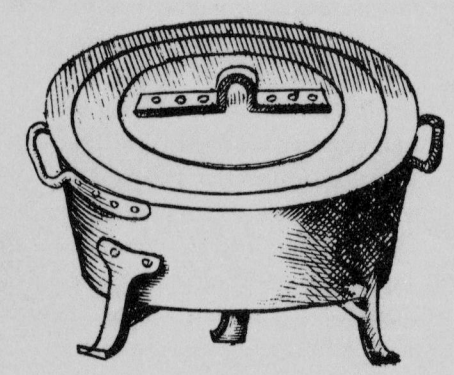

Schwerer Henkelkessel und Dreifußpfanne mit Glutdeckel

Einen Fladen von Kalbslebern

Wilt du einen guten Fladen mache von Kalbslebern, so nim kalbslebern und hacke die clein. als gruenen speckes gesnitten genuc drunder. und tu würzte auch genuc drunder. eynen hol bröten (Spießbraten) wol gemaht. wol zweier vinger breit gesniten. und gefüllet wol mit eyner guten fülle. giuts in den fladen. und backe in wol. und trage in alsheiß hin.

Heidenische Kuchen

Dizz hezzent heidenische kuchen. Man sol nemen einen teyc. und sol (den) dünne breiten, und nim ein gesoten fleisch und spec gehacket. und epfele. und pfeffer. und eyer dar in, und backe daz. und gibes hin und versirtez (versalze es) niht.

Die Anweisung ist gut nachkochbar. Es handelt sich um eine Art Fleischstrudel mit gehackten Äpfeln, die damals als herbe Würze galten. Der Ausdruck Kuchen ist irreführend, da es sich um eine pikante Speise, eine Art Pastete, handelt. Aber Kuchen war eben alles, was geformt gebacken wurde.

Über Blanc manger, diese sehr alte Speise aus Mandelmilch und hellem Fleisch, die durch alle europäischen Sprachen und Dialekte wanderte und bis zur Un-

remoniellen Tischamt bis zum Almosenfaß, von den Eßgewohnheiten, den Tischsitten, Koch- und Tafelgeräten bis zum Bruder Küchenmeister alles ans Licht, was eben ein Kochbuch aussagen kann. Die Heidnischen kuchen / oder ris von Kriechen (Griechischer Reis) wohl von den Heimkehrern aus den Kreuzzügen angeregt, das uralte »blamensier« (Blanc manger Seite 232) ein gut verständliches Metrezept, das alles gibt uns einen guten Begriff der damaligen Möglichkeiten, aus den einheimischen wie eingehandelten fremden Zutaten eine interessante Küche zu gestalten. Eine, die es wert war, aufgeschrieben zu werden und damit erhalten zu bleiben.

Nun folgen mehrere Originalrezepte daraus. Da sie selber nach keinem System geordnet sind, ist die Auswahl hier auch kunterbunt.

Julep võ cathay.

Interessant sind die großen, gut geformten Hackmesser in so früher Zeit (1533)

kenntlichkeit gesprochen und geschrieben wurde, ist auf Seite 29 Näheres zu finden. Hier eine der ältesten Aufzeichnungen dafür. Die Speise heißt hier blamensier und kann auch aus Mandelmilch und Hechtfleisch bestehen.

Wilt du machen einen blamensier

Wie man sol machen einen blamenser. Man sol nemen zigenin milich. und mache mandels ein halp phunt, einen virdunc ryses sol man stozzen zu mele, und tu daz in die milich kalt. und nim eines hunses (Huhnes) brust, die sol man zeisen (rupfen) und sol die hacken dor in. und ein rein smaltz sol man dor in tun, und sol ez dor inne sieden. und gibs im genuc. und nimme ez dene wider. und nim gestozzen violn (Veilchen) und wirfe den dor in. und einen vierdunc zuckers. tu man dor in und gebs hin. Also mac man auch in der vasten machen einen blamenser von einem hechede.

Ein spise von Bonen

Siude grüne bonen biz daz sie weich werden. so nim denne schoen brot. und ein wenic pfepffers. dristunt als vil Kümels mit ezzige und mit biere. mal daz zu sammen. und tu dar zu saffran. und seige abe daz sode. und giuz dar uf daz gemalnne und saltz ez zu mazzen. und laz ez erwallen in dem condiment. und gibz hin.

Die Übersetzung:

Ein Bohnengericht

Siede grüne Bohnen, bis sie weich werden. Nimm Weißbrot, etwas Pfeffer und dreimal soviel Kümmel mit Essig und Bier, mahle (stoße) das zusammen, tue Safran dazu und siebe den Sud ab auf die geschnittenen Bohnen und salze mäßig. Lasse alles in dem Sud aufwallen und gib's hin.

Dieses Rezept ist deshalb ungewöhnlich, weil man so früh noch nirgends Anweisungen von grünen Bohnen finden kann. Sie sind wohl auch aus diesem Grund hier als besondere Neuheit aufgezeichnet worden, denn als Gemüse allein wären sie nicht interessant genug gewesen, in diese Sammlung zu kommen. Man hat bis in die späten Jahrhunderte hinein nur Trockenbohnen verwendet.

Ein konkavelite

Zu einer schüzzeln ze machen. Man sol nemen ein phunt mandels. und sol mit weine die milich verstozzen. und kirsen ein phunt, und slahe sie durch ein sip. und tu die kirsen in die milich und nim eine vierdung rises, den sol man stozzen zu mele. und tu Daz in die milich. und nimm denne in rein smaltz. oder spec. unde smeltze daz in einer pfannen und tu dar zu ein halbe mark zuckers und versaltz nicht, und gibz hin.

Zinsender Klosterbauer bringt den Nonnen Gänse

Hier hat wieder einmal die Latinisierung Oberhand: con cavo heißt hohl machen, krümmen und soll in Zusammenhang mit der Speise eine Art Puddingcreme ergeben, die in einer Schüssel angerichtet wird. Allerdings ist ein Konkavelite meist mehr eine Pastete, sonst wäre die Bezeichnung völlig unverständlich.

Die Übersetzung:

Kirschcreme

Ein Pfund Mandeln soll man in Wein und Milch glatt stoßen und ein Pfund durch ein Sieb gestrichene Kirschen dazu geben. Ein Vierdung ($\frac{1}{4}$ l) Reis zu Mehl stoßen und in die Milch einkochen, mit reinem Schmalz oder Speck und um eine halbe Mark Zucker in einer Pfanne schmelzen und zufügen. Versalz es nicht und gib's hin.

Die sehr viel gebrauchte Mahnung: versalz nicht, ist nicht wörtlich zu verstehen, sondern soll nur die allgemeine Aufmerksamkeit des Kochs oder der Köchin wachhalten. Der Nachsatz: gib's hin, der gleichfalls oft auftaucht, heißt soviel wie richte die Speise gefällig an.

Diz heizzet ris von kriechen

Diz hezzet ris von kriechen, du solt ris nemen, und siude ez in eine brunnen (Wasser) zu halben wege so giuzze daz Wazzer abe und siude ez denne in eine reinen smaltze, und giuz daz smaltz denne herabe, und ein zucker dor uf, und gibts hin und versalz niht.

Es handelt sich um ein griechisches Rezept von süßem Reis. Der Reis wird zuerst in Brunnenwasser halb, dann im Schmalz fertig gekocht, hierauf gezuckert.
Es ist erstaunlich, daß es damals schon Reis gab. Allerdings handelt es sich bei diesen Rezepten auch nicht um Alltagskost und ein normales Kochbuch, sondern um außergewöhnliche, des Aufschreibens werte Anweisungen, die damals sicherlich neu und infolgedessen sehr attraktiv waren.

Ein geriht von einer gense

Nim ein gans, die niht alt si, nim uz daz gekrose, snit abe die fluegele und die diech, stecke sie in einen irdinen hafen, der enge si, guz daz wasser uf, daz sie betuche (bedeckt), setze sie uf einen drifuz, der unden offen si, bedecke den hafen, daz der bradem (Dampf) iht uz ge, sut daz gekrose sunder (gesondert) und saltz die gans. und sude die gans in dem sode, biz sie vilnach trucken si und gar si gesoten. und nim denne suzze milich und sehs totern (Eidotter) und zwei haupt knobelauches, die groz sint, und schele die schone und stoz sie mit ein wenic saltzes und menge daz mit der milich und mit den totern, und saffran tu dar zu. und guz daz condiment (Soße) uf die gans, laz sie erwallen und gibe si hin.

Eine Gans in Eier-Knoblauch-Milch gegart, ist ein raffiniertes Gericht, das nachkochenswert ist.

Wilt du machen einen agraz

Nim wintriuble, und stoz sur ephele (saure Äpfel). diz tu zu sammene. nem ez mit weine. und druchse uz. dise salze ist gut zu scheffinem braten (Schaf = Hammelbraten) und zu hüenren (Hühnern). und zu vischen. und heizzt agraz.
Daß agraz, ein selbstbereiteter Essig aus unreifen Trauben, als eine Besonderheit der feineren Küche zu gelten hatte, ist durch das Auftauchen in dieser kleinen Rezeptsammlung erwiesen.

Ein gut gebackenz

Rib kese, menge den mit eyern und scharbe gesoten spec dar zu, mache ein schonen derben teyc und fülle den kese und die eyer dor in und mache krepfelin und backe sie in butern oder in smaltze noch der zit und gib sie warm hin.

Auch hier ist ein Schmalzgebäck aufgezeichnet, das sicherlich eine gute Fastenspeise war. Man hat vielerlei zu Krapfen geformt und in Schmalz gebacken, denn das war die bequemste und sicherste Form des Bakkens. Das Rezept ist mit Hefeteig gut nachzumachen und schmeckt ausgezeichnet.

Ein gut gerihtlin

Nim gesoten erbeiz und slahe die durch ein sip, slahe als vil eyer dor zu als der erweiz si und sudez in butern niht alzu feizt. laz sie kuln, seit sie an mursel und stecke sie an einen spiz, brat sie wol und beslahe sie mit eyern und mit krute, gib sie hin.

Diese am Spieß gebratene Erbsenküchlein waren bestimmt eine gute Beilage zum Sauerkraut. Übersetzt lautet das Rezept im Kurztext: Gekochte Trockenerbsen durchdrücken, mit Eiern vermengen, in nicht zu viel Butter abbacken. Nach dem Auskühlen mursel (Morsellen = Stückchen) schneiden, an den Spieß stecken, mit Eiern bestreichen, braten.

Ähnlich:

Ein geriht

Nim frische mandel kern und weiche die und hirse grutze und gesotene eyer und ein wenic schones brotes und krut, diz mal zu sammene, so du dickes mugest, und guz ez in ein pfannen und laz ez sieden, untz daz ez dicke werde, und mach ez gel mit saffran und feizt mit butern und laz ez denne kuln und snide es zu murseln und steck ez an einen spiz und laz ez braten und beslahe ez denne mit eyern und mit gutem krute und gibs hin fur gebratene milich.

Ein condimentelin

Nim rintfleisch, als ez erst zu kumt, sudez mit, saltzez wol, nim aschlauch und minzen dar zu, des krutes nim genuc, laz ez wol sieden in eime veisten sode und reitz swie du wilt und gibz hin.

Übersetzt: Nimm so viel Rindfleisch, als es ihnen zukommt, siede es weich, nimm Lauch und Minze dazu, auch genug Kraut, laß es in fetter Brühe sieden und würze, wie du willst.

Guldin Schnittel

Wie zäh sich Rezepte halten! Die heute noch Goldschnitten genannten Weißbrotscheiben, in zerschlagenes Ei getaucht und in Schmalz golden gebacken, die wir auch als Croutons, also als Beilage zu feinen Ragouts kennen, sind nahezu so alt wie das Weißbrot selber. Sie waren eine Sonntagsspeise und eine Überleitung zu den nicht viel jüngeren Pavesen. Es ist nicht genau festzustellen, ob der Name von der Stadt Pavia oder von pavesa = Schild stammt. Letzteres würde sich aus der schildartigen Form der Brotscheiben erklären lassen.

In Bayern, das ja immer starke Beziehungen zu Italien hatte, sind Pavesen, gefüllt mit Spinat oder mit Zwetschgenmus usw., auch jetzt noch eine beliebte Mehlspeise. Als solche ist auch das sehr alte und in allen alten Kochbüchern regelmäßig auftauchende Rezept, heute allerdings mit weichem B, hier beschrieben.

Im »Buch von guter spise« lesen sie sich so:

Eine spise von birn

Nim gebratene birn, und sure epfehle, und hacke sie kleine, und tu dar zu pfeffer, und enis. und ro eyer. snit zwo dünne schiben von dünnem brote. Fülle diz da zwischen niht vollen eines vingers dicke, mache ein dünnez blat von eyern. und kere daz einez dor inne umm. und backez mit butern in einer phannen, biz daz ez rot werde. und gibz hin.

Rund 100 Jahre später so:

Apfel-Pavesen

Nim Schnittel von weißen Brot. Nim öpfl oder piren, koch sie wol mit Imber, Zucker, Pfeffer und Limonisaft, trucks durch ein sip. Streichs in die Schnittl, tauchs in grürts (zerschlagenes) Ei und pachs in Fett guldin.

Pavesen sind auch heute noch sehr beliebt

Ein gut lecker kostelin

So mache zum iungesten ein klein lecker kostelin von stichellinges magin und mucken fuzze und lovinken zungen, meysen beyn und frosche an der keln. so mahtu lange on sorgen leben.

Das ist ein Scherz-Rezept. Vielleicht hat es ein hungriger Mönch aus Galgenhumor während der Fastenzeit geschrieben; stichellinge sind Vögel, lovinken Finken, Frösche an der keln sind Froschkehlen.

Jetzt beginnen die Quellen schon etwas reichlicher zu fließen, denn es gibt bereits die ersten Handschriften mit deutlicheren Rezepten. Wohl sind sie im Original oft schwer zu lesen, dafür aber um so interessanter. Damit man sie auch nach Belieben nachkochen kann, sind sie, soweit dies nötig ist, »übersetzt«.

Vor kurzem wurde als Eintrag auf der Innenseite des Deckels einer noch älteren Handschrift im Gründungsbuch des Klosters Raitenhaslach ein noch nie veröffentlichter Speisezettel von 1338 der »Weißen Mönche von Raitenhaslach für Sonntag mittag und abend« gefunden.

Sonntag zum Frühstück gab's Eier, Oliven, Zukost, zubereitet aus Mehl und Milch, mit Safran gefärbt, eine Breispeise, dann Eier in Fleischbrühe, Strauben und wieder Zukost, einen Brei aus Gerste, Hirse, vielleicht auch schon Korn oder Hafer, Heidenkorn (Buchweizen). Zum Abendessen jedem 2 Eier, Käspudding, enthaltend Eier und Safran, Wein und Strauben in Brühe sowie Zukost.

Heidenkorn, also Buchweizen, war geschmacklich etwas pikanter als Roggen, Hafer und Hirse und kam damals wohl durch Kreuzritter, Gewürzhändler und Zigeuner ins Land. Sein Name, der erstmals 1396 in Nürnberg auftaucht, ist dafür der beste Zeuge, denn alles was vom Osten eindrang, war heidnisch oder bohemisch (böhmisch).

Bohemien, eine altfranzösische Bezeichnung für alles Fremde, Ungewohnte, Unordentliche, kam in etwa um die gleiche Zeit auf und ist von 1417 an nachweisbar.

Aber es gab auch schon Süßes. In den Klöstern begannen die ersten Versuche, Brotteig aus Roggen oder Weizen durch Zugabe von Honig, Gewürzen, Nüssen oder Mandeln und Trockenfrüchte zu verfeinern. Man verzierte dann die daraus gebackenen Fladen noch mit Nüssen.

Heinrich von Nördlingen erhielt 1339 einen solchen und schreibt der Dominikaner-Nonne Margarete Ebner im Kloster Medingen an der Donau: »Gott danke Dir für Deinen Beutel, die Kertzlin und Deinen Lebkuchen. Du sollst mir aber keinen so großen senden.«

Aus einem englischen Klosterkochbuch aus dem Jahr 1390 folgt nun ein übersetztes Rezept für eine:

Fischpastete

Nimm Aal und Lachs und schneide sie in Stücke und dämpfe sie in Mandelmilch und Most. Ein paar Mittelstücke bleiben unzerteilt. Das Grätengerippe wird mit Gewürz (eine Art englische Sauce), mit Zucker, Salz und Lebkuchen in Milch aufgekocht und die Sauce

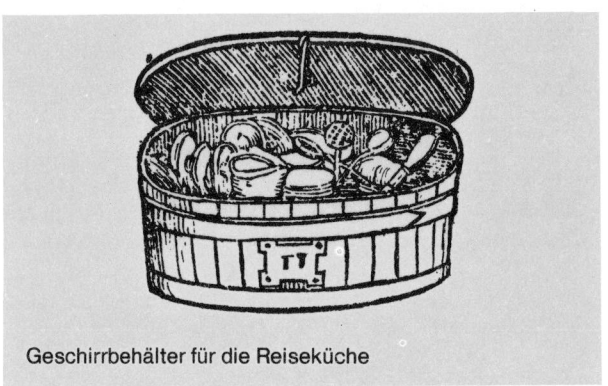

Geschirrbehälter für die Reiseküche

mit Sandelextrakt gefärbt. Der Topf wird mit einer Teigkruste geschlossen, dann wird das Gericht überbacken.

Hier taucht wieder das Blanc Manger, die mittelalterliche Mandelmilch, auf.

Gegen das Ende des 14. Jahrhunderts wird in einem Jagdbuch ein Pastetenrezept erwähnt. Wahrscheinlich enthielt es Wildfleisch und war ein echtes »Koncavelite«, also ein Hohlgebäck: ein Fleischgehacke in 2 Teigdeckeln, die beim Backen Hohlräume entstehen ließen. Der Name Pastete kommt vom italienischen Pasta – Teig.

Gaus de la Bigne, der Kaplan der Könige Johann, Karl V. und Karl VI, hat diese Pastete ins Buch eingetragen, allerdings ohne Einzelheiten dazu preiszugeben. Aber die ihm folgenden Pastetenrezepte sind alle so ziemlich gleich.

Zum Abschluß des Jahrhunderts, um das Jahr 1400, gibt uns noch eine französische Handschrift von St. Gotthard bei Caen zwei Rezepte. Sie sind von einem Kenner des altbretonischen Dialekts übersetzt worden.

Mandelsuppe mit Fleischbrühe

Man bereitet eine Sülze aus Kalbsfüssen. Wenn nun der Stand abgekocht und das Fett heruntergenommen wurde, so thuet man solchen Stand in ein neues Tiegelein oder Casserolle; nimmt, nachdem man viel oder wenig machen will, ein halbes oder ein Viertel Pfund bittere Mandeln, stösst sie ganz klein und rührt sie unter den Stand, thuet auch hinzu Gewürze, als Muskathenblumen, Citronenschalen und Zucker hinein, lässt es durcheinander kochen und streicht es zuletzt durch ein Haartüchel und giebt es über frisch geröstetes Weißbrot.

Wieder taucht hier das alte Blanc manger, diesmal in süßer Form mit Weißbrot, auf, das Fleisch ist durch die zu Sülze eingekochte Fleischbrühe vertreten.

Wohl aus dem Apicius entlehnt, klingt hier noch die römische Küchenkultur an:

Ayn echt römisch Speis vonn Ayern

Nimm hierzu Gelb von Ayern, etwas blüthen wasser von Pommeranzen, nebst ein wenig Salz, thu ein wenig raffinirte Butter auf den Boden ayner Tortenpfann, schütt die hälften Ayer dareine, lässet sie sieden, indem nur ein gelindes feuer darunter machest.

Wenn nun gesiedet sind, so thu wie auf einem Pastetenboden Martzepan und trocken eingemachet Citronschal, hack sie wohl zusamm, schütt die andern hölften von den ayern darüber, deck die tortenpfann mit dazugehörigen Deckel zu, thu Feuer darunter, und auch darüber, aber mehr oben als drunten – damit die Ayer recht sieden.

Wenn sie beinahe gahr geworden sind, so heb den Deckel der tortenpfann auf, thu noch etwas, wie vorher geschach, Martzepan darauff. Nun giebt mann denselben wie zuvor feuer, und wenn sie gahr sind, so richtet mann auff einer Schüssel ann, und wie eine torte, bestreuet selbige mit Zimmet und feinen Zucker, und giebet sie gantz warm zu tische.

Das 15. Jahrhundert ist durch die wichtigste Erfindung der Menschheit, den Buchdruck, gekennzeichnet. Zuerst noch tief der mittelalterlichen Schreibkunst mit der Feder verhaftet, öffnen sich in der 2. Hälfte des Zentenariums die Schleusen des Geistes, und die Welt wird mit der Möglichkeit beschenkt, das Wort rascher und umfangreicher zu verbreiten. In erhöhtem Maß, passend dazu, lernt man Lesen und Schreiben und kann sich, wenn zunächst der hohen Buchpreise wegen auch noch schwer, so doch allmählich, immer mehr Wissen und Erbauung kaufen.

Auch die Kulinaria hat davon gewonnen, denn es gibt in dieser aufblühenden Zeitspanne des Geistes bereits das erste gedruckte Kochbuch in verhältnismäßig hoher Erstauflage. (Siehe Seite 101.) Zunächst aber ist die Handschrift noch einzige Nachrichtenquelle.

Der Kleriker Heinrich von Laufenberg hat, vielleicht für seinen Konvent, vielleicht auch für die ihm anvertraute Gemeinde, 1429 ein Diätwerk in Versform geschrieben. Es war wohl weniger als ausgesprochenes Kochbuch gedacht, kommt aber mit seinen Anweisungen, was Leib und Seele wohltut oder schadet, knapp darauf zu, weil ja Medizin, Diät und die Lehre von gesunden oder ungesunden Lebensmitteln die Grundlage bildeten für die praktische Betreuung in Küche und Haus und die schriftliche Festlegung eigener wie fremder Erfahrungen. Laufenbergs Handschrift wurde dann 1491 in Augsburg gedruckt und mit Holzschnitten ausgestattet. Stephanus Vigilius Pacemontanus, zu deutsch Friedberger, der Übersetzer Platinas, meinte: »Man spricht und ist war / das culina, das ist die kuchen / der beste artzt sei / wo die wolstaffiert ist / do darff man nicht vil Doctorn und Apoteckern.« Die Arztwitwe Anna Weckerin drückt sich in ihrem Diät-Kochbüch im wesentlichen gleichartig aus, denn das Rezept des Arztes und das Rezept des Koches kamen aus einer Quelle, das wußten insbesondere die Klosterköche, die mit dem Bruder Apotheker und dem Bruder Gärtner mit seinen Heilpflanzenbeeten ihre betreuten Schäflein gesund halten mußten.

Das kommt deutlich zum Ausdruck in dem folgenden, sehr alten Eintrag einer handgeschriebenen, anonymen Klosterchronik von etwa 1460.

»Welk mynsche, de eyne suke heft (eine Sucht haben), de schal sik huden (hüten) vor alreye herde (allerlei gekochte) spise, alze rintvlesk (als wie Rindfleisch), alle soltene (solchen), spise, eyere, botteren unde wynbeer. He schal sik ok huden vor torn (turnen) vor baden. Wyl he syck huden vor desse stukk(e), so mach he wol ghenesen.«

Aus dieser natürlichen Mischung von Ernährung, Medizin und der ihr wiederum entwachsenen Diät kann man sehr früh schon den Wehrwillen der damaligen Erdenbürger erkennen. Man sah die Gefahren durch falsche Ernährung, glaubte an Hilfsmittel aus der

Feigen.   Weinbeer.   Pferſich.   Pflumen.   Byren.   Süß granaten   Saur Granaten

100

Natur, erfand Tränkchen und Pülverchen, vermied ungeeignetes Essen und – machte doch viel falsch, denn die echten Erkenntnisse waren noch zu gering. Jedenfalls aber ist es interessant, daß die Hoffnung und die Hilfe, aber auch die Forschung und das verantwortungsbewußte Festhalten von Erfahrungsgut früh schon von den Klöstern ausging und sich damit die Behauptung erhärtet, daß sie die Quelle der Kulinaria waren.

Kurz darauf (um 1430) ist eine spätgotische Wiener Handschrift (Cod. Vindob. 2897) festzustellen. Und in Wien ist sie erfreulicherweise bis heute geblieben! Sie stammt aus dem Dorotheerkloster, das trotz des Frauennamens ein Männerkloster war. Nur 12 gelehrte Mönche hat es um die Entstehungszeit des »Kochbuchs« enthalten, und einer von ihnen dürfte es von einer nachweisbar etwa 100 Jahre älteren, frühneuhochdeutschen Rezeptsammlung abgeschrieben haben. Wie damals zumeist sind die 256 Rezepte ohne logische Folge, ohne Mengen- und Gewichtsangaben auf 60 Seiten niedergeschrieben und unbekümmert mit Scherzrezepten, etwas Magie und Diät durchsetzt. Sie stammen sprachlich aus Mitteldeutschland, wurden aber von dem damals in Österreich üblichen Bayrischen überlagert, was das Manuskript mit vielen älteren und willkürlich veränderten Ausdrücken und Schreibweisen für uns heute schwer verständlich macht. Die Germanistin Christiane Latzel hat sich mit ihrer Dissertation gerade um diese interessante Handschrift ein großes Verdienst erworben. Ihre textvergleichenden Studien haben zwar den Wandel der Sprache, aber die Beharrlichkeit der Kochgewohnheiten klar herausgearbeitet. Auf der Rückseite von Blatt 29 ist zu lesen: »Hie hebt sich an ein geticht (ein Werk) von maniglay essen, wy man dy hofleich (höflich) machen sol, das findest du hier geschriben.«

Das »Kochbuch« enthält noch römische Rezepte, natürlich Reste aus dem Apicius, der ja in Abschrift in vielen Klosterbibliotheken stand, ferner englische, böhmische und wohl auch orientalische. Man hat viel Mus aus allen erdenkbaren Zutaten, vor allem aus Zerealien, aber auch aus »Gemüsen«, Fleisch, auch Eichhörnchen, Wachteln, Reiher, Singvögel und Wild, Kraut und Rüben, Bohnen, Pilzen, viel Prot (Brot), Gallrat (Sülzen) süß und saurer Art, und natürlich den damals bekannten Gewürzen gegessen. Neben vielen Fastenspeisen ist wieder das Verwandlungsrezept in Form eines Rebhuhns aus Fischfleisch zu finden. Eine andere originelle Anweisung ist

Amseln im Kuchen

In schwer leserlicher Schrift wird ein Teig empfohlen, der als Unterbau für einen Kuchen gilt. Darauf hat man tote Rebhühner gelegt, eingebacken (tote deshalb, weil es ja früher üblich war, lebende Vögel in Pasteten und dergleichen zu geben). Aus dem gleichen Teig wurde ein Vogelhäuschen mit einer kleinen Tür gebildet, und dieser Kuchen wurde dann sicherlich fertig gebacken, was nicht angegeben ist, aber in dem Vogelhäuschen befanden sich dann lebende Amseln, die durch das eben geöffnete Türlein, wie es in der Hand-

Textseite aus dem Kochbuch des Dorotheer-Klosters in Wien um 1400

kommt die wechselvolle, glücklicherweise in allen Einzelheiten überlieferte Geschichte.

Bartholomeo Sacchi di Piadena (1421–1481), der sich nach seiner Vaterstadt Piadena bei Cremona *Platina* benannte, war mehr oder weniger Haushofmeister und späterer Bibliothekar zuerst bei Papst Pius II. und dann Superintendent und Bibliothekar bei Papst Sixtus IV. Er ist zunächst als Soldat, als Kochgehilfe, dann Scholar und Schreiber, schließlich als Historiker, Naturwissenschaftler, Philosoph und Lebenskünstler bekannt und insgesamt ein sehr gebildeter Mann der Feder geworden. Als solcher hat er sich auf Grund seiner vielseitigen Kenntnisse auch um die Verbesserung der Kulinaria bemüht und neben anderen Werken aus dem Bereich der Wissenschaft ein Kochbuch geschrieben. Ein grundlegendes, jahrhundertelang gültiges, das über 20 Auflagen erleben sollte, und ins Italienische, Deutsche, Französische und Spanische, 500 Jahre später endlich auch ins Englische, und zwar in Amerika, übersetzt wurde. Das lateinisch geschriebene Buch heißt im Originaltitel: »De honeste voluptate ac valitudine«, was 1481 von Stephanus Vigilius Pacimontanus (eigentlich Stephan Vigil Friedberger) mit »Von der eerlichen, zimlichen / auch erlaubten Wolust des leibs« übersetzt wurde. Dieser etwas aufgeblasene, aber durchaus seiner Zeit entsprechende Titel heißt schlichtweg, daß das Werk nicht nur vom Heil der Seele, sondern von der natürlichsten Freude des Lebens, um das gute Essen und um die Gesundheit handelt, und daß es erlaubt ist, darüber befriedigt zu sein.

Das Kochbuch ist ein umfangreiches Werk der hochherrschaftlichen Küche und dürfte in erster Linie dem Vatikan gedient haben, war aber auch für den Gebrauch in anderen großen Häusern und Klöstern gedacht. Platina konnte sich auf die 25 Jahre ältere Kochhandschrift seines Freundes, des Meister Martino, stützen, der Koch des Patriarchen von Aquileia

schrift heißt, vor den erstaunten Augen der Gäste ins Freie gelangen konnten.

Dieses Rezept ist natürlich ein ganz besonderes Schaugericht, das man bei einem hohen Besuch dargestellt hat und das aus früheren Rezeptsammlungen stammen dürfte.

Nun folgt eines der interessantesten Kochbücher überhaupt: das erste 1475 gedruckte Werk über das ganze Küchenwesen seiner Zeit. Geschrieben hat es zwar kein Berufskoch, kein Mönch, aber ... und jetzt

und später Erster Koch beim Papst war. Sein Werk blieb ungedruckt, ist aber erhalten geblieben und in amerikanischem Besitz. Dieser Meister Martino schrieb 1450 als Könner der Küche auf 130 Seiten ein typographisch prachtvoll gestaltetes Manuskript, das wahrscheinlich aber von einem Fachmann aus einer Schreibstube nach Diktat oder nach gesammelten Rezepten erstellt wurde. Es ist für einen werktätigen Koch viel zu schön geschrieben. Und dieses Werk nun regte Platina an, ein großes Kochbuch, das erste gedruckte, daraus zu machen, was besonders gut zu verstehen ist, wenn man bedenkt, daß die deutsche Erfindung des Buchdrucks, eine weltbewegende Angelegenheit, die viel Wesens von sich machte, erst etwa 20 Jahre alt war und in der Zeit seines Wirkens auch nach Italien gelangte. Bei aller seit Jahrhunderten angestauten Wissenschaft, Religion, Welt- und Erdkunde, die dringend auf das Gedrucktwerden warteten, hatte ausgerechnet ein Kochbuch in die Presse gefunden. Der gewandte Platina hatte die Situation richtig erfaßt und die Fachkenntnisse des Martino verwertet, indem er, wie es damals üblich war, das vorhandene Material benützte. Sein erstes Kapitel ist ganz getreulich übernommen, die weiteren Rezepte sind großartig, auch in diätetischer wie medizinischer Hinsicht, ergänzt. Dazu kommen Gesundheits- und Lebensregeln, etwa über das Tanzen, das Spazierengehen, das Ausruhen usw., denn auch das gehört zur »Wolust des leibs«. Das Buch ist daher nicht etwa als ein erster Versuch anzusehen, sondern wurde ein Meisterwerk an Inhalt, Sprache und vor allem von Neuschöpfungen an lateinischen Worten, an Kochverständnis, Nahrungsmittelkenntnissen und Lebenseinsichten.

Platina wußte über Daseinsgenüsse soviel auszusagen wie über die Ästhetik des Essens, über die Wirkung der Nahrung auf Stimmung, Charakter und Wohlbefinden; er war ein Rezeptpoet und zugleich offensichtlich ein Gourmet.

Das Werk blieb jahrhundertelang Quelle allen kulinarischen Wissens und einer neuen Literaturform und wurde viel abgeschrieben und zitiert.

Von der ersten Ausgabe, die am 13. Juni 1475 bei L. De Aguile in Venedig erschien, sind nur noch 2 Exemplare bekannt. Eines steht in der Library of Congress in Washington, das andere in der bayrischen Sammlung Arndt. Die vielen späteren Ausgaben sind noch mehrfach vorhanden, ein Wunder geradezu, wenn man bedenkt, daß die Bücher ja von lernbegierigen Köchen in rußigen, schmierigen, dampfenden Küchen zerfleddert, zerlesen und vielfach dann auch verbrannt worden sind, wenn sie nicht wohlbehütet in einer Klosterbibliothek verwahrt wurden.

Das Buch ist bereits klar in Speisengebiete gegliedert, so daß Rezepte für Fleisch, Gemüse, Gewürze, aber auch Verhaltensregeln für Köche, Diener und Tischteilnehmer rasch zu finden sind. Da das Werk ohne Vorbild war, ist seine Übersichtlichkeit um so höher zu werten. Interessant sind seine Rezepte zur Zubereitung von Pfauen, Gänsen, Enten, Bären und Hirschen usw. wie auch seine Beschreibung von Gewürzen, Milch, Käse und Pilzen und Obst, aber auch von Pasteten, Zuspeisen, Braten und Gemüsen. Rund 50 Jahre später ist Platinas Kochbuch in deutscher Übersetzung erschienen.

Hier nun 6 übersetzte Rezepte von Platina:

Rosinen und gedörrte Pflaumen

Je 500 g Rosinen und Dörrpflaumen werden gewaschen und abgetropft. Man kocht sie in einem Topf mit 3 Eßlöffel Weiß- oder Rotwein, 3 Eßlöffel Essig und 3 Unzen (alte Unze ca. 100 g) zerdrückten Marzipan. Dazu gibt man etwas Pfeffer, Zimt, Nelken, Muskatnuß und 500 g Zucker. Die Masse wird durch ein groblochiges Sieb gedrückt und noch einmal gut durchgekocht. Man gießt sie auf ein gezuckertes Brett. Die etwa gut 1 cm hohe Paste wird getrocknet, in Stücke geschnitten und noch einmal gezuckert.

Bittermandel-Paste

Solche Pasten hat man früher als leckeren Nachtisch oder als Plauder-Konfekt genossen.
Dazu werden 500 g Mandeln mit 500 g Weißbrotkrumen im Mörser zerstampft oder fein gemixt. Man gibt den Saft von Herling (unreifen Trauben) oder Zitronensaft dazu. Die dickliche Masse wird mit der gleichen Menge Zucker, 1–2 fein aufgeriebenen, kandierten Ingwerpflaumen und einer winzigen Prise Salz gewürzt. Man formt kleine Kugeln daraus, die nach Belieben noch in geriebenen Mandeln gewälzt werden können. Das Konfekt muß rasch frisch verbraucht werden, da es leicht verdirbt.

Grüne Soße

1 Büschel Petersilie, 1 Teller voll verlesene Spinatblätter, eine gute Handvoll Sauerklee und einige Pfefferminzblätter werden gut gehackt und mit kleingeschnittenem Weißbrot im Mörser fein zerrieben oder im Mixer zerkleinert. Man kann eine Handvoll gebrühte und geschälte Mandeln oder Haselnüsse dazugeben. Die Soße verliert aber dadurch etwas an grüner Farbe. Zuletzt würzt man sie mit Pfeffer und

Salz und gießt sie, wenn nötig, noch mit etwas Weißwein oder Fleischbrühe und mit einem Spritzer Zitronensaft auf.

Melonen-Suppe

In diesem alten Rezept heißt es, man findet die Melonen von Juli bis August und in Rom kann man sie auch noch im September haben. Die Melone soll nicht zu reif sein. Man entfernt Schale und Samengehäuse und schneidet das feste Fleisch in kleine Stücke. Sie werden in Butter oder Hühnerfett geröstet und durch ein groblochiges Sieb passiert. Man kocht sie nun in einer Pfanne mit etwas Fleischbrühe und grünen Stachelbeeren oder unreifen Trauben gut durch und gießt mit Fleisch- oder Hühnerbrühe auf. Dann schlägt man einige Eier mit geriebenem Käse (Parmesan) gut durch und gibt sie an die Suppe. Sie kann, ohne Fleischbrühe und Käse, auch süß zubereitet werden.

Eierfrucht-Suppe

Die von Juli bis September geernteten Früchte werden von ihrer rotvioletten Schale befreit. Man halbiert die Frucht und kocht sie kurz in leichtem Salzwasser. Dann werden die Eierfrüchte gut abgetrocknet und in der Mitte ausgehöhlt. Das ausgehöhlte Fleisch wird mit Speck, Kräutern und Knoblauch gut gehackt und mit geriebenem Käse und Nüssen, Salz, Pfeffer, Rosinen und Safran gewürzt und wieder in die Früchte eingefüllt. Diese gibt man in einen schmalen Topf, so daß sie aufrecht stehen und gießt Fleischbrühe bis zur halben Höhe darüber. Die Brühe, am besten eine solche von gekochtem Schweinebauch, also eine fette Brühe, wird mit Pfeffer, Zimt, Safran sowie Kräutern gewürzt. Man gibt die Eierfrüchte in die Teller und gießt die Brühe darüber. Wenn man sie aber im Ofen überbacken will, soll die Füllung aus gehacktem Kalb- oder Schweinefleisch, Speck, Eiern und den Gewürzen bestehen. Man gibt die Fleischbrühe gesondert dazu.

Brotsuppe

Schwarz- oder Weißbrot wird gerieben, in Fett kurz durchgeröstet und in Fleischbrühe langsam gesotten. Kurz bevor es völlig zerkocht ist, gibt man geriebenen Hartkäse daran, würzt mit Safran, Salz, Pfeffer und Kräutern und mischt gut durch.

Wie schwer, ja sogar primitiv Klosterküche im Alltag sein konnte, beleuchtet ein Ausschnitt aus einer alten undatierten Chronik. Da ist die Rede von einer adeligen Schwester Ita von Wezzikon, der Herkunftsbezeichnung nach eine Schweizerin, die, wahrscheinlich als überzählige Jungfrau, ins Kloster gegangen war. Es heißt, daß sie regelmäßig im Refektorium mitaß, daß sie kaum ausblieb, außer sie ließ sich – wie damals viel üblich – zur Ader oder hatte eine andere große, wichtige Sache vor. Und weil sie gute Speisen gewohnt war, so litt sie gar viel Mangel und Hunger wegen der Ungewohntheit der Speise, so daß sie oft hungriger vom Tisch ging, als sie sich zum Tisch gesetzt, und manchmal vor Hunger nicht schlafen konnte. Daß die Arbeit unter den Klosterinsassinnen gut verteilt war, damit jeder seine Aufgabe und seinen berechtigten Unterhalt hatte, zeigt die Nachricht von der Nonne von Engeltal, die das »Büchlein von der Gnaden Überlast« geschrieben hatte. Wohl kein ausgesprochenes Kochbuch, wies es doch in Form von Gleichnissen aus dem kulinarischen Bereich aus, was der Seele an Nahrung rechtens und bekömmlich sei. Sie war Brotmeisterin, und es sahen die Frauen, daß sie oft, wenn der Konvent gegessen hatte, mehr des Brotes aufhob, als sie den Frauen gegeben hatte. Einst, in der Osternacht, da befand sie sich so übel, daß man

wähnte, sie wolle sterben. Da stand sie auf und sang: »Christ ist erstanden.« Das geschah ihr eines anderen Males auch. – Dann sprach eine göttliche Stimme zu ihr: »Steh auf und gib dem Konvent Brot!« Das tat sie, und stand auf und ward gesund. Sie verschied mit einem heiligen Ende. Amen.

Obwohl der fromme Begleittext überwiegt und von einem Brotwunder erzählt, paßt er in unseren Rahmen, denn er erzählt von einer schreibenden Brotmeisterin und damit von einer speziellen Verwalterin des damals wie heute gleich wichtigen Nahrungsmittels Brot, das stets Synonym für Sattwerden, wie Lebensnotdurft war.

Im Urkundenbuch des Hochstiftes zu Merseburg ist im 15. Jahrhundert von einem sehr alten Rezept einer gerösteten Leberwurst die Rede. Sie war sicherlich besonders gut, denn sie schien es wert, aufnotiert zu werden. Natürlich wird sie auch nicht anders zubereitet worden sein wie heute und aus Schweinefleisch, Speck, Leber sowie Gewürzen und wahrscheinlich viel Pfeffer bestanden haben. Und das Schwein dazu dürfte aus dem klostereigenen Stall gekommen sein.

Aus etwa der gleichen Zeit wird aus Memmingen berichtet, daß das Antoniuskloster berechtigt war, auf Kosten der Gläubigen, aber unter Aufsicht eines Antony-Mönches ein oder mehrere Schweine zu mästen. Es waren privilegierte Schweine, die auch überall herumlaufen und Futter suchen durften. Das Kloster hat dann leicht den Winter überstehen können, wenn Speck und Schinken, Pökelfleisch und Würste zur Verfügung standen. Ausgesprochene Rezepte dazu sind, weil allgemein bekannt gewesen, nicht überliefert worden. Deshalb hat man sich mit nur flüchtigen Anweisungen beholfen. So wurde, auch nur höchst knapp formuliert, gleichfalls im 15. Jahrhundert, dem Koch der Brüder des gemeinsamen Lebens im Lüchtenhof zu Hildesheim statutengemäß zur Pflicht gemacht, kein unverarbeitetes oder untemperiertes Essen vorzusetzen. Vielleicht ging dem eine Beschwerde des Konvents voraus.

Immer noch handgeschrieben folgt hier nun ein wohl mengenmäßig genaueres Rezept zum Backen eines Lebkuchens. Es entstammt einer klösterlichen Handschrift aus Heidelberg von 1450 und lautet übersetzt:

Ein guter Lebkuchen

105 g Ingwer, 25 g Gewürznelken, 25 g Muskatblüten, 10 g Pfeffer, 35 g Zimt und 70 g Koriander werden gehackt, mit 1500 g Honig vermengt und mit Weizenmehl zu einem Teig geknetet. Dann zu Kuchen geformt und abgebacken.

Aus einer handschriftlichen Rechnungsführung ohne Datum, jedenfalls aus dem 15. Jahrhundert, geht hervor, daß die päpstlichen Köche ihren Herren häufig Kaviar, kalten Salm und andere eingemachte Fische auftrugen. Wenn auch ohne spezielle Rezeptangaben, so kann man sich doch gut vorstellen, wie dies alles zubereitet und serviert wurde.

Alte Klosterrezepte aus dem 15. Jahrhundert

Biber

Ein Stück Biberfleisch wird in grobe Würfel geschnitten und mit Zitronenschale, etwas Essig und Erbsenbrühe weichgekocht. Dann bereitet man aus Fett und Mehl eine gelbe Schwitze, gibt einige Sardellen hinein, gießt mit 1 Glas Wasser auf und gart das Fleisch in diesem Ragout fertig.

Biber kommen heute nicht mehr in die Küche, aber Rezepte dafür finden sich schon in ganz alten Handschriften; weil ja der Biber im Wasser lebt, galt er als »Fisch« und daher als Fastenspeise.

Bratenfülle

Siede 2 Eier hart und hacke sie mit Petersilie, gib welsche Weinbeeren, gebratene Äpfel oder Birnen, 1 rohes Ei, Safran, Salz und Würzeln (Gewürz) darunter und fülle es ein.

Fischtorte

Eine gute Torte zu machen, braucht es eine saubere Pfanne, groß oder klein. Mach von Mehl, Milch und Eiern (Salz) einen festen Teig, welle ihn dünn aus und lege ihn so in die Pfanne, daß er ein Finger dick über den Rand hängt. Dahinein gib ein Gemisch aus Fischfleisch (Hecht, Barsch) oder von ausgelösten Krebsen, Eiern, Petersilie, Schmalz und Gewürz. Lege einen Teigdeckel darauf und bördle den überstehenden Rand ein. Gib genug Schmalz in die Pfanne, daß die Torte nicht anbrennt und rüttle sie einige Male. Dann stürze sie auf einen weiten Teller.

Schmortopf, kleine Kasserolle, Dünsttopf, Spiegeleierpfanne

Torten waren einstmals nur selten süß, sondern vertraten eigentlich das, was wir heute unter Pie oder Pastete verstehen.

Lebersulz

Ein Stück Leber wird gehackt und mit einer stark eingekochten und mit Safran gelb gefärbten Fleischbrühe kochend überbrüht. Man läßt die dickliche, mit Salz, Pfeffer und Majoran gewürzte Masse noch eine Weile heiß stehen, damit sie durchgart und fest wird.

Man hat sie wohl einst mit Brot oder Salat als Beikost serviert.

Hobelspän

2 Eyerweis zu Gest (Schaum) schlahen / 3 Loth gebrannte Mandel abzogen / 3 Loth Zucker / das Blech gewachset / dün darauf gestrichen und gilb bachen / warm über Höltzer gestürtzet.

Das dürfte eine der frühesten Anweisungen für Mandelbögen sein. Heute setzt man die Masse auf Oblaten.

Ein vielbeachteter Beweis einer frühen bayrischen Küchenkultur ist das *Tegernseer Kochbüchlein*, das mit einem Angelbüchlein zusammen gebunden ist. Das ist gar nicht so seltsam, wie es auf den ersten Blick scheinen mag: Klosterküche, Fastenzeiten mit Fisch als Hauptspeise, der Tegernsee als reiche Quelle.
Die Handschrift ist anonym, sicherlich von einem Bruder Küchenmeister verfaßt, auf Papier geschrieben und aus 4 Teilen bestehend: einem Einschreibkalender, einer teils deutsch, teils lateinisch zusammengestellten Speiseordnung, aus dem eigentlichen Kochbüchlein und einem Fischbüchlein.
Die Aufzeichnungen sind eigentlich nur eine Art Speisezettel. Etwa »sovil gibt man auf 40 personen gen

kuchl«. Das wird vermutlich die Konventstärke gewesen sein. Oder es heißt: »Vermerkt das eßen, so man das jar gibt dem Convent in das refectori ze Tegernsee.« Und zwar an Fasten- und Feiertagen, bei Besuchen oder für kranke Brüder, morgens, mittags und abends. Zum Beispiel:

»Ad cenam, semel auf täler, ydlichem ein topffete milch, arbaißsuppen (Erbsensuppe), 3 ayr aus den schalen, mandelkes und pachen epfl u. s. w.
Dominica in 40me prandium: mandlsuppen, stockvisch oder gsulzt koppen (Fisch), kraut, 6 pratten (gebratene) feygen darauf. – coena: zugerarbaiß (Zuckererbsen) oder ruckensuppen (Roggensuppe), 6 pratten feygen darauf. epflmueß, pachens darauf, feria II.: rugken, zwifel oder vischsuppen, prochen gersten, vischmueß, kraut –, braunes arbaiß mueß. Fer. III.: hanifsuppen oder von veygen oder kraut, feygenmueß kraut / cum add. vel / pisces (gebackene Fische) pa-

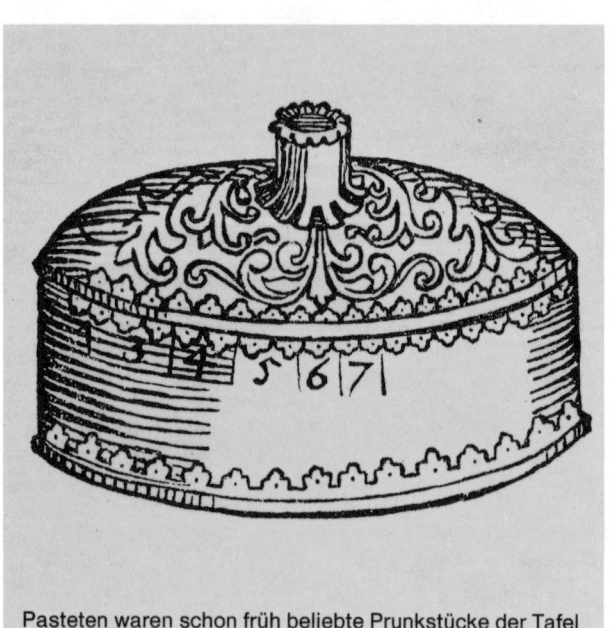

Pasteten waren schon früh beliebte Prunkstücke der Tafel

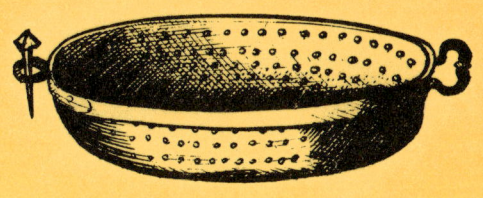

Schweres Sieb zum Abgießen von Teigwaren

ches, vel arbaissen. Fer. IV.: zizersuppen (Erbsensuppe), haubetsuppen, epflmueß, weinpermueß, kraut oder stockvisch, ruetschhart (eine Art Schmarrn). Fer. V.: feigensuppen, ruest, kraut oder eßen visch, pachens oder geviertailt öpfl. Fer. VI.: arbaiß- oder haubetsuppen, weinmueß, kraut, einzogen küechl. Sabb, haniff- oder krautsuppen, feygenmueß, kraut oder ein eßen visch, behamisch arbaißen (böhmische Erbsen). Fer. V. Coenae Dom. XI. itur ad mensam: semel auf den tisch. mandlsuppen, feygenmueß, ein wenig mandl daran kloben, gesulzt visch, gepälgt arbaißen oder rusch u. s. w. Fer. VI.: ein handzwehel allen, nach der leng auf den tisch semel, zwischen zwayr (2 Eier), i brot, ein herren kandel mit waßer, yedlichem i pecher wein und ein schüssel mit eßig, 3 groß prattenöpfl, 2 pratten piren (Birnen), ein guete dicke arbaißsuppen, 4 pät (gebähte) schnittensemel daran und mit gwurz abgemacht; 6 feygen pratten darzu. Sabb. Sancto: die probstsemel legt man auf zu dem prot, mandlsuppen, feygenmueß, ein eßen visch, behamisch arbaiß. in festo Paschae (Ostern): i geweyhts ay, i stükl ayrkäß, nüß, öpfl, ein stükl von einem fladen auf das täler. 3 tag ayr aus den schalen, kässuppen, zwo ayr darein, anprents semelmueß, gsulz visch u. s. w.«

Die Mönche von Tegernsee haben sicherlich auch selbst Jagdgründe gehabt, Landwirtschaft betrieben, einen Kräutergarten und ein Krautfeld, Bienenstöcke und eigene Schweine versorgt; dazu lag der See zum Fischen vor ihrer Tür. Wenn dann auch noch die Zehnten und Abgaben der Klosterleute und Hintersassen hinzugerechnet wurden, so konnten die Klosterbewohner gut und sorglos leben. Üppig war es nur an hohen Feiertagen oder wenn wichtiger Besuch kam.
Wir haben es also weniger mit ausgesprochenen Kochanweisungen als mit einer Aufstellung der zu einzelnen Gelegenheiten verabreichten Speisen zu tun,

deren Herstellung dem Bruder Küchenmeister natürlich bekannt war. Sie geben wieder, wie das jeweilige Menü der Herren Patres ausgesehen hat: einfach, aber reichlich, oft fleischlos, aber viel Fisch- und Mehlspeisen, darunter häufig Schmalzgebackenes.
Die Tegernseer Handschrift ist in zweifacher Hinsicht höchst ergiebig: vom sprachlichen wie vom kulinarischen Standpunkt aus. Da finden wir zunächst einmal eine Menge alter Ausdrücke und Bezeichnungen, die wir heute noch kennen. So gibt es »koppen«, also Kaulbarsch; weiterhin ein »ruetschart«, zu dem man auch jetzt noch Rietschert oder Ritscher sagt und dabei einen dicken, gut gewürzten Brei aus Graupen oder Bohnen oder auch aus Kartoffeln meint; »pfanzelten« lebt weiter in Fleischpflanzeln, die eigentlich Pfanzl heißen müßten, weil sie Zelten aus der Pfanne sind; »rubenis kraut« ist Rübenkraut; »gabassenes« ist Kabis (Kraut). Unter den Fischen, von denen 27 verschiedene aufgeführt sind, gibt es »vorhen« (Forellen), »aschen« (Äschen), »präxen« (Brachsen), »platys« (Plattfisch). Beim Gewürz sind »saffran, ymber, zwifl, muscat, negl, weinper, mandl, hausen pläter« (Hausenblase-Gelatine) genannt. Wir finden »puttermilch, puttersmalz, gerunne milch, modlmilch« sowie allerhand Knödelsorten, gelbe und »swarce«, also solche aus gelber Hirse und aus Roggenmehl oder aus dunklen Bohnen.
Bei aller Einfachheit der Speisen, die auch oft wiederkehren, ist aber die Phantasie der Küchenführung

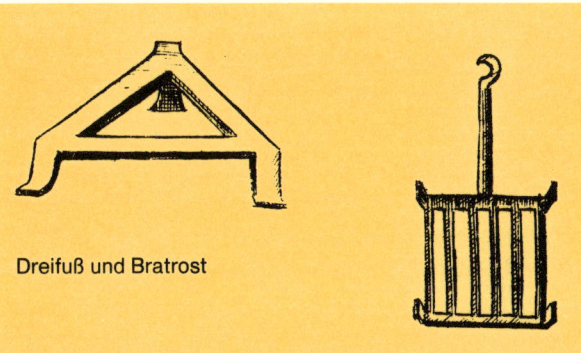

Dreifuß und Bratrost

doch zu bewundern. Geradezu gemütlich liest sich die Abfolge der Gerichte in ihrem bayrischen Idiom. Da gibt es »4 schnittl von einem Zelten und 4 von eine herrenprot«, dazu bedarf man »2 puttern« (Butterstücke) oder »Kässuppen«, »anprentz semelmueß« (Gebräuntes, heute Ramelmus), »kraut, gersten« oder »paches« oder »pälgt arbaiß« (geschälte Erbsen), »bayrisch rueben«, »Ketzapiren« (wohl Kletzen) und »visch in galredel« (Fisch in Sülze). Auch »pretzen«, »seniff«, »alltag pratten«, »gruen epfl auf teler«, »gschmalzen prott«, »probstsemel« (also Feinbrot des Propstes), »i stükl ayrkäß«, »rugken« (Roggenbrot), »hanifsuppen« (Hanfsuppe) oder »veygenmueß«, »behamisch arbaißen«, also böhmisch-heidnische Erbsen, »gzulz visch«, »geweichtes«, »gerurtz« (Gerührtes), »preste milch« (Topfen) »äffenmund« (wohl Maultaschen), »preyn« (Brein-Gerstenmus), »gelbe Knödel«, »einzogen, prannte oder haubete Küechl«, »hasenörl«, »pachen salvan« (Salbei), »oblat«, »maulbers«, »smolznudl«, »mandelkäs«, »Krennts« (Kränze), »semelstrüczel«, ferner »zwiflsuppen«, »kitlfleckensuppen« (Kuttelfleck), »emermueß« (Emer = eine frühe Form von Getreide), »holerpluemues«, »rutten«, »rötl«, »hechtenvisch« und »huechen«, natürlich aus dem See, und viele andere Namen und Bezeichnungen, die an heutige Kochbegriffe noch anklingen.

Die Kuchemaisterey (1490), das erste gedruckte deutsche Kochbuch, schreibt in »Die vorred ditzbuchs«, daß seine Rezepte ebenso für »fürsten un herren geistlichen od. weltlichen« Standes geschrieben seien. Das Buch enthält denn auch eine Menge Fastenspeisen, so von allerhand »visch und biberschwenz«. Also auch hier ist zunächst der überall spürbare Vergleich von fürstlicher und pfarrherrlicher Küche gegeben, und zum andern ist dokumentiert, daß eben Kochbücher in der Hauptsache für diesen Kreis, in dem man so-wohl lesen wie schreiben und zudem groß wirtschaften, also gut kochen konnte, aufgelegt wurden.

Auch die Kuchenmaisterey ist nach heutigen Begriffen nur eine Kompilation, also eine, allerdings bereits geordnete, Sammlung und Abschrift fremder und eigener, älterer und zeitgenössischer Rezepte und Erfahrungen. Ihr Inhalt stammt in der Hauptsache aus klösterlichen Niederschriften und hat deshalb hier seinen wohlerwogenen Platz.

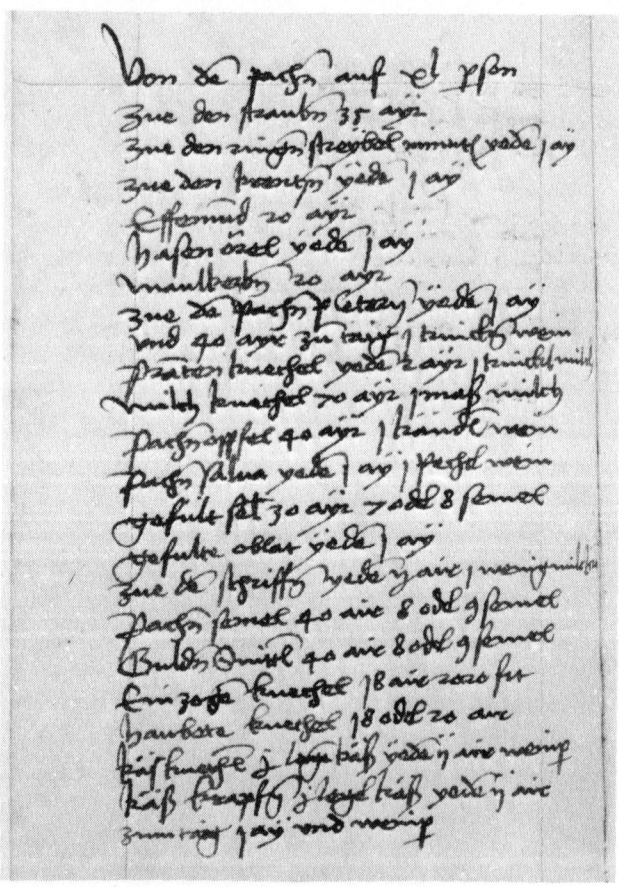

Seite aus dem Küchenmerkbuch des Klosters Tegernsee 15./16. Jahrhundert

Der Herd ist um 1500 noch kniehoch, aber die Küche ist schon reich mit Geschirr ausgestattet

Das 16. Jahrhundert ist durch das Erblühen der Renaissance, durch den Humanismus und das Erstarken des Bürgertums gekennzeichnet. Handel und Städte wachsen, aber auch der Handwerkerstand, das Zunftwesen, die Klöster gedeihen. Man hat sich weitgehend vom mittelalterlichen Zwang gelöst, und die urtümliche Brei- und Brotkost breiter Massen hat sich wesentlich verbessert. Nicht zuletzt durch den Einfluß der Klöster, ihrer naturwissenschaftlichen Studien, ihrer praktischen Versuche und ihrer Kochbücher halber. Die Rezepte werden klarer, üppiger, moderner und damit nachkochenswert.

Man beginnt schon empfindlicher gegen Speisen zu sein, die früher genießbar erschienen und vermerkt:

Elsternfleisch ist nicht gut, weil sich dieser Vogel von giftigem und schädlichem Futter nähret.

Adlerfleisch wirkt tödlich: es ist wegen seiner Hitze zu stark.

Bärenfleisch macht den Menschen lüstern, taugt also nichts in Klöstern.

Tigerfleisch ist unzuträglich, weil dieser gar sehr wild ist.

Rindfleisch ist roh und daher für den Herrentisch ungeeignet.

Gänsefleisch ist Bauernessen.

Honigröhren (Rohrzucker), kandierter Zucker, Zitronenschalen, Nüsse und Mandeln

Modelgebäck, Waffeln, Torten und Pasteten

Hasenfleisch ist verboten, weil es geil macht. Man bezeichnete Hasen als heidnisch oder böhmisch und bringt sie in Notzeiten so verändert und verwürzt zu Tisch, daß sie nicht mehr als solche zu erkennen sind.

Fische und was an Wassergetier dazugehört, werden immer mehr und feiner verkocht. Die Fischzucht, das Halten von Fischen in Teichen und Fischkaltern wird ausgebaut, der Fischhandel gefördert. In seinen Tischreden erwähnt Luther, daß einmal innerhalb Jahresfrist 1400 Lachse gefangen werden konnten und ein andermal deren noch tausend mehr.

Fleisch, obwohl immer noch Festtags- und Herrenspeise, erscheint jetzt mehr und vielfältiger im Konvent und infolgedessen auch in Kochbüchern. Man schätzt besonders den Spießbraten, zu dem die Apparaturen stark verbessert wurden. Da jetzt auch mehr Tranchiermeister auftreten und das Tranchieren von großen Braten und Geflügel sicherlich auch von Mönchen geübt wurde, treten die ragoutartigen Gerichte oder die aus gehacktem Fleisch mehr zurück. Der Braten wird auf dem Rost oder am Spieß gegart. Einer altlitauischen Klosterchronik zufolge soll ein Eremit der Erfinder des Bratspießes gewesen sein, als er für einen müden, kranken Wanderer ein Kaninchen fing, schlachtete und es mangels eines Gefäßes auf einen Ast spießte und vor seiner Klause briet. Das ist natürlich ein frommes Märchen, birgt aber in sich den Wahrheitskern, daß Mönche die Erfinder und Entwickler von Eßgeräten und Kochmethoden waren und daß das Volk ihnen dies durch Wachhalten der Erinnerung dankt.

Gewürzt wird immer noch sehr stark, sogar übermäßig. Das sollte ja auch zum Trinken anregen.

Gemüse werden auswahlreicher. Durch Neuzüchtungen, speziell aus den Klostergärten, aber auch vom Südhandel her, lernt man grüne Bohnen und später grüne Erbsen schätzen; es gibt bereits Wirsing, Blumen- und Rosenkohl. Sie sind natürlich noch seltene Leckerbissen.

Backwerk wird im Kloster von nun an besonders gepflegt. Die Kunst des Lebkuchenbackens, geformt in schön geschnitzten Holzmodeln kommt groß in Mode. Auf den Titelbildern der »Passio domini nostri Jesu Christi« 1508 des Geiler von Kaysersberg sind Lebkuchen mit christlichen Motiven dargestellt. Im Text wird der Lebkuchen und seine Bereitung in feinsinniger Weise auf den Ablauf des menschlichen Lebens, als dem »Kuchen des Lebens« bezogen.

Sie sollten in jeder Beziehung schön sein, deshalb haben im 16. Jahrhundert Nonnen eines bayrischen Klosters empfohlen, »lebzelten«, ehe man sie in den Ofen schiebt, mit »pier zu überstreichen, so werdens glanzet«.

Man hat viel davon gebraucht: Pasterial-Lebzelt, Herren-leppkuchen, Kinderleczelten, Klosterfladen, Mönchsbrote, auch nach alter Manier panis piperatus oder libanum piperatum, als Pfefferkuchen genannt. Sie waren Neujahrs- und Gastgeschenke, ausbedungene Zinsung an Stifterfamilien oder hohe Obrigkeit und wurden immer feiner, immer größer, immer schöner, sogar bemalt und vergült (vergoldet), Rezepte Seite 105. Vor allem sind es Frauenklöster, die sich das Backen angelegen sein lassen. Die Priorin vom Zisterzienserinnen-Kloster Güntersthal bei Freiburg notierte: »Anno dom. 1512 jor han ich uß gen (gegeben) zum guten jar. Item unserem h. v. Taenibach (Abt von Tennenbach), 1 Leppkuchen, Latwerg und 1 par hendschu...« Ferner gab sie den Adelsherren,

Fcludidi. Cataxff mit nuſſzen. Chabis. Chaloc mit nuſſzen. Cuskabendi.

dem Bürgermeister, der Geistlichkeit, dem Doktor, dem Schaffner samt Familie, der Großkellnerin, der schriberin, dem Gevatter Schuhmacher, der armen Elsie aus ihrem großen Vorrat. 89 große und kleine, lange und runde Lebkuchen sind 1508 in der Chronik vermerkt, die allda gebacken und verschenkt wurden: »13 besteckter, darunter einer von 6 Pfund zu unseres herren 12 Pfund, item 22 unbesteckter, darunter einer von 6 Pfund, item 34 lange. davon einer zu 3 Pfund, item 5 sinwele (runde) von 1 Pfund, item 10 kleini von ½ Pfund, Summa 89 klein und groß.« Mehr als 40 Maß Honig wurden dazu verwendet, außerdem 51 Lot Ingwer und 51 Lot Pfeffer.

Torten oder Darten sind nicht in unserem Sinn süße Feinkuchen, sondern ein Zwischending von Auflauf und Pastete mit meist würziger Füllung. Es gab Torten aus Fleisch, Geflügel, Fisch und Krebsen (Fastenspeisen) aus Gemüse, aus Kräutern, aber auch Obst und einem Gemisch aus all den genannten Zutaten, so daß uns heute unverständlich gewordene, süßsaure Backwaren in Tortenform entstanden. Im Kloster St. Gallen wird schon im 11. Jahrhundert anläßlich eines Besuches eine gefüllte Torte erwähnt. Es gab auch Gewürztorten. Wahrscheinlich kommt der Sammelname Torte aus dem altitalienischen torta, das wiederum der einstigen Backform, der Tortenpfanne den Namen gab. Sie konnte als Dreifußtopf mit Flachdeckel oben und unten von Glut umgeben sein und den Inhalt gleichzeitig garen.

Daneben gab es auch vielerlei Krapfen. Bei den Leipziger Dominikanern tauchen Spitzkrapfen auf. Das waren aber sicherlich gebackene Spießkrapfen, die von nun an in vielen Kochbüchern erscheinen, allerdings in zunächst recht kurzen Anweisungen. Siehe auch »Nonnenfürzchen«, Seite 189. Man nannte sie oft Eierkuchen, während sie »durchreisende Kriegsleute Spießkuchen zu nennen pflegten«. Wie verlautet, wurde der Teig um einen Bratspieß gewickelt. Da diese Speise anscheinend recht trocken war, wurde empfohlen, kleine Schalen mit geschmolzener Butter zum Eintunken dazuzugeben. Einfacher herzustellen als Spießkrapfen waren Krapfen, die aus heißem Schmalz gebacken wurden. Man konnte ihr Garwerden leichter kontrollieren. Es gab süße und pikant mit Käse oder Fleisch gefüllte Krapfen; man machte darin keinen Unterschied. Von jetzt an gibt es auch laufend neue Rezepte für Schmalzgebackenes aus den verschiedensten Teigsorten. Das liegt sicherlich daran, daß die Viehzucht wesentlich erweitert worden war und daher Milch und Schmalz üppiger verbraucht werden konnten.

Sanduhr und Waage beweisen eine exakte Küchenarbeit

Von allen Speisen

vnd Gerichten 2c. Allerhand art künst
lich vnd wol/zukochen/einmachen vnd bereytten. Dabei eins ie
den Essens wirckung vnd natur/zu auffenthaltung mensch-
licher gsundtheit. Durch den hochgelerten vnd erfarnen Platinam/Babst Pij des II. Hoffmeyster.

Wie man Wein vnd Essig wol

erziehen/behalten vnd widerbringen/Auch nut allerhand Kreutteren vnd Specerei zu gesundtheit bereytten vnnd gebrauchen sol. Alles new vnd ordenlich zusamen bracht.

So eng, aber gewichtig ging es in der Küche des päpstlichen Küchenmeisters Platina zu

Darum vermelden die Nonnen von Güntersthal auch gebackene Strübli und Küchli, die sie zu Kirchweih in großer Zahl gebacken und auch dem Herrn Bischof als Nachtisch gereicht haben.

Nunmehr beginnen regelrechte, wohlgeordnete Kochbücher zu erscheinen. Die meisten, ja man kann sagen, die maßgeblichen stammen von kochenden Mönchen oder von Köchen aus dem Vatikan oder aus den Residenzen des hohen Klerus. Daneben spielen die Bücher aus weltlich-fürstlichen Häusern noch kaum eine Rolle. Deshalb sind auch Fastenspeisen, insbesondere Fisch- und Mehlspeisen, Suppen und Gemüse in der Überzahl.

Der deutsche *Platina,* die Übersetzung des ersten gedruckten Kochbuchs überhaupt, war 1542 eine Sensa-

Das Fleisch- und Fischgewölbe der vatikanischen Küche

tion. Das erstmals 1475 in Italien erschienene Werk war schon in französischer und spanischer Sprache auf dem Markt. Vom Leibkoch des Papstes stammend, schön gedruckt, reich an Inhalt, bebildert, hatte es Erfolg und natürlich neben eigenen vielen Auflagen auch allerhand Nachahmer. Das Buch ist noch stark italienisch orientiert, aber schon durchaus brauchbar, denn der Übersetzer hat weitgehend deutsche Verhältnisse berücksichtigt.

Ebenso dürfte der *»Epulario« des Giovanni de Roselli,* geschrieben um 1500 in Neapel, in der ersten Ausgabe 1526 in Venedig gedruckt, ganz auf Meister Martino (siehe Seite 101) zurückgegriffen haben. Jedenfalls sind die Kochanweisungen einander verdächtig ähnlich, wenn nicht die Kochkenntnisse damals allgemein so stark eingeengt waren, daß sie alle nur auf wenige, überall bekannte Grundanweisungen zusammengeschmolzen waren. Weit eher ist anzunehmen, daß auch Roselli Mönchs- oder Klosterkoch war und daß befreundete Convente ihre Erfahrungen und Bücher, also auch Kochrezepte einander geliehen hatten. Harry

Küchenscene aus »Platina« von 1542

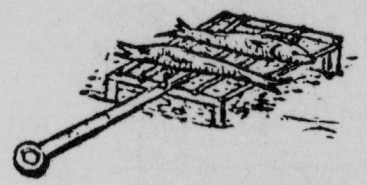

Fische auf einem kleinen Handrost

Lamm und Geflügel warten auf die Zubereitung (1549)

Schraemli, der Schweizer Kochbuchexperte, schreibt dazu, daß sein Kochbuch weit seiner Zeit voraus war und bessere Rezepte enthielt als alle französischen und deutschen Kochbücher jener Epoche.

Daß Roselli sein Buch Epulario genannt hat, weist selbst schon darauf hin, daß es sich um ein gehobeneres Koch- und Lehrbuch handeln soll, denn eupulatio heißt Festschmaus und epulo soviel wie Ordner des Festmahles. Das allein zeigt das herrschaftliche Haus und die größere Gemeinschaft, also höchstwahrscheinlich ein Kloster an, von dem aus und für das es geschrieben ist.

Auch seine Rezepte sind dann vielfach abgeschrieben, noch lange in andere Küchenanweisungen übergegangen, so daß man ihnen in gleicher oder ähnlicher Form immer wieder begegnet.

Aus Leipzig ist eine Klosterkochhandschrift bekannt, die der Dominikaner aus dem 16. Jahrhundert. Wie üblich gibt es bei Handschriften selten exakte Jahreszahlen, denn sie stellen eine fortlaufende Sammlung durch oft viele Jahrzehnte dar. Wie schön, daß sie in den Klosterbibliotheken so wohlverwahrt waren, so daß sie, wenn auch oft schwer entzifferbar auf uns überkommen sind. Daß es sich auch hier vielfach um Abschriften, wahrscheinlich aus befreundeten Klöstern handelt, beweisen auch hier die sich oft bis aufs Wort ähnelnden Rezepte. So taucht wiederum ein »Schwindelbraten«, und zwar ein Hirschbraten aus Hecht- und Karpfenfleisch auf oder ein Wildpret aus Eiern oder ein Braten von Feigen, die die langen Fastenzeiten erleichtern sollten. Das Kochbuch ist schon fein säuberlich in übersichtliche Kapitel: 1. Fisch, 2. Geflügel, 3. Wild, 4. Eierspeisen, Gebäcke, Gemüse, Muse, Eierkuchen, 5. Schlußwort eingeteilt.

Im Kochbuch der Dominikaner wie dem von Colerus (Seite 141 und 150) sind die gleichen »Eierkuchen,

den die Kriegsleute Spießkuchen zu nennen pflegen«, zu finden.

Auch der »Hase auf böhmisch angerichtet« so oder ähnlich, ist in allen möglichen, zeitgenössischen und älteren Kochbüchern gleichlautend. Polnisch, bohemysch (böhmisch) oder ungarisch zu kochen, war sehr aktuell, wie auch überall »heidnische« Rezepte, also solche aus dem Orient getreulich voneinander abgeschrieben wurden. Die Kochhandschrift der Dominikaner bringt demgemäß wenig Neues, aber sie vermerkt die Beweise für eine konstant existierende klösterliche Kochliteratur.

1545 erscheint erstmals das Kochbuch des italienischen Papstkochs *Bartolomeo Scappi*, das viele Auflagen und Ergänzungen erfahren hat.

Hier zwei seiner frühen übersetzten Rezepte. Weitere, aus späteren Auflagen, aus dem 17. Jahrhundert folgen Seite 147.

Lombardischer Risotto mit Hühnerfleisch, Hirn und Eigelb

Man nehme den Reis und koche ihn in Bouillon, in der Stücke von Kapaunen, Gänsen und Hirn schwimmen, bis er gar ist. Dann fülle man einen Teil des Reises in einen großen Steinguttopf, der mit Käse, Zucker und Zimt ausgestrichen ist. Auf jede Schicht Reis lege man eine Schicht frischer Butter, Bruststücke vom Kapaun, Scheiben vom Gänsefleisch und Hirn. Alles bestreue man mit Käse, Zucker und Zimt. So baue man drei Stockwerke auf, und das oberste sei gebadet in zerlassener Butter. Dies stelle man auf den Herd, der nicht zu heiß sei, etwa eine halbe Stunde lang, bis es etwas Farbe bekommt. Dann besprenge man das Gericht mit etwas Rosenwasser und serviere es heiß, wie es ist.

Titelkupfer aus dem Kochbuch des päpstlichen Kochs Roselli 1675

3 Köche in einer engen Klosterküche

Lombardische Suppe mit Kräuterklößchen

Nimm Rüben oder Spinat, schneide sie klein und koche sie in viel Wasser, das muß sorgsam wieder ausgedruckt werden und das Geheck mit Butter gewellt und einem Zweig wohlriechenden Krautes. Sodann thus in ein irden Häflein mit geriebnem Parmesaner Käs oder Fett; eines magst nehmen oder das andre. Darzu thu Pfeffer, Zimmet, Nägelein und Saffran und spare nicht der rohen Eier. Wirds Süpplein zu dünn, so füg gerieben Brot hinzu; wirds zu dick, brauchts mehr Butter. Sodann bereit Klößlein aus Kapaunenbrust mit Kalbsfett, Corinthen und Majoran, kleine wie große, koch sie in guter Fleischbrühe gar, bestreu sie mit Käs, Zucker und Zimmet und reich sie zur Suppen.

Schon wieder kommt ein Küchenmeister eines Kirchenfürsten mit einem Kochbuch zu Wort. Es ist *Christoforo Messisbugo*, der Küchen- und Haushofmeister des Kardinals Hippolyt d'Este von Ferrara, der 1549 sein Werk »Banquetti« schrieb. Das kleine handliche Buch enthält zuerst die Zusammenstellung und Beschreibung vieler Festmahle, die er zumeist für Kirchenfürsten veranstaltet hat. Mit genauen Daten und riesigen Speisenfolgen ist alles festgehalten, was zur Renaissancezeit in Italien auf die Tafel kam. Besonders hübsch ist die Beschreibung von großen Tafelzierden aus gezogenem Zucker, die antike Figuren wie Venus, Bacchus, Cupido usw. darstellen; sie waren zum Teil vergoldet und galten handwerklich als großartige Meisterleistung.

Im zweiten Teil kommen, natürlich italienisch geschrieben, eine Menge guter Rezepte für Pasteten, Torten, feine Suppen und Sülzen, noble Fastenspeisen, gefüllte Früchte, feines Konfekt. Interessant sind seine hebräischen, osteuropäischen, ungarischen und französischen Rezepte; er kannte also auch die internationale Küche.

Ein Beweis für eine unorthodox zusammengestellte Sammlung von Kochnotizen, Merkzetteln und Rezepten ist eine Klosterhandschrift, die heute in der Wolfenbüttler Bibliothek liegt. Die Sammlung selbst stammt aus dem 15. Jahrhundert und sichtlich von verschiedener Hand. Sie ist hochdeutsch verfaßt und kommt aus dem ostphälischen Raum. Herzog Julius von Braunschweig-Wolfenbüttel hat sie im Jahr 1572 von einem, seinem Machtbereich unterliegenden Kloster angefordert und der Universität Helmstedt überwiesen. Nach deren Aufhebung gelangte die Handschrift an ihren heutigen Aufbewahrungsort. Gründliche Untersuchungen und Studien zeigen, daß die

M BARTOLOMEO
SCAPPI.

Der päpstliche Küchenmeister Scappi

Der päpstliche Küchenmeister Messisbugo

Volle Vorratstöpfe

Langatmige Titel, sozusagen den ganzen Inhalt angehend, waren üblich, um Käufer anzulocken, denn außer dem Marktschreier oder eine lobende von Mund-zu-Mund-Propaganda gab es einstmals noch keine anderen Veröffentlichungsmöglichkeiten. Das erklärt auch den so anheimelnden ellenlangen Titel-Text von *Balthasar Staindls* frühem Kochbuch. Er war Küchenmeister am bischöflichen Hof zu Dillingen, wahrscheinlich bei Kardinal Otto von Truchseß, da die Erstauflage von 1545 in diese Zeit fällt. Er, kurz als *Staindl von Dillingen* in die kulinarische Literatur eingegangen, schrieb aufs Titelblatt:

»Ein sehr künstlichs unnd nützlichs Kochbuch / vormals mye in so leicht / Mannen und Frawen personen / von ihnen selbst zu lernen / in Truck verfast und außgangen ist . . .«

stellenweise nur schwer zu entziffernde Handschrift ein Sammelsurium von noch älteren, losen Blättern ist. Ein schreibkundiger Mönch mit gutem Schriftduktus hat sie, wahrscheinlich im Auftrag einer Nonne oder Klosterköchin, zu Papier gebracht.

Daß die diktierende Person, nicht aber der Schreiber kochen konnte, geht bei näherer Untersuchung aus den Rezepten hervor. Orthographische Fehler, das Weglassen von Satzteilen oder Worten, unverstandene Kochtechniken oder unbeachtete Rezeptregeln sind das unzweideutige Ergebnis, das es heute schwierig macht, einen Klartext herauslesen zu können.

Auch dieses »Kochbuch« enthält kreuz und quer Diätvorschriften für Kranke, Roßarzneien und ärztliche Anweisungen dazwischen.

Blick in eine Renaissanceküche des Vatikans

Ein sehr künstlichs

vnnd nutzlichs Kochbůch / vor=
mals nye in so leicht / Mannen vnnd
Frawen personen / von jhnen selbst zu lernen / in
Truck verfaßt vnd außgangen ist / Artlich in acht
Bücher getheilt / sampt etlichen fast nutzen be=
wehrten Haußnotturfften oder künsten.
Auch wie man Essig macht /
vnd Wein gůt behelt.

Balthasar Staindl von Dilingen.

M. D. LXXV.

Titelkupfer aus dem Kochbuch des Balthasar Staindl, seines Zeichens Koch an der Dillinger fürstbischöflichen Residenz

Tintenzeug und Schreibtisch des päpstlichen Küchenmeisters Scappi

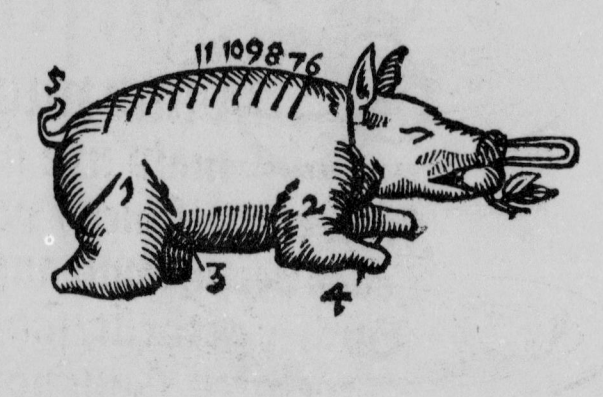

Tranchieranweisung für ein Spanferkel

Gedruckt wurde das Werk bei Steyner (Steiner), später bei Wagner in Augsburg und hatte viele Auflagen. Staindl, selbst Koch, wollte ein einfacheres Rezeptbuch mit vielen guten Ratschlägen, nach eigenen Kenntnissen herausgeben: klein, handlich, preiswert. Das Buch ist seinem Inhalt nach trotzdem nur für eine kleine Schicht geschrieben, denn das Volk konnte ja damals gar nicht lesen und sich überdies die angegebenen, feinen Speisen weder wirtschaftlich noch küchen- oder kochtechnisch leisten.

Neben den reinen Rezepten sind allerhand praktische Winke, so über das Färben mit Brasilholz und das Vergolden der Speisen, das Flambieren eines Schweinskopfes (Seite 122), das Sülzen mit Hausenblase, das schöne Anrichten und das gute Würzen enthalten.

Wie bei einem Kochbuch aus der Hand eines pfarrherrlichen Koches gar nicht anders zu denken, werden natürlich viele Fastenspeisen, besonders Fischrezepte gebracht. Er macht Knödel und Pasteten, Würste und sogar einen »Kapaun« daraus. Damit folgt er der Mode seiner Epoche, Fastenspeisen so zu verwandeln,

daß die Esser, die ja oft dem Fleisch entsagen mußten, wenigstens äußerlich befriedigt werden konnten.

Auch etliche Haußnotturfften und Künste, also Hausmittel und brauchbare Ratschläge sind, wie lange Zeit üblich, enthalten. Das brachte den Erfolg. Es gibt nur noch wenige Exemplare davon, eben weil es so praktisch, so brauchbar war.

Ein Huhn wird nach feststehenden, alten Kunstregeln tranchiert

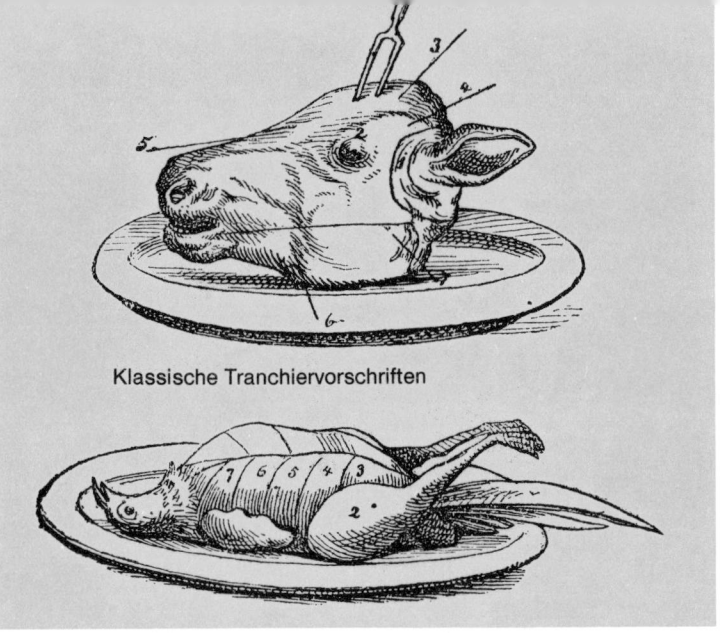

Klassische Tranchiervorschriften

Säwkopff und Hammen (Schinken)

Schön eingesaltzen / und ligen lassen im Mertzen / darnach gar schön außgewaschen bey einem saubern Back / schön außgeschaben und gewaschen / das saltz allenthalber darvon kom / darnach schön auffgehenckt mit schnürlin / und Kramatber (Wacholderbeeren) darüber gemacht und beseet / reiichs räucherl nit zu fast (fest) / so werdens rößlet (rosa) und wolgeschmack.

Die Sprache, in die man sich natürlich erst einlesen muß, ist originell, von süddeutschem Klang und so wie ihm, dem Koch Staindl, der Schnabel gewachsen war.

Als erstes 3 Schlachtrezepte für das Osterschwein nach der langen Fastenzeit. Um das Fleisch rasch zu kühlen, wird die Verwendung von Schnee empfohlen.

Schweinen flaisch frisch und new zu behalten

So man Säw schlacht / soll man den Pachen (Eber) / so er nun beschnitten ist / in ein küls ort auch den tisch / auff schnee legen / und see schnee darauff / ein spann hoch / laß jhn also ligen / biß er härt und kirnig (körnig) wirdt / etwan uber nacht / darnach du darvon geschnitten hast / und des dicksten zu schönen / viereckten schretteln (Stücken) anderhalben spann lang geschnitten / und in ein lärchen kübel gelegt / und wol gesaltzen / demnach geschwert mit einem schönen bletlin mit stain ligen lassen / biß in die erst wochen / darnach ein brunnwasser in einer Molten (Gefäß) saltz darein / und mit einem schönen newen Besem durch einander geschlage / biß gantz zäch wirdt / die suppen daran gossen / das zwen finger darüber geht / Darnach allweg wider abgeschwert / als offt man mit einem messer ein zenterling (Stück) heraus nimpt / das uberlüd (Rest) soll ein handhab haben / wirt sonst milbig.

Von Würsten.
Gut Würst von Lämmern Lungen flaisch

Die wäsch oder hacks gar klein / so es schier gar gehackt ist / so nimb das netz vom Lamb für feißte (statt Fett) / hacks auch darunder / schlag ayer daran / und ein wintzigs räumlin (Rahm) / thu ein wenig schweiß (Blut) darunder / gewürtz (würze es) / thu Weinberlen darein / nimb dann die därm vom Lamb / oder das mäglin / oder Kälbern därm / dünn Rindern därm / fülls darein / nur nicht vol / und seüds (siede es) / Uber solches würflet (Gewürfeltes) mach ein gescherb (Farce) an das süpplin / oder pfefferlin (Soße) was man will / man mags einer Kindbetterin geben.

Die lämmernen Würste galten als so zart, daß man sie auch einer Kindbetterin geben konnte. Interessant ist die Verwendung von einer Art Soße zu den Würsten, was in »süpplin« oder »pfefferlin«, einer besonders scharfen Gewürzsoße zum Ausdruck kommt.

Es folgt ein ganzer, gehäuteter, eingebeizter Rehschlegel, der in einer Teighülle vorgebraten und dann mit Eidotter bestrichen fertiggemacht wird.

Wie man Rächschlegel bereyten soll

Nim die schlegel / überbrenn ihn in ein Kessel / darnach zeüch jm die haut ab / thu das schädlich darvon, / saltz ein / un spicks ehrlich hinein im Kolben (Knochen) / stüppen (bestäuben) darnach es mit gutem gewürtz / geüß ein essig darauff / laß ein gut weil darinn ligen / Nimb auch ein rucken (Roggen) taig / gleich wie du zu den Vischen / treib ein weit blat auß einander / beiig (beuge) ihm die füß krum doch das er auch in taig kom / nimb ein ander taig / deck glat darüber / und nimbs dann umb und umbab / krentzels / und bestreichs mit einem Bensel mit gelbe dottern oder saffran / scheüß in ein Bachofen / als lang als ein pratschier (eine Bratschüre = Backröhre) / und gibs kalt.

Schweinköpff.

clvj. Wilt du machen ein Schweinkopff / das die flammen darauß faren / so seüd jhn gar an die statt / darnach so leg jhn auff ein rost / biß er braun wirt / dann schneid jn würflet / das er dannocht gantz bleib / besee jn aussen mit Ingber vberall / nimm ein flache schüssel vol Brantwein / vnd Ingber darein / schüt jn halben in hals / vnd tröpflen das ander aussen darvmb / vnd nimb ein dünns brot / als ein nuß groß / mach ein kleins kügeln darauß / darein thů ein glüenden kißling / der einer bonen groß ist / Vnd wann du es auff den tisch wilt geben / so stoß jms in den hals / vnd einen roten Apffel darfur / laß also fürtragen. So man es angreiffen vnnd essen will / so zündt er sich an von dem Brantwein vnd kißling / vnd faren die flammen herauß / auß grün vnd blaw / vnd schmeckt gůt lustig zu essen.

Originalrezept für das Flambieren eines Schweinskopfes aus dem Jahr 1575 (Staindl)

»Übersetzung« des nebenstehenden Originalrezeptes:

Flambierter Schweinskopf

Willst du einen Schweinskopf zubereiten, daß die Flammen daraus fahren, also ein sehr frühes Flambierrezept und Schaugericht:
Dazu wird der Kopf gekocht und dann auf dem Rost braun gebraten. Man schneidet ihn würfelig, doch so, daß er noch ganz bleibt, besät ihn außen mit Ingwer, gibt ihn in eine flache Schüssel voll Branntwein und Ingwer. Die Hälfte davon des Branntweins gib in den Hals, setze darauf ein nußgroßes Stück Brot, mache ein Küglein daraus, gebe einen glühenden Kieselstein, wie eine Bohne so groß, hinein, und wenn du den Kopf auf den Tisch bringst, so stoß ihm dieses Brotstück in den Hals und gib einen roten Apfel davor. Wenn man es angreift und essen will, so zündet sich der Branntwein von dem heißen Kieselstein und es fahren Flammen heraus, grün und blau, und schmeckt gut und lustig zu essen.

Grüns Wildbrät Pasteten

Machs also / nimb brätigs wildbrät / spicks gar schön / gleich ob mans braten wöll / saltz jn ein / treib dann ein Pastetten auff von waitzen meel gemacht / gleich wie zu kütte oder ander Pasteten / gewürtz wol / sonderlich mit nägelen / Zimetrörn / leg Muscatblü darzu / magst Lemani oder Zitweben darzu brauchen / mach ein fein blat darüber / und scheuß also in Bachofen / oder in ein Pastetenpfann / muß langsam bachen / so gewinnts ein feins süpplin / müsts warm geben.

Grüns Wildbrät Pasteten soll hier heißen, daß sie grün, also frisch, warm, zu Tisch kommen sollen. Die gut gewürzte Fleischmasse wird in einen Teig aus Weizenmehl gebacken und im Backofen langsam gegart. Das süpplin ist die fette Flüssigkeit, die sich ausbrät, denn es heißt ja oben spicks gar schön.
Nach diesem Rezept lassen sich auch heute noch Pasteten bereiten.

Rächmüß macht man also

Nimb die bain auß den schultern / brats / dann so es mürb ist / wasch auß einem warmen wein / thu jhn in ein schweiß (Blut) und geriben lezelten / streichs durch ein tüch / schneid das flaisch würflet / thu es dann in ein durchgang in ein hafen / wann es schier gesotten ist / so machs also / mit gewürtz / oder reib Lezelten darein.

Ein Rächmüß ist ein Rehragout, das raffiniert zubereitet wird, indem die Fleischwürfel der ausgelösten Schulter in warmem Wein gewaschen und dann mit Gewürzen und geriebenen Lebzelten verfeinert werden. Unter Lebzelten hat man hier einen scharfen Pfefferkuchen zu verstehen, so wie man ihn als Soßenlebkuchen kaufen kann.

Küchlein von Wildbrät / oder von anderm flaisch

Hüner oder Vögel die seüd / verscheüms / nimb nur das brät / hacks klein / gewürtz / schlag ayer darein / das es sich küchlen laßt / bachs braun / gibs in eim pfeffer oder gescherb / oder süpplin.

Modern gesehen sind das Hamburger aus Wildbret oder Wildvögeln. Sie werden in einem Pfeffer (scharfe Soße), in ein Gescherbe (dicke Würzsoße, eine Art Chutney) oder in ein süpplin (Brühe) gegeben.

Knödlein von Hennenflaisch / oder von Vogelbrät

So nimb das gesotten brät / es sey von Hennen oder Kapponen (Kapaunen) / nur das weiß brät soll man

nemen / von Vögeln nim auch nur das brät / thu die
bain besonder in ein schüssel / hack das brät klein /
schlag ayer darunder / reib ein wenig semelbrot darunder / gewürtz und saltz / nimb dann due brü / es
sey von Hennen oder von Vögeln / schlag das gehack
brät knödlein weiß ein / gilbs.

Es handelt sich hier um Fleischklößchen aus Geflügel-
fleisch, die schön weiß in eine mit Safran gelb gefärbte
Suppe kommen sollen, wie das knappe Schlußwort des
Rezeptes »gilbs« ausdrückt.

Der Koch rührt sich die Butter selber

Junger Hüner einzudempffen

So bereyt die Hüner schön und sauber / thu es in ein
hafen / geüß wein und flaisch suppen daran / saltz zu
massen / gübs / stüpps (würze) nit zuvil / die suppen
mach daran / wilt du das süpplin dick haben / so nim
zwo bäwte Semelschnitten / legs zu den siedenden
Hünern / stoß das weich werden / so klaub die gesotten schnitten und die Leberlin / stoß und treybs
durch / gewürtz ab / geüß wider in die Hüner / laß
an die statt sieden / Lemoni seind gar gut / zu
scheiben geschnitten / und bey den Hünlin gesotte /
so mans anricht / fein auff die Hünlein gelegt / wilt
du es aber abseihen / so geüß ein wenig wein und
stüpp (Gewürz) darein / und ein schmältzle / und gewürtz / thu Muscatblü darzu / stoß also stehend auff
ein glütle / schaw eben darzu / das nit zu weich
werden / gilbs dar / wilt du es süß haben / so thu ein
zucker oder trieget (Obstsaft) darzu.

Gekochte oder gedämpfte Hühner mit viel Gewürz
(stupp), Limoni (Zitrone), Muscatblü. Die Brühe wird
mit gebäten (bäwte) Semmelschnitten und der durchgedrückten Geflügelleber leicht eingedickt, mit Safran
gefärbt und nach Belieben mit Zucker oder Obstsaft
gesüßt.

Grüns süpplin macht man auch zu zeyten an die Hüner

Nimb Berthram / Maioran / Petersill / hacks klein /
geüß ein gute Wein daraus / zwers durch einander /
zuckers / stüppel (würze) geüß under die suppen /
darinnen die Hüner gesotten seind / muß nit weyter
sieden im grünen süpplin / es verleurt sonst die grüne.

Das ist eine recht neuzeitlich anmutende grüne Geflü-
gelsuppe aus Kräutern, Zucker, Wein und stüppel
(Gewürzen) zubereitet. Der Hinweis, daß das Süpplein
nicht lange kochen darf, »es verleurt sonst die grüne«,
klingt durchaus modern.

Gefüllte Hüner

So undergreiff die Hüner / löß die haut / zerreiß nit /
nimb dann Leber und Mäglen / hacks gar klein /
schlag ein ay daran / gibs wilt du gern / mach ein
grüns kreiitlein oder Weinberlin in die füll / nimb
stüpp / und geüß dann in das Hun / und binds zu /
und dempffs also / aber zu dem Braten mußt die füll

in eim pfännlein einrüren / schlags wider in ein ay / thus in das Hünlein / brats also ab.

Eigentlich ein ganz gewöhnliches Hähnchen, mit gut gewürzter, grüner Fülle.

Schwartze süpplin an die Karpffen zumachen

Ein schwartz süpplin an die visch Karpffen zumachen / fahe (fange) den thron / dz ist den schweiß vom visch Karpffen / Huchen / dann so nimb ein ruckens brot schnitlein / bäe es / das schwartz wirdt / zerbrocks / und geüß ein wein daran / laß sieden das weich wirdt / und treibs durch wie ein pfeffer / und machs mit wein ab / thu was darein das süß wirt / nägelstüp / von dem durchtribnen schnittel wirts fein dick / sonst nimbt man ein geribnen lezelten / zwir bachen / aber mit dem schnittel (Brot) ist zimlicher und gesunder. Solliche süpplein laß ehrlich sieden / und seüd den visch im saltz / wie man dann den visch soll sieden / So er gesotten ist / so klaub die stück fein auff ein weyte schüssel / geüß das süpplein uberal auff die stuck / und stüps mit Ingber oder Zimmetrörn. Den thron oder schweiß vom visch / so du jn fahest den muß man vorhin in ein Wein fahen / das gibt dem süpplin die schwärtz / So man aber den thron nit hat / so macht mans schwartz wie oben steht / bäet rucken schnittel (Roggenbrot).

Das ist eine Art polnischer Karpfen. Die Soße wird schwarz vom Fischblut oder dem gerösteten Schwarzbrot oder vom zweimal gerösteten Lebkuchen (zwir bachen lezelten). Der in Stücke zerlegte Fisch wird in der Schüssel mit der gut gewürzten Soße übergossen und mit Ingwer und Zimtrinde bestreut.
Erstaunlich, wie lange sich alte Rezepte gehalten haben.

Schwartz und gelben süpplin an die Visch zumachen

Man seüd die Visch am ersten fein ab / im saltz / darnach so seüchs ab / und seüds an das süpplin / nimb ein guten wein / gilb jhn wol mit saffran / gewürtz es ab / darnach mans scharpff will habe / nim nit nägelin es machts nur schwartz / aber leg darzu Muscatblü / Zimetrörn / Ingber / muscat / ein wenig pfefferstüp / seüds also alles undereinander / un wann du die Visch abgesigen (abgeseiht) hast / so geüß das süpplin daran / und laß ein wahl (Wall) in dem süpplin thun / so fahen (nehmen) die Visch das gewürtz an sich / magst mit der schwartzen suppen auch also thun / aber die suppen wirdt schärpffer vom saltz / als wann du den Visch nit sieden laßt im süpplin.

Das ist eine überaus scharf gewürzte Brühe zu einem Fisch (Visch) mit der genauen Anweisung, den Fisch in einem gut gewürzten Sud zu kochen. Das Fischfleisch nimmt viel Gewürz an (fahen = fangen). Schwarz wird die Suppe vom Fischblut, gelb vom Safran. Gewürzt wird außerdem mit Muskat, Zimt und Ingwer.

Pfrillen im butter

Nimb die Pfrillen / und salz nit zuvil / und ein massel wein zu einem massel Pfrillen / in ein pfannen / und thu butter in den wein / als groß als ein Hennen ay / und laß sieden / und schütt die Pfrillen hinein / nit zu lang / und gibs.

In diesem Rezept sind seltenerweise einmal Maße angegeben. Staindl spricht von ein mässel Pfrillen (Weißfische) und 1 eigroßem Stück Butter. Er gibt auch eine ungefähre Garzeit (nit zu lang) an.

Grundel

Seüds wol / geüß auch den Essig daran / das sie sich abschlahen / so werdens fein blaw.

Man legte also damals schon Wert auf einen schön blauen Fisch.

Rutten / ist ein Visch

Den muß man in einer pfannen / in ein kalt wasser legen / und nit fast saltzen / und gar wol sieden / so er sein genug hat / so trückne jn mit einem essig ab / oder wein ist besser / so werdens nicht zech / Man mags heiß gesotten geben / oder in eim gelben süpplin.

Auch die Mönche wußten schon, daß Wein besser zu Fisch taugt als Essig.

Hüchen

Löß den grad (Gräten) / den gibt in einem gelben oder schwartzzen süpplin / wie du hernach wirst hören / die Hüchen dürffen fast wohl siedens / bedürffend auch saltzens.

Daß der Huchen einer längeren Garzeit bedarf, ist wohl ein wenig umständlich ausgedrückt, aber immerhin schon erwähnt.

Kreütel krapffen

Machs also / hack Piessen (Erbsen) / Berthram / ein wenig Maioran / und sonst gute kreütter / tricks auch auß / nim ein wenig ayer schnitten (Eischeiben) / und das gehackte Kreütlein / reibs durch einander ab / schlag ein ay oder zwey daran / weinberlein / gewürtz / fülls ein / stürtz (Teigflecke schließen) fein zu / rädels ab / mach kleine kräpfflein / bachs. Nimbt

man der ayer schotten (Eiweiß) nicht, so röst das kreütlein im schmaltz / nim dann starcken schmacken (Gewürze) / schlag ayer darein. Aber mit den ayerschotten bedunkens mich vil besser sein.

Piessen sind Trockenerbsen. Aus ihnen werden mit Gewürzen, Eiern, Rosinen, rädels-kräpflin, also ausgeradelte Ravioli gemacht.

Ein gefüllts kraut

Machs also / Nimb schöne härte gäbel (Gäbel = Kabis = Kraut) / schneyd ein breyts blettel bey dem stengel herab / und höl die gäbel inwendig auß / das die gäbel darnach gantz bleib / Nimb dann ein Lämmern / Kälbern / oder ein Schweines brät / das nicht alt ist / flaisch / das hack gar klein / nimb ein faiste (Fett = Nierentalg) darunter / das muß nicht zu kleingehackt sein / schlag ayer daran / thu weinberlein darein / und fülls in kraut / und thu das blätlin wider auff das gäbel / und steck zweck darein / überbrenns wol / wie sonst ein Kraut / seichs (absieben) dann ab / und geüß erst ein Schweine suppen daran / und seüds fein ab / schau das nicht anbritt (anbrennt). So du es anrichst / so schit (schütte) ein raum der gesaurt (Sauerrahm) sey (dazu) / und schneid die gäbel auff die schüssel / so sihet man die füll in dem kraut / Etlich machen ein eingerürts von ayren mit weinberlin / füllens in das kraut.

Gäbel ist hier soviel wie Krautkopf (cabis); er wird ausgehöhlt und mit einem Fleischbrät mit faiste (Speck) und Eiern, Gewürz und Weinbeeren gefüllt. Man legt ein Krautblatt auf, steckt es mit zweck (Hölzchen) fest, überbäckts, gießt dann Suppe auf, siedets gar und achtet, daß es nicht anbrennt. In der Schüssel wird der Krautkopf mit saurem Rahm (raum) übergossen. Etliche füllen ein Rührei mit Weinbeeren hinein.

Ein eingehackts

Wilt du ein eingehackts machen / so hack die öpffel / röste und machs wie oben steht / von zwifel macht mans auch also / man nimbt auch zu zeiten öpffel und zwifel under einander / das gibt man über Wilpret küchlein / oder über wo du wilt / magst du die gescherb haben.

Ein eingehackts besteht aus gerösteten Äpfeln, die mit Zwiebeln verkocht und über Wildbret-Küchlein gegossen werden.

Bachen Kütten zumachen

Machs also / schneyd groß Kütten (Quitten) zu dünnen scheyben / thu darauf die kern und stein / legs in ein warm schmaltz / das nicht heyß sey / laß auff einem glütlein stehen ein stund / so werdens weich / dann so nimb ein dünnen teig mit Wein und Zucker gemacht / zeiichs dardurch / bachs im schmaltz also / das der teig gelb bleib.

Etwas ganz Apartes: statt Apfelküchel Quittenküchel. Man muß die in Scheiben geschnittenen Quitten in heißem Schmalz eine Stunde weichwerden lassen, in Teig tauchen und ausbacken.

Oepffel zubachen

Man bächts auff vilerley weiß / etlich machen ein teig mit Bier gemacht / darinn bezogen / man nimbt ein Ay auch darzu / man macht jn auch den Teig / ab mit wein / und zeichts im meel umb / bachs im heissen schmaltz / sie werden feist.

Dies ist ein bekanntes Rezept für Apfelküchel, wie wir sie heute noch mit Bier- oder Weinteig zubereiten.

Ein fast guts muß / das schwartz ist

Schneid gut öpffel in ein Hafen / und thu darzu ein theil der roten Weichseln oder Zweßgen / auch ein gut theil die mollen (das Innere) von einer semel / und geuß ein wein daran / laß also durcheinander wol sieden / biß es fein weich wirt / so streiche durch ein siblin oder tüch / thu zucker darein / und guts linds gwürtz / laß absieden in einer pfannen / gibs kalt oder warm.

Myrten. Roßen. Brauß baſilien. Violen. Gilgen. Cuonen. Alraun öpffel.

Wichtige Gewürze von damals

Ein feines Mischkompott aus Äpfeln, Weichseln und Zwetschgen, mit dem Innern einer Semmel eingedickt.

Wie man umberdumb soll machen

Nimb ein schönen lautern Winter waitz / und das er schön erklaubt sey / geüß ein frisch wasser daran / und seyhe es alletag ab / geüß als offt ein frisch wider daran / müsts acht oder zehen tag thun / so lang biß sich der waitz kleübet (die Schale abgeht) / so nimb dann den Waitzen / und stoß jn / und geüß ein frisch wasser daran / und truck jhn mit den henden / und nimb ein schöns leines Säcklein / geüß den gerürten Waitzen darein / So du in allen ein mal gerürt hast / das ist der erst schuß / so stoß jhn stets zum andern mal / den stoß besonder durch / der ist nicht so gut. So nun der Umerdumb in ein Zinnbecke / oder schaff gesetzt / so seicht das wasser gantz ab / und geüß ein anders daran / biß es dich bedunckt es sey am boden gantz weiß / Ob aber fäßlin (Fasern) darinnen weren / so rür jhn durch einander / von boden auff / laß wider durchs Säckel / dann so geüß das wasser gantz darab / das gleich wie ein taiglein der Ummerdumb sey / breyt den auff ein schöns weiß härins tuch / auff ein brätle / geüß das taiglin zettelweiß (stückchenweis) darauff / und setz jn an die Sonnen / so er übertrucknet / ledigs von dem tuch / kers umb / und setz an ein heisse Sonnen / so wirt er schön weiß / man mag jn in einer warmen stuben auch trücknen.

Eine Art Weizendunst oder Feinmehl. Weizenkörner werden gewässert, gestoßen, ausgedrückt und nach ziemlich umständlichem Verfahren auf ein Leinentuch ausgebreitet und getrocknet. Der Name Umberdumb, also über und über, kommt wohl von der umständlichen Behandlung des immer wieder zur Hand genommenen und umgewendeten Feinmehles.

Daraus macht man dann ein

Umberdumb müßlin

Machs also / Nimb des Ummerdumbs ein wenig / und mach jn zu meel / damit auch ein taiglein mit milch / ein dünns / setz ein gute milch in einer pfannen über / geüß dises taiglein darein / rürs fein / seüds wie sonst ein milch koch. Solliches muß ist krancken leüten / die ein bösen Kopff haben gut / es sterckt das Hirn. Man braucht den Ummerdumb sonst vil.

Heute verwenden wir gutes Mehl oder Stärkemehl.

Höchst interessant sind: »Küchen-Zettel und Regeln eines Straßburger Frauenklosters des 16. Jahrhunderts:«

Titelblatt für den Küchenzettel eines Frauenklosters aus dem 16. Jahrhundert

Es folgen mit einer hübschen Umrahmung aus einzelnen Zierbalken von Bernard Jobin (Straßburg 1578) zunächst allerlei »Vor essen«, z. B.

Ite vöglin jn trübelen gereszt.
Vor essen.
Item tuben gedempfft mit negele.
Vor essen.
Item dreslen mag man och also machen.
Vor essen.
Ite junge hienr jn i mandelbriegl; bezetelt mit roszsynel.
Vor essen.
Ite swyne juge vörlin köpf gebrotten mit ymber bezetel, i rottes öpffel ins mülil.

Übersetzt heißt das

Vögel in Trauben∕geröstet.
Tauben gedämpft mit Nelken.
Krieckenten mag man auch so machen.
Junge Hühner in einer Mandelsoße, bestreut mit Rosinen.
Junge Schweinsköpfe gebraten, mit Ingwer bestreut und rotes Apfelmus.

Oder man gab:
»Gebratene Vögel in einer schwarzen Nelkenbrühe, bestreut mit Zimt.«

»Rinz mage un darin« oder »Rindere hürn« sind spezielle Rezepte vor (für) Ostern oder in der vast (Fastenzeit) für den bücht vatter (Beichtvater).

Ite ma gib an de esther mitwuch flette visch ob ma wil.
Ite ma gyb an der vast de convente am sundtag hering. An de oben griene vissch wz ma will, kleyn oder grosz. Am mendtag plattüszel, linszen oder hürsz.

Was das Kloster dem Convent zu Ostern gab

In der vast de bucht vatter.
Ite am sundtag hürsz, hering, grien visch.
Am mendtag linsze, gerieste erweiszen, plattüszel, grien visch.

Zynstag rotte rüben, hering, kalte erweisze.
Myttwuch grie krut, gereichte visch oder gebachne.
Dorstag ein pfeffer, gebrotne hering.

Frittag gesoge erweisz müß, gehackt gumst krut, zybel visch oder stock visch.

Samstag gebrochne rübe, stock visch, i wurtz sup, gebrotne visch oder gebrotne visch uff den mendtag.

Obwohl nur Speisenfolgen und kein einziges Rezept angegeben ist, kann man sich gut eine Vorstellung davon machen, was die Nonnen gekocht und gegessen haben. Nur einmal ist im Rahmen eines Speisezettels für »ein gast imbsz (Imbiß) zu vast nacht« eine Mengenangabe zu finden. Es heißt da:

»It i kalbsz Koupf un krüsz (Gekröse?)
gehört für VIII oder VII oder VI mönschen.
It ein hen für IIII oder V oder VI mönschen.«

An der »groszen vast nacht de convent« kochten die Nonnen:

»Ite i wurz sup, bygericht kalbsz köpff un krüsz, rote rüben. Zu nacht brieg un fleisz un capp, sur milch. Am mendtag i grien erweisz supp, i milch müsz un kechel, Am zynstag i eyger brieg un halbe wiszbrot küchelen un sweykesz.
Zu nacht i keszbrieg, eyger in der schalen, milrom wiszbrot, i in dry, un küchel.
In der vaste am sundtag hering, zu nacht visch oder küchel.
Am mendtag plattüsel.
Am zynstag hering.«

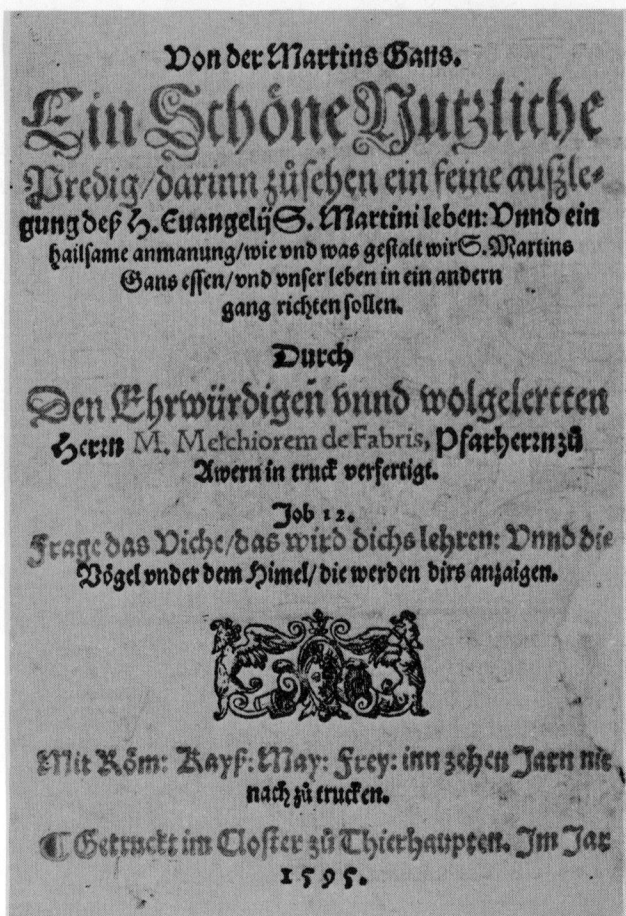

Titelblatt des Traktats zur Martinsgans, eine realistische, kulinariabezogene Predigt von 1595

Warum ausgerechnet eine ganze Anzahl geistlicher Herren in alten Zeiten ein so enges Band um Leib *und* Seele geschlungen haben, hat tiefere Gründe. Zunächst einmal waren es oft Söhne von Bauern oder Gutsherrn, die das pfarrherrliche Barett aufgesetzt bekamen, zum anderen blieben sie häufig der Scholle verwachsen, wenn ein Bauernhof zu ihrer Pfarrei gehörte oder wenn sie als Klosterbrüder ihren landwirtschaftlichen Betrieb zu versehen hatten.

Darüber hinaus aber war ihr Beruf in früheren Zeiten so ganzheitlich aufgefaßt, daß die Schäflein des Herrn mit ihrem totalen Sein, also samt Fleisch und Wolle, von den geistlichen Hirten betreut wurden. Die Kirche als Mittelpunkt der geist-seelischen wie wirtschaftlich-menschlichen Schau kümmerte sich auch um das körperliche Wohl der Ihren und erteilte neben den schon in der Bibel verankerten Speisevorschriften und Fastengesetzen vielfach Rat und Mahnung, richtig und mäßig zu essen. Das war direkte Fürsorge wie auch soziologisch verankerte Führung, damit sich das Volk nicht durch zu üppige Hochzeits- oder Erntefeste oder durch sonstige Saufereien überschuldete. Überdies war es ja stets zweckmäßig, irdische Grenzen aufzuzeigen, um die oberhirtlichen und grundherrlichen Rechte zu bewahren.

So wurde aus den sicherlich zumeist ehrlich gemeinten, Hilfe versprechenden Predigten und Mahnungen mancherlei »Tractätl« geboren, die eine uns heute seltsam anmutende Mischung aus geistlicher Betrachtung, frommer Meditation und recht erdgebundenen Eßvorschriften geworden sind. In oft geradezu akrobatischer Verschnörkelung gehen Bibelsprüche,

Auslegungen von Briefen der Kirchenväter, zeitgebundene Anschauungen und Gesetze, übertriebene Drohungen für das Seelenheil und vernünftige Ratschläge sowie Kochrezepte eine originelle Verbindung miteinander ein und liefern uns barocke Bilder ihrer Zeit.

1595 hat der Pfarrherr Melchior de Fabris sein Büchlein »Von der Martins Gans« geschrieben. Er nennt es »Eine schöne Nutzliche Predig / darinn zusehen eine feine Außlegung des H. Evangelii S. Martini leben: und ein heilsame anmanung wie und was gestalt wir S. Martins Gans essen / und unser leben in andern gang richten sollen«.

Dieses überaus seltene Werkchen wurde im Kloster zu Thierhaupten im Bezirk Aichach, etwa zwischen Dachau und Augsburg, »in truck verfertigt«. Es trägt noch den netten Urheberschutzvermerk: »Mit Röm. Kay. May. Frey: inn zehen Jarn nit nach zu trucken.«

In krausen Ideenverbindungen und Gleichnissen bemüht sich Pfarrer de Fabris den mantelteilenden Sankt Martinus, den schwelgerischen Genuß des ihm zugeeigneten Gänsebratens und die göttlichen Gebote der Enthaltsamkeit beredt zu vereinen. Sein Predigt-Traktat, gespickt mit Kirchenväterweisheiten, vorbildlichen Heiligen, antiken Philosophen, Bibelzitaten und ärztlichen Erfahrungsschätzen, ist eine typographisch prächtig gesetzte Buchgestaltung, ein Werk der Mäßigkeit und richtet sich »ad Prinzipes, an Bauersleuth, Handtwerker, Kauffleuth, Kriegsleuth und Abtrinnige des wahren Glaubens«. Immer wieder muß St. Martins Noblesse und Erbarmen herhalten, um Bescheidenheit zu demonstrieren, immer wieder wird die Nächstenliebe, die teilende Güte, das verständige Haushalten, das gemäße Leben angepriesen. Leider kommt nie der Gänsebraten selber ins Gespräch, er hat nur Gleichniswert und sollte insbesondere dem Buchtitel einen lesenswerten, lebensnahen Anreiz geben.

Das ander Tractätl.
De Conuiuijs & Compotationibus:

Darin mit lustigen Historien vnd Exempeln von den gebräuchen der Gastereyen / Panckheten vnd Zechens / so wol auch von der antiquitet, Tugent / effect vn: wirckung deß Weins vnd Weintrinckens / gantz artlich vnd mit einführung geschwenckiger Bossen discurirt wirdt.

Durch
ÆGIDIVM ALBERTINVM
Fürstl: Durchl: in Bayrn
Secretarium.

Gedruckt zu München / durch
Nicolaum Heinricum.

Jm M. D. XCIIX. Jar.
Cum licentia superiorum.

Titelblatt des Tractätl von Aegidius Albertinus über das Essen und Trinken

Der Hl. Martin mit der gackernden Gans

Da ist Aegidius Albertinus (1560–1620) zu nennen. Fürstliche Durchlaucht, in Bayern Secretarius, der »Das ander Tractätl. De Conuiuijs & Compotationibus: Darinn mit lustigen Historien und Exempeln von den gebräuchen oder Gastereyen / Panncketen und Zechens« geschrieben hat. Es ist 1598 »In Truck außgangen« bei Nicolaus Heinricus zu München und stellt eine moralische Schrift über die Laster des Schlemmens und Weintrinkens dar.

In geradezu ungeheuerlichem Strafpredigt-Stil wird der »Fraß« und vielerlei in Kapitel gefaßte Begründungen als Todsünde gegeißelt und der Höllenpfuhl in düstern Bildern dafür angezeigt. Mit aller Kraft des Herzens und erhobener Stimme sagt Aegidius den erschauernden Lesern seiner Bücher und den frommen Hörern seiner Predigten, was ihnen begegnen wird, wenn sie der Sünd' nicht lassen und sie weiterhin so gut leben wollen, wohlgemerkt nach einem schweren Jahr der Arbeit und bei einem der so seltenen Feste ihres sonst kargen Lebens. Aber er meint es nicht nur zu Nutz der Gemeinschaft, sondern auch gut für den einzelnen und spricht all denen zu Herzen, die da zu viel saufen und völlern. Das donnert nur so aus seiner Feder und liest sich so: »Der allererst, so das Panncketiren hat inn der Welt auffbracht / ist gewest der verflucht Sathan ... Seneca spricht: Der Fraß machet den Menschen allein wollüstig / sonder auch ohnkräftig / machtlos / contract und aussetzig ... dann im vil essen / wird vil krankheit sein / und vom Fraß wird dir die Galle übergehen. Von wegen des Fraßes seind vil zuboden gangen. Wer aber messiglich lebt / der wird seinem Leben zuthun.« Und weiter:

»Es ertrinken mehr im Glas / dann im Wasser. Der Bachus bringt mehr umb / dann Mars im Pallas.«

Ob's wohl was geholfen hat, sein Wettern und Drohen? Das »Ander Tractätl« des Aegidius jedenfalls ist sehr selten geworden und längst verhallt, aber das Wirken seines Verfassers am Bau der Theatinerkirche und seine ordnende Kraft als Hofkanzler und nach 1590 als Bibliothekar von Herzog Maximilian von Bayern sind von bleibendem Wert. Aegidius, der aus Holland stammte, war ein weltgewandter Mann, der auch fremde Sprachen beherrschte; unter anderem Spanisch. Sein »Tractätl« ist wohl teilweise aus dem Spanischen übersetzt und beweist, daß nicht nur im saftigen Bayern allzu gutes Leben von der Obrigkeit recht ungern gesehen wurde.

Köche beim Bereiten von Teig und Pasteten in der vatikanischen Küche

1581 kommt das bedeutendste deutsche Kochbuch mit auch schon ausgesprochenen deutschen Rezepturen heraus. *Max Rumpolt*, der Mundkoch am fürstbischöflichen Hof zu Mainz, wahrscheinlich unter Erzbischof Brendel von Homburg (1555–1582), ein weitgereister Fachmann, bringt darin eine erstaunlich reiche Zahl von Rezepten, Belehrungen, Küchenwinken und Menüvorschlägen. Alles ist wohlgeordnet in Kapiteln und mit einem langen Inhaltsverzeichnis versehen. Das Prachtwerk enthält über 500 Holzschnitte. Hier eine Auswahl seiner Rezepte:

Von Foren oder Forellen seind achzenerley Speiß und Trachten zu machen.

Forellen trocken abgesotten, fein blau

Die Rucken abgesotten fein blau. Nimm halb Wasser / halb Wein und Saltz darein / daß du es auch nicht versaltzest / setz es auff das Feuer / und laß sieden / Nimm die Foren / thu sie auff / und wasch sie fein sauber auß / wenn du sie hast außgewaschen / so gieß guten sauren Essig darüber / der fein laulicht ist / so werden sie fein klein / wenns siedet / so schütt es in das Fischbadel. Hastu aber kein Weinessig / so nimm Bieressig / der fein laulicht ist / hastu kein Wein in die Fischbadel zu giessen / so nimm desto mehr Essig / und schau versaltz es nicht / so wird es gut und wohlgeschmack.

Dieses Rezept ist dem heutigen völlig gleichwertig. In halb Wasser und halb Wein, ohne die Brühe zu versalzen, läßt man die Forellen sieden, nimmt sie heraus und gießt langsam Essig darüber. Wenn kein Weinsud vorhanden ist, kann man Bieressig nehmen. Es wird empfohlen, Wein an den Fisch zu gießen.

Ochsenlungenbraten

Nimm ein Ochsenlungen Braten / steck in an und brat ihn / und wenn er halb gebraten ist / so mach in eyn in Ruckenteig (Roggenteig) / in eine auffgetriebene Pasteten / hack Limonien / Zwibel und Speck durcheinander / thues in die Pasteten über den Lungen Braten / thu Pfeffer / Ingwer / ein wenig Neglein / und ein wenig Saltz darüber / machs zu / und laß backen / schütt durch das Lufftloch ein angemachten Pfeffer / so wirt es gut und wolgeschmackt.

Diesen fertiggemachten Filetbraten hüllt man in einen Roggenteig (Blätterteig) und macht ein Loch oben hinein. Dann bereitet man aus Speck, Zwiebel, Zitronenschale, Pfeffer, Ingwer, Nelken und Salz eine pikante Soße und gießt sie oben hinein. Dann wird die Pastete fertiggebacken: »so wirt es wolgeschmackt«.

Gekochte Ochsenzunge

Nimm ein Ochsenzung / die gesotten ist / und schneidt sie fein breit / und wenn du wilt von einem weissen Teig ein Pasteten aufftreiben / so nimm lauter Eyerdotter und Butter / mach ein Teig damit an / der fein steiff ist / und treib ein Pasteten auff. Hastu aber nicht lauter Eyerdotter / so nimm Dotter und weiß durcheinander / so ist es auff beyde manier gut. Mach die Zungen in eine Pasteten / mit Pfeffer / Ingwer / schwartzen Rosein / und frischer ungeschmältzter Butter / oder mit Speck / der klein gehackt ist / machs zu / und back es / gibs warm auff ein Tisch / so ist es gut und wolgeschmack.

Die gekochte Ochsenzunge wird in einen feinen Pastetenteig mit Eierdottern und Butter gehüllt und dabei mit Pfeffer, Ingwer, schwarzen Rosinen, Butter oder Speck umgeben, gebacken und warm zu Tisch gebracht.

Rostbraten

Nimm Rindtfleisch / das fein fleischig ist / sonderlich vom Hinterlauff / legs auff ein Roßt / und breuns wol ab / schneidt Speck eines Fingers dick / und spicks damit / pfeffers mit Pfeffer / Ingwer und Saltz / schlags in ein Ruckenteig / und wenn du es wilt in ein Ofen schieben / so bestreichs mit Eyern / so wirt es sich schon backen. Und wenn du es schier wilt auß dem Ofen thun / so geuß Weinessig / oder

Im ein Ochsenlungen Braten/steck jn an vnd brat jhn / vnd wenn er halb gebraten ist/so mach jn eyn in Ruckenteig/in eine auffgetriebene Pasteten/hack Limonien/Zwibel vñ Speck durcheinander/thu es in die Pasteten vber den Lungen Braten/thu Pfeffer/Ingwer/ein wenig Neglein/vnnd ein wenig Saltz darüber/machs zu/ vnd laß backen / schüt durch das Lufftloch ein angemachten Pfeffer/ so wirt es gut vnd wolgeschmackt.

Nim ein Ochsenzung/die gesotten ist/vnd schneidt sie fein breit/ vnd wenn du wilt von einem weissen Teig ein Pasteten aufftreiben/so nim lauter Eyerdotter vnd Butter/mach ein Teig damit an/der fein steiff ist / vnd treib ein Pasteten auff. Hastu aber nicht lauter Eyerdotter/so nim Dotter vnnd weiß durcheinander/so ist es auff beyde manier gut. Mach die Zungen in eine Pasteten/mit Pfeffer/Ingwer / schwartzen Rosein / vnnd frischer vngeschmältzter Butter/oder mit Speck/der klein gehackt ist/machs zu/vnd back es/gibs warm auff ein Tisch/so ist es gut vnd wolgeschmack.

Nim Rindtfleisch / das fein fleischig ist/sonderlich vom Hinterlauff/ legs auff ein Roßt / vnd breuns wol ab / schneidt Speck eines Fingers dick/ vnd spicks damit/pfeffers mit Pfeffer/Ingwer vñ Saltz/schlags in ein Ruckenteig/vnd wenn du es wilt in ein Ofen schieben / so bestreichs mit Eyern/ so wirt es sich schon backen. Vnd wenn du es schier wilt auß dem Ofen thun/ so geuß Weinessig/oder schwartzen Pfeffer/der wol angemacht vñ zugericht ist/durch das Lufftloch/laß damit backen biß gär wirt / vnd wenn du es auß dem Ofen nimpst/so mach das Lufftloch mit Ruckenteig zu/daß der dampff nicht herauß gehet/laß also kalt werden / so wirdt es gut vnd wolgeschmack. Oder nim Gewürtz vnd Saltz/vnd beiß vber Nacht/ehe du es eynschlegst/ so ist es gut vnd wolgeschmack.

Originalrezepte aus Rumpolts großem Kochbuch von 1581

schwartzen Pfeffer / der wol angemacht und zugericht ist / durch das Lufftloch / laß damit backen biß gar wirt / und wenn du es auß dem Ofen nimpst / so mach das Lufftloch mit Ruckenteig zu / daß der dampff nicht herauß gehet / laß also kalt werden / so wirdt es gut und wolgeschmack. Oder nimm Gewürtz und Saltz / und beiß über Nacht / ehe du es eynschlegst / so ist es gut und wolgeschmack.

Rindfleisch vom Hinterteil wird auf einen Rost gelegt und gebraten. Dann wird Speck fingerdick geschnitten und das Fleisch gespickt, mit Salz, Pfeffer und Ingwer gewürzt, in einen Roggenteig (Blätterteig) eingeschlagen und in einen Ofen geschoben, mit Eiern bestrichen und gebacken. Kurz vor dem Fertiggaren gießt man Essig oder eine schwarze Pfeffersoße in das eingeschnittene Luftloch der Pastete und bäckt sie gar. Das Luftloch wird jetzt zugemacht und der Braten kalt gestellt.

Von alten Hennen seind zwey und zwantzigerley Speiß vnd Trachten zu machen.

Gesotten Hennen in einer Brüh

Auff Ungerisch gelb eyngemacht Hennen. Nimm Epfel und Zwibel / auch Limonien / hack sie klein / Nimm darnach ein Rindtfleischbrüh / und setz sie zu / und laß sieden / biß daß gar eyngekocht. Nimm die Hennen / die gesotten ist / und doch noch sieden bedarff / thu das Gehack in ein überzinten Fischkessel / geuß lauter Wein und ein wenig Essig darein / leg die Hennen darein / und laß darmit sieden / machs dar-

nach ab mit Gewürtz / Pfeffer und Saffran / und zuckers wol / laß darmit sieden / daß ein kurtze Brüh gewinnet. Du kannst auch wol ein wenig Brot darein hacken / so wirt es ein wenig dick davon / schneidt ein wenig Bertrumkraut daran / oder magst Limonien darein schneiden fein breit / so ist es gut und zierlich.

Zu dieser ungarisch eingemachten Henne nimmt man Äpfel, Zwiebel und Zitronenschale, hackt sie klein und kocht dies in einer Rindfleischbrühe so lange, bis alles ziemlich eingekocht ist. Darin läßt man die fertiggekochte Henne noch einmal sieden, gießt Wein und wenig Essig darüber, fügt Safran und etwas Zucker hinzu. Die Soße kann mit Brot eingedickt werden. Zuletzt würzt man noch mit Bertram (Garbe, Kamille). In die gelbe Soße kann man auch noch aufgeschnittene Zitrone geben.

Eingemachte Henne

Schwartz eyngemachte Hennen. Glid sie ab / oder laß gantz / wie du es haben wilt. Wenn du sie abglidst / so setz sie zu mit Hennenschweiß / schneidt Brot / Epffel und Zwibel darein / und Bertrumkraut / laß darmit sieden / biß die Hennen schier gar ist / säuber sie auß / und streich den Schweiß durch ein Härin Tuch / so wirts fein lieblich schmecken nach dem Kraut / Thu die Henne widerumb darein / würtz es ab mit Pfeffer und Zimmet / und ein wenig Saffran / und laß darmit auffsieden. Magst den Schweiß süß oder saur machen / ist es auff beyde manier gut.

Schwarz eingemachte Hennen werden zerlegt (glid sie ab) oder ganz gelassen und mit Hühnerblut, Brot, Äpfeln, Zwiebeln, Bertram-Kraut und Salz in einer Brühe weichgekocht. Man streicht die Soße durch ein Sieb und schmeckt sie feinlieblich ab. Dann gibt man das Hühnerfleisch hinein, würzt mit Pfeffer und Zimt sowie Safran und läßt es noch einmal aufkochen.

*Die Nider aufgesezte marbe Pasteten,
mit subtiller Füll.*

Reich verzierte Pastete

Von einem Zaunkünig

Kanstu braten oder eynmachen / wie sonst von einem
kleinen Vogel.

Von einem Star

Die Staren kanstu braten / oder eynmachen in Pasteten / wie es dir gefellt.

Von einer Amssel

Die Amssel kanstu braten und eynmachen / es sey
schwartz / gelb / weiß / in seiner lautern Bruh / oder
fein warm in Pasteten / wie man es haben wil.

Von einem Widhopff

Kanstu nemmen zum Braten / oder zum eynmachen /
es sey weiß / gelb oder schwartz / mit einem guten
Pfeffer / wie vorhin vermeldt ist / wie man sie machen sol.

Die Lerchen werden in einer guten, fetten Hennenbrühe mit Petersilie und Muskatblüte gekocht. Sie
werden aus der Brühe genommen und auf Weißbrotscheiben angerichtet. Man kann sie auch ohne Brot
anrichten, denn einem kranken Menschen »graust vor
dem Brot«.

Lerchenbraten

Daß mans brät fein im Safft / oder daß mans zum
eynmachen nimpt / es sey gelb / weiß / schwartz /
oder mit einer Hennenbrüh / fein lauter mit Petter-
silgen Wurtzel / oder ein Gestossens darauß gemacht
/ denn die Lerchen haben eine besondere eygenschafft
/ daß sie Krancken nicht schäuwlich seind / und koch
sie wie du wilt / so ist es ein gesundes Essen.

Sie werden im eigenen Saft oder »eingemacht« in
einer Essigbrühe, gelb mit Safran, weiß mit Mandeln
oder schwarz mit Blut und Pfeffer in einer Hühnerbrühe gegart. Man gibt viel Petersiliewurzeln daran,
denn die Lerchen haben dann einen besonders feinen
Geschmack. Sie sind für Kranke ein gesundes Essen.

Lerchen gekocht

Lerchen in einer lautern Brüh gekocht. Nimm die Lerchen / und quell sie in lauterm Wasser / säuber sie
auß / seig ein gute Hennenbrüh darüber / thu Petter-
silgen Wurtzel und Muscatenblüt darein / laß es
damit sieden / und daß die Hennenbrüh ein wenig
feißt sey. Wenn du wilt anrichten / so nimm gebeht
Schnitten Brot von einem Weck / richt die Lerchen
fein darauff an / so ist es gut und wolgeschmack.
Oder du kanst wol anrichten ohne Brot. Denn einem
krancken Menschen graust yor dem Brot.

Von einer Drostel

Die Drosteln kanstu braten oder eynmachen / es sey
schwartz / gelb / weiß / oder in einer lautern Brüh /
oder in Pasteten eyngemacht / fein warm / ist es auff
beyde manier gut zu zurichten.

Drosseln kann man braten oder in einer schwarzen
Pfeffersoße oder in einer gelben Safransoße oder in
einer weißen Mandelsoße einmachen oder auch kräftig
in Brühe kochen oder in einen Pastetenteig gehüllt
backen.

Modernes Menü nach alten Rezepten:
1967 wurden vier Gerichte aus dem »Rumpolt« für das »Goslarsche Bankett« in alter Manier neu erprobt:

1. Gang
»Aus einer Forelle Karpfen zu machen«

Nimm Forellen, nimm sie aus, krümme den Kopf zum Schwanz hin und steck einen Spieß hinein, so bleiben sie rund; einsalzen und eine Weile im Salz liegen lassen.

Olivenöl heiß machen, die Forellen gut abstreichen, daß das Salz davon kommt. Lege sie ins heiße Öl, nicht zu lange darin backen, herausnehmen und erkalten lassen. Wenn der Fisch kalt ist, so mache das Öl wieder warm, das tue man drei- oder viermal, lasse aber den Fisch nicht brennen. Wenn man den Fisch zum Schluß aus dem Öl nimmt, lege man ihn auf Lorbeerblätter.

Zu Tisch gibt man die Forellen trocken, ohne Essig, so sind sie gut im Wohlgeschmack, denn man findet nicht allzeit die rechten Karpfen, man kann sie auch aus Forellen machen.

2. Gang
»Torteletten von der Hennenbrust«

Nimm die Brust von Hennen, wenn sie gesotten sind, hacke sie klein und reibe einen weißen Wecken darunter und verrühre alles mit Eidotter und schmecke es mit Salz ab. Schau, daß man es nicht versalze. Wenn man die Masse angemacht hat, nehme man eine Pfanne, tue Butter hinein und auf dem Feuer heiß werden lassen. Nun streiche man die Masse in die Pfanne, nicht zu dick, schnell ausbacken lassen, wenden, ebenfalls ausbacken und herausnehmen. Man kann statt einer großen Tortelette auch drei kleine in die Pfanne geben. Diese Torteletten von Hennen sind gut zu essen von kranken und gesunden Menschen.

3. Gang
»Ochsenrücken am Spieß auf Weißem-Gefipff«

Nimm einen Braten aus dem Rücken eines Ochsens (Hohe Rippe), wasche ihn, salze ihn ein, stecke ihn an den Spieß und lasse ihn braten. Ist der Ochse jung, so wird's ein mürber Braten, man findet am ganzen Ochsen nichts Besseres.

Willst Du ihn anrichten, so nimm neue Nüsse, nimm die Kerne heraus und schäle sie, ebenso frische Mandeln. Nüsse und Mandeln werden mit Knoblauch-Zehen gestoßen oder zerrieben. Man nehme eine gute heiße Hennenbrühe ohne Fett darauf, weiche einen weißen Wecken darin ein und lasse alles kalt werden. Den eingeweichten Wecken tut man zu den gestoßenen Nüssen, Mandeln und Knoblauch und vermengt alles gut. Ist es zu dick, nimmt man etwas von der Brühe dazu und macht es dünn, so bleibt die Masse schön weiß.

Ist der Braten fertig, wird er auf einer Schüssel auf dieser Masse angerichtet, nicht warm machen. Dieses ist ein herrliches Essen, man mag es geben für König und Kaiser.

4. Gang
»Gebackene Ziweben«

Nimm Weintrauben, stecke sie an einen hölzernen Spieß und wende sie in einem Teig, der mit Wein angerührt ist. Wirf diesen Spieß in heiße Butter und lasse alles ausbacken. Dann ziehe den Spieß heraus und trenne die Weintrauben der Länge nach voneinander, gib sie warm zu Tisch und bestreue alles mit Zucker, so ist es wohlschmeckend.

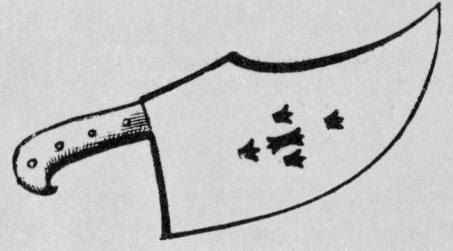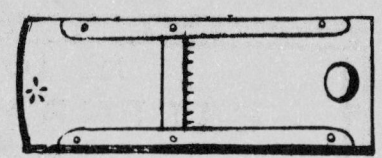

Formgerechtes Hackbeil und »modernes« Reibeisen aus der päpstlichen Küche um 1630

Zu diesen Gerichten hatte Goslars Bäckermeister Wolf ebenfalls nach alten Rezepten mittelalterliche Brotfladen gebacken. Die Einbecker Brauerei hat es sich nicht nehmen lassen, eigens für das »Goslarsche Pancket« echt altdeutsches Starkbier zu brauen. Es paßte sehr gut.

Es ist überhaupt modern geworden, nach alten Rezepten zu kochen. So werden im Hotel-Kloster Hirsau zurzeit alte Gerichte neu entdeckt und z. B. »Gefüllte Kalbsbrust mit Abtei's-Knödeln« gereicht. Mag das auch ein wenig Nostalgie sein, immerhin bleibt die Erinnerung an die gute alte Klosterküche wach.

Johannes Colerus bringt 1592 in seinem *»Kalendarium perpetuum«* unter anderem:

Ein höflich Essen von einem Pfawen zu machen

Wiltu machen ein höflich essen von einem Pfawen / so pflücke jn rein / und las den schwantz und auch die feddern am Heupte gar dran bleiben / und verbind den schwantz / so wol als auch das Heupt mit nassen Tüchern / das sie wohl verwaret sein / und stecke den Pfawen an einen Spies / und brate jn fein abe / wenn er denn gebraten ist / so lege jn auff eine Schüssel / und mache den hals hübsch / das er empor stehet / und zeuch eyserne drethe durch die federn am schwantze und breite jn fein von einander / und mache darauff eine gute brühe oder gehl soth / und mache eine farbe darauff von Mandelkernen / und Rosincken / und ziere jn wol und gib jn hin.

Ein gut soht auff gebratene Trappen

Kranchen / Schwanen / Birckhanen / Awerhüner / Fasan / Pfawen / Siegelhüner / Rephüner / oder andere gute Vögel / und Rehekeulen zu machen.

Nim ungeschelte Mandeln auff eine Pfanne / und röhste sie wol abe / stoß sie in einem Mörsel / wirff darzu etliche Bäheschnitten von Semmel / und stoß das flucks durcheinander auffs allerkleineste / nim darzu einen guten Wein / seige das durch ein Tuch / thue das in einen Topff / las es auffsieden / thue Zucker darein / mache ihm einen lieblichen schmack / süßlich oder sewerlich / wie dirs am besten gefelt / würtze es ab mit Ingber / Muscaten / Muscatenblumen / und wenn das Soth fertig ist / so gebrauche es auff vorgenante Geflügel oder Wiltpret / Und wenn du es anrichtest / so bestrewe es mit Emameey (?) und gibs hin.

Wiltu ein gut Hirschenwilpret oder Rehenwildpret machen / so gebrauch darzu dieses Soth / wie oben bezeichnet stehet.

Ein Rindern braten auff Ungerisch

Nim einen Rindern braten der gut ist / lege jn in kalt Wasser / las jn über nacht liegen / darnach zuschlage jhn mit einem knüttel / saltz jhn ein / darnach brate jn kaum halb auff einem Rohste / darnach nim einen guten Wein / darzu ein wenig Essug / schele etliche Zwippeln / schneid sie fein klein / nim eine Hand voll Jachandelbeer / darzu Kümmel / so viel dich dünckt / zuschneide einen Apffel oder vier fein klein / mische das alles durcheinander / würtze das mit Pfeffer / Ingber / Muscatenblumen / und Saffran / lege den in einen reinen Topff / geus den Wein darauff / und schütte das auch darzu. Darnach nim eine stürtze / decke den Topff zu / und schmier jn fein zu / das der brodem nicht haus kan / las das also in jm selber sieden / bis dich dünckt / das es wol eingesotten / und des sothes nicht viel ist / mache den Topff fein auff / und gib den braten also auff die Schüssel.

M. IOHANNIS COLERI
CALENDARIUM PERPETUUM,
Et Libri Oeconomici;

Das ist / Ein stetswerender Calender / darzu sehr nützliche
vnnd nötige Haußbücher.

Vor die Hauswirt/Ackerleut/

Apotecker / Lauffleute / Wandersleute / Weinhern /
Gärtner / den gemeinen Handwercksleuten / vnnd all den jenigen /
so mit Wirtschafften oder Gestung vmbgehen.

Darinnen begriffen ist:

Ein gemeine Prognostication, auff eine jedere zeit des
Jahrs, alle Kreuter / Wurtzel / Blumen vnd Samen / die man in einem jeden Monat zur Artzney nützlich samlen sol / Auch wie sich ein Mensch
in Essen vnd Trincken / vnd andern sachen der Gesund-
heit dienlich halten sol.

Mit K.S.m. K.y: May. Freyheit nicht nachzudrucken.

Wittemberg /
In verlegung Paul Helwigs Buchfürers doselbst.

Behemische Erbsen zu kochen

Reibe sie ab / als vor geschrieben stehet / Cap. 35 und las sie hübsch treuge werden. Darnach nim ein Schweinen Fleisch / das hübsch unterwachsen ist / seud das Fleisch in einem reinen Topff weich / und wenn es denn gesotten / so schneid es klein / fein würffelicht / thue es in einen Thanen Tigel / und nim darzu ein Schmaltz / und schütte darzu die Erbsen also gantz / undsaltze sie hübsch zu massen / und setze sie über das Fewer / und las sie fein braun werden / und richte sie an.

Einen Hecht sewerlich zu sieden

Wiltu einen Hecht hübsch sewerlich machen oder haben / so schüpe den Hecht rein / wie oben geschrieben stehet / und nim darauff Essig und geringe Bier / oder einen guten Wein / wie du jhn am besten haben wilt / und Pfefferkuche / mache drauff ein hübsch braun Soth / von Kirschen oder Welschen Nüssen / und würtze das mit Nelcken / Pfeffer / Ingber / Muscatenblumen / Cinamey / und mache ihm einen hübschen lieblichem schmack / süsse oder sawer / wie es dir am besten gefelt / koste es zu rechter massen / richts an / und gibs hin. Wiltu / so magstu kleine Rosincken darein schütten. Also mag man sieden allerley Fische / als Persken / Carutzen / Jessen / Zerten / etc.

Zum Abendessen ein gebacken Hecht

Backe den Hecht in Butter oder Ohl / darnach nim einen süssen rahm / schlage darein zwene oder drey Eyerdotter / las die Milch mit den Töttern sieden / mische das sie nicht zusammen laufft / würtze mit Pfeffer / Ingber / Muscatenblumen / und Saffran / wenn du den Hecht gebacken hast / lege jn auff die Schüssel / und geus den Rahm oben drauff.

Würste von gehackten Fischen zu machen

Wiltu denn von Fischen Würste machen / so nim darein Nelcken / Muscatenblumen / kleine Rosincken / Saffran / und temperirs wol abe / wie vorgeschrieben ist / und mache von deselben Fischen Würste / eines fingers lang / und lege sie in ein sieden wasser / las es wol sieden / und wenn sie gesotten sein / so nim sie heraus / und mache darauff ein braun Soth. Nim geringe Bier und Essig / und Pfefferkuchen / und las es wol sieden / und würtze es ab zu rechter masse mit allerley Würtze. Wiltu es gut haben / so nim darunter einen guten Wein / und schütte kleine Rosincken daran.

Was der hochwürdige Abt von Münster-Schwarzach an den Festtagen aß

Vom Ende des 17. Jahrhunderts wird ein besonderes Rezept von einem Karpfen überliefert.

Interessanterweise hat es Rudolf Katzenberger, der bekannte Adlerwirt von Rastatt und Gastrosoph von hohen Graden, ausgegraben und nachgekocht. In einem Interview mit der Kochbuchautorin Salcia Landmann hat er darüber gesagt:

»Es gibt eine Reihe herrlicher regionaler Klostergerichte für ›Fasttage‹ mit Fischen aus unseren Bächen, Seen und Flüssen, zum Beispiel das des Klosterkarpfens des hochwürdigen Abtes von Schwarzach. Um 1700 herum wurde das Rezept glücklicherweise von einem Mönch aufnotiert, ich habe es hervorgesucht und in mein Repertoire eingebaut: Karpfen – wildlebende natürlich! – halbieren, jede Hälfte in 6 Tranchen schneiden, das Ganze mit Kräutern, zerschnittenem Wurzelwerk und Weißwein (wie Siedfleisch) $3/4$ Stunden leise simmern lassen. Dabei kocht sich das

Fett des Fisches aus, er wird salmrosa und durch-
drungen von Kräuteraroma und Wein. Aber versuchen Sie ja nicht, das Gericht aus Zuchtkarpfen zu bereiten! Da werden Sie in puncto Farbe und Aroma
Enttäuschungen erleben!

Ich serviere den Klosterkarpfen mit dem zur Julienne
zerschnittenen Wurzelwerk darauf und zerlassener
Butter und Nudeln dazu. So aß man ihn in den Klöstern, bevor Amerika entdeckt war und es bei uns
noch keine Kartoffeln gab. Die Gäste machen immer
große Augen über die Kombination von Fisch und
Nudeln. Wenn sie es aber einmal gekostet haben,
wollen sie es immer wieder haben!«

Teigwaren, natürlich selbstgemachte, eiergelbe, sind

eine erstaunliche Beigabe zu Fisch, denn Kartoffeln
kommen erst im 18. Jahrhundert langsam in die Küchen, obwohl Rumpolt schon 1604 ein Kartoffelre-
zept in der zweiten Auflage seines Buches bringt.

Auch Reis galt als Beilage, aber er mußte gut gekocht
sein. Ein Pater Angeli sagt, jedenfalls schon 1684 in
seinem »Gazophylacium«:

»Alle Reisenden bestätigen, daß weichgekochter
schlappriger Reis den Orientalen größten Ekel verur-
sache, denn sie behaupten, der aufgelöste Leimstoff er-
fülle und beschwere den Magen. In der Tat gehen
auch die Europäer, die sich in der Levante nieder-
lassen, sehr bald zu dieser Ansicht über.«

Aus dem Lateinischen übertragen von C. S. G.

Große Wirtschaftsküche von 1571

Das 17. Jahrhundert ist voller Widersprüche: Aufklärung und lockeres Mönchstum, barocke Üppigkeit und Reformation, Dreißigjähriger Krieg und große Kunst, Fortschritte aller Wissenschaften und Pest-Epidemien, Glanz und Tod, Schönheit und Elend. Wo Raub und Mord gerade nicht herrschten, geht das Leben fröhlich weiter, während große Gebiete leer und verwüstet liegen. Erst nach dem großen Krieg beginnt ein neuer Aufstieg, ein ungeheurer Lebenshunger. Zerstörtes wird größer, schöner aufgebaut. Versäumtes verschwenderischer nachgeholt. Die Küche zieht natürlich mit, noch nicht fürs breite Volk, aber für den gewachsenen Mittelstand, für die Städter, für den Klerus, für die Herren. Das gibt Auftrieb und vor allem Kochbücher. In den Klöstern wechselt das Dasein zwischen Wohlergehen und Not, je nachdem sie im Durchgangsgebiet der feindlichen Truppen liegen oder nicht.

Noch völlig unberührt vom Geschehen ist Italien. Dort präsentiert sich in Pergament, erstmalig sogar mit Goldschnitt, prächtigen Tafeln und Initialen auf hauchfeinem Bütten gedruckt, 1605, 1610 und rasch danach 1620 erneut das Werk des Leibkochs von Papst Pius V. (Cuoco Secreto di Papa Pio Quinto) mit seinem wohlklingenden Namen *Bartolomeo Scappi*. Das damals höchst seltene Porträt eines Kochs leitet das über 600 Seiten starke, schöne Kochbuch selbstbewußt ein. Da noch in einer guten Zeit erschienen, enthält es die Aufstellung riesiger Bankette, und schon die genauen Rezepte dazu. Sie sind in 75 Kapiteln wohlgeordnet und in hübschem, alten Italienisch geschrieben. Da gibt es Indische Enten in aufgeschmälzter Brühe, Kapaunenpastete, Kräutertorte Bologneser Art, Haustauben in Brühe, Makkaronisalat, Birnenkuchen, Weiße Quark-Torte, Kalbszunge mit Pilzen, Granatapfelsoße und so manches andere mehr, was uns staunen macht. Natürlich sind auch viele Schaugerichte aus älterer Zeit dabei. Das bedeutsame

Werk enthält 28 ganzseitige Holzschnitt-Tafeln, die das Standardgerät der päpstlichen Küche und auch alles, was zur Reise- und Kriegsküche gehört, zeigen. Sehr viele Abbildungen hier stammen daraus und zeigen nach zeitgenössischen und wohl auch älteren Modellen, welche Art von Koch- und Küchengeräten damals verwendet wurde. Wunderschön gedruckt, beinhaltet es viele Speisenfolgen zu den einzelnen Tageszeiten wie auch Festen, Fastentagen und Empfängen, sogar ein Konklave und die Grabrede, die Scappi zum Tode Papst Pauls III, in dessen Dienst er vorher stand, hielt, ist abgedruckt.

Von späterer Hand ist auf die letzte Seite ein »Pranzo Carlo V. 1535«, ein »Pranzo Cardinal Merry del Val 2. Juni 1914« und ein päpstlicher Empfang für »S. M. L'empereur Charles (von Österreich) 12. Mai 1918« eingetragen.

Beigebunden ist »Il Trinciante di Vicenzo Cervio«, also ein Tranchierbuch vom Koch Cervio des Kardinals Farnese. Das Buch kam 1593 in Venedig heraus. Es muß die besondere Atmosphäre in den Küchen der hohen Geistlichkeit gewesen sein, die ihre Köche

Ein Transchiermeister legt den Gästen vor

Fürstliches Festmahl aus dem Kochbuch des päpstlichen Hofkoches Messisbugo, 1549

veranlaßte, ihr großes Wissen, ihre Kunst zu Repräsentieren und die ästhetische Aufmachung des Dargebotenen mit Lust zu beschreiben, denn es ist erstaunlich, wie viele Kochbücher es aus der Feder klerikaler Köche gibt.

Hier einige ausgewählte Rezepte aus dem Kochbuch von Platina und Scappi:

Von ainem brattnen Ferlin

Stiche ein junges Ferlin / das noch an seiner mutter milch ist / schab die har sauber ab der haut / schneid darnach ob dem rugken / nimb herauß was im bauch ist / Die leber mit der faiste (Fett) / mit Knoblach und andern wolschmeckenden kreüutlein klain geschnitten / Mische darunder den geribnen käß, härte ayr / zerstoßnen Pfeffer, Saffran etc. thu es fein umbgewendet in das Ferlin / nähe es zu / Man mags kochen / oder an ainem brat spyß bey einer langsamen glut fein bratten / so ists gut / Jnn dem aber so es brat / soll mans offt treuffen mit essig / Pfeffer / Saffran / zusamgemischt mit Salvienn oder Roßmarin / oder Lorber bletlin / Das mag man auch thun / so man genß / Enten / Kranich / Capaun oder hüner brattet.

Ein ganzes Zicklein am Spieß zu braten

Ein Zicklein muß, um gut zu schmecken, noch saugen (essere di late). Denn hat es erst geweidet, so ist das Fleisch nicht mehr saftreich, sondern es wird zäh. Derartige kleine Tierchen wollen in der besten Jahreszeit genossen werden. Diese beginnt im Januar und dauert den ganzen Juni über. In Rom allerdings findet man sie fast das ganze Jahr. Wenn das Zicklein klein ist, so brüht man es ab wie ein Ferkel und entfernt die Eingeweide und wäscht es innen und außen gut. Dann füllt man es mit einem Gemisch aus Speck, Schinken,

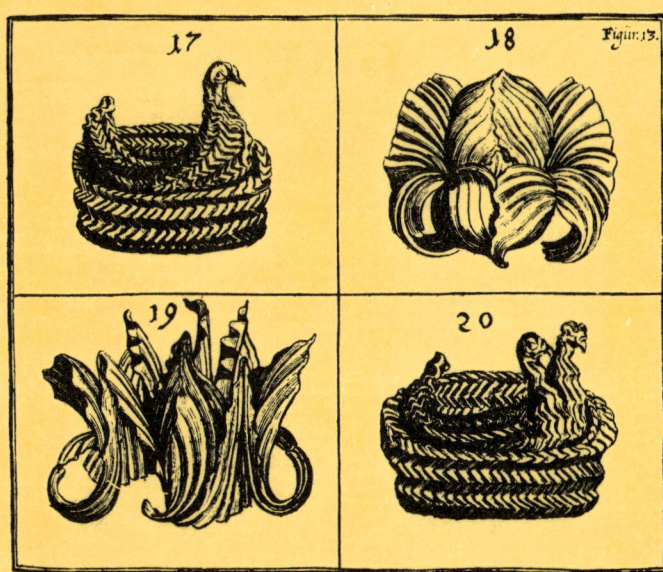

Das elegante Serviettenbrechen gehörte genauso zur damaligen Tafelkultur wie das kunstvolle Anrichten von Speisen in Form lebender Tiere oder hochaufgerichteter Pasteten. Die Kunst, die Servietten in Anlehnung der Speisen zu gestalten, wurde aber allmählich so übertrieben, daß sie ein Eigenleben zu führen begann und sich vom ursprünglichen Zweck einer Serviette entfernte

Innereien, Leber, Rosinen, Pflaumen oder anderen Früchten, ungesalzenem Fettkäse und Eiern. (Im Sommer kann man anstatt der Rosinen und Pflaumen auch andere Früchte, wie frische Trauben, nicht zu reifen Birnen und so weiter, verwenden.)

Hast du das getan, so verschließe das Loch, stecke es an einen Spieß, der sich aber nicht drehen darf, und laß es über kleinem Feuer langsam schmoren. Sobald die Hitze ihre Wirkung tut, reibe es tüchtig mit Speck ein und trage Sorge, daß es nicht anbrennt. Man serviert es heiß. Vor dem Auftragen kann man es mit Apfelsinensaft beträufeln und mit Oliven oder gebackenen Zwiebeln überstreuen.

Solche Tierlein beraubt man nicht des Kopfes noch der Füße. Auf die gleiche Art kann man ein junges Hirschkälbchen, aber auch ein säugendes Rehlein oder eines, das außerhalb der Saison geboren wurde, zubereiten. Letzteres ist sehr beliebt bei vielen Herren.

Gänse- und Entenschmalz zu gewinnen

Man nehme die frische, gerupfte und ausgenommene Gans und fülle sie mit den Brocken einer zweiten

Gans und vernähe die Öffnungen. Auf ganz lindem Feuer setze man sie im Tiegel bei, bis nichts mehr heraustropft. Dieses Schmalz muß im irdenen Topf kühl aufbewahrt werden.

Gänsefleisch galt ja als gewöhnliches Bauernessen, darum wurde nicht der Braten, sondern nur das ausgelassene Schmalz davon geschätzt.

Gefüllte Thunfischrouladen

Da das Fleisch des Thunfisches viel röter ist, denn das anderer Fische und solcherweis an gedörrt Fleisch erinnert, verwendet man's auch gleicherweis. Aus dem mageren Teil des Fleisches schneide spannenlange Streifen, etwa fingerdick, klopfe sie etlichemal mit dem Messerrücken, bestreue sie mit Fenchelblüte und Salz. Aus den fettesten Bauchstücken bereite ein Gemenge mit gut gewässerten, gesalzenen Sardellen und rolle es wurstförmig in die Fischstreifen. Hast du keine Sardellen, so nimm geriebenen Käs, rohes Gelbei mit Pfeffer, Nägelein, Muscatnuß und Saffran. Willst du Knoblauch nehmen, thus nach Geschmack. Sind die Rouladen solcherweis gefüllt, thu sie in in Gefäß, begieß sie fleißig mit Öl, Agrest (Essig) und gekochtem Most und laß sie dämpfen im eignen Saft. Auch Stör kannst du also bereiten.

Fingerletti oder Nudeln zu bereiten und in Öl zu braten

Nimm ein Pfund feinstes Mehl, ein ander Pfund Maronenmilch und gleicherweis geschälte Mandelkern. Koch's auf mit Zucker. Drei Unzen Brot gib hinein, daß sie drin weichen, und drei Unzen süßes Mandelöl, viere weißen Weins darauf. Draus knete einen Teig auf einem Brett oder dem blanken Tisch, rolle aus, schneide Streifen (daher Fingerletti), backe sie in Öl aus und reiche sie mit Zucker bestreut.

Pasteten aus Sardellen und andern Salzfischen

Nimm 3 Pfund Sardellen, doch dürfen sie nicht ranzig sein, wässere sie in mehrerlei Wasser, daß sie entsalzet werden. Koche sie und schütte auch dieses Wasser wieder fort. Wenn die Fische fast gar sind, teile sie in Schnittchen, die du mit Most marinierst. Bereite den Pastetenteig und Deckel vor. Dahinein kommt Zucker (!), Pfeffer, Nägelein, Zimmet, Minze und Majoran. Darüber kommen Sultaninrosinen, zerquetschte Pinienkerne, trockne Prünellen (Dörrzwetschgen) ohne Steine (die Frucht muß aber zuvor eingeweicht werden). Auf diese Unterlage legt man die Sardellenstreifen mit ungesalzner Butter oder einem andern milden Fett. Du kannst darauf eine Lage Blätterteig einschieben und das gleiche Rezept mehrmals wiederholen oder auch den Deckel gleich aufsetzen und das Gericht im Ofen backen lassen. Man reicht die Pastete sehr heiß, mit Rosenwasser und Zucker besprengt. An Fasttagen nimmt man Öl dazu, statt Butter und Fett.

Jede Sorte Kapaun zu dämpfen

Damit der Kapaun saftiger und die Sauce besser gerate, dämpfe ihn in Fleischbrühe mit frischem Hirn mit einer halben Unze Zimmet. Magst ihn auch in lombardischer Suppe reichen mit geriebenem Käse, Zucker und Zimmet oder ihn mit Klößchen garnieren. Oder auch magst ihn dämpfen in einer Schweins- oder Hammelblasen, daß er weiß bleibe, ihn mit Eierschnee überziehen und mit Zitronen und Granatäpfelkernen schmücken. Auch Wacholderbeeren, wohl gezuckert, passen dahin, wenn das Geflügel aus der Blase genommen ist.

Das ist vorweggenommen das moderne Braten in einer Folie. Alles ist also schon einmal dagewesen!

Von Hünern.

Hüner Fleisch das stercket den Magen / vnnd erlinderet die Brust / macht ein helle stimme / mestet den Leib.

Aus einem handgeschriebenen, anonymen Kloster-kochbuch aus dem Schwäbischen, beginnend von 1609:

Süße, gebackene Würste zu machen

Nimm Feigen und Mandeln und hacke sie klein, gib Weinbeeren dazu und streich alles auf eine weiche Brotscheibe und verknete alles mit Mehl zwischen den Händen und mach's wie Würste. Zieh's durch einen Weinteig und bach's in Schmalz.
Dieses Rezept dürfte wohl ein Scherzrezept gewesen sein; es ist eine Art Fruchtpastete.

Weintrauben aus Öpffel oder Birn bachen

Nimm Äpfel oder Birn, schäl's und zerschneid's fein länglich, wie weiße Rüben und tu kleine Weinbeerlein daran. Rühr's untereinander. Mach einen Teig mit Bier an; nicht zu dünn und tu die geschnittenen Äpfel und Birn dazu, rühr die Äpfel wohl darein, daß sich der Teig anhängt. Darnach schütt ihn auf ein Teller und schneid lange Schnittlein daraus, leg's auf eine Pfann und bach's.

Knabensemmel bachen

Nimm ungefähr auf ein Teig drei Teller mit Mehl und Eier, mach den Teig an, mit Milch und Eier, mach's wie einen dicken Straubenteig, nimm ein leinernes Tüchlein, tue den Teig darein, mach es zu und leg's in ein siedendes Wasser, wend's oft um und wenn dich gedünkt, daß es genug habe, so tue es heraus und mach das Tüchlein wieder auf. Es sieht gleich aus wie ein Badeschwamm, so schneid runde Plätzlein herab dreimesserrückendick. Laß in nicht zu heißem Schmalz bachen. So werden sie sehr gut.

Mörschel Brot bachen – Mörser-Brot backen

Nimm eine Handvoll geriebenes Brot, Mandeln, Rosinen, Zibeben und Weinbeeren, jedes eine Hand voll und 6–7 Eier. Das alles gib in einen Mörser und zerreibe es gut untereinander. Forme kleine Wecken daraus und bach's in Schmalz, bis sie braun werden.

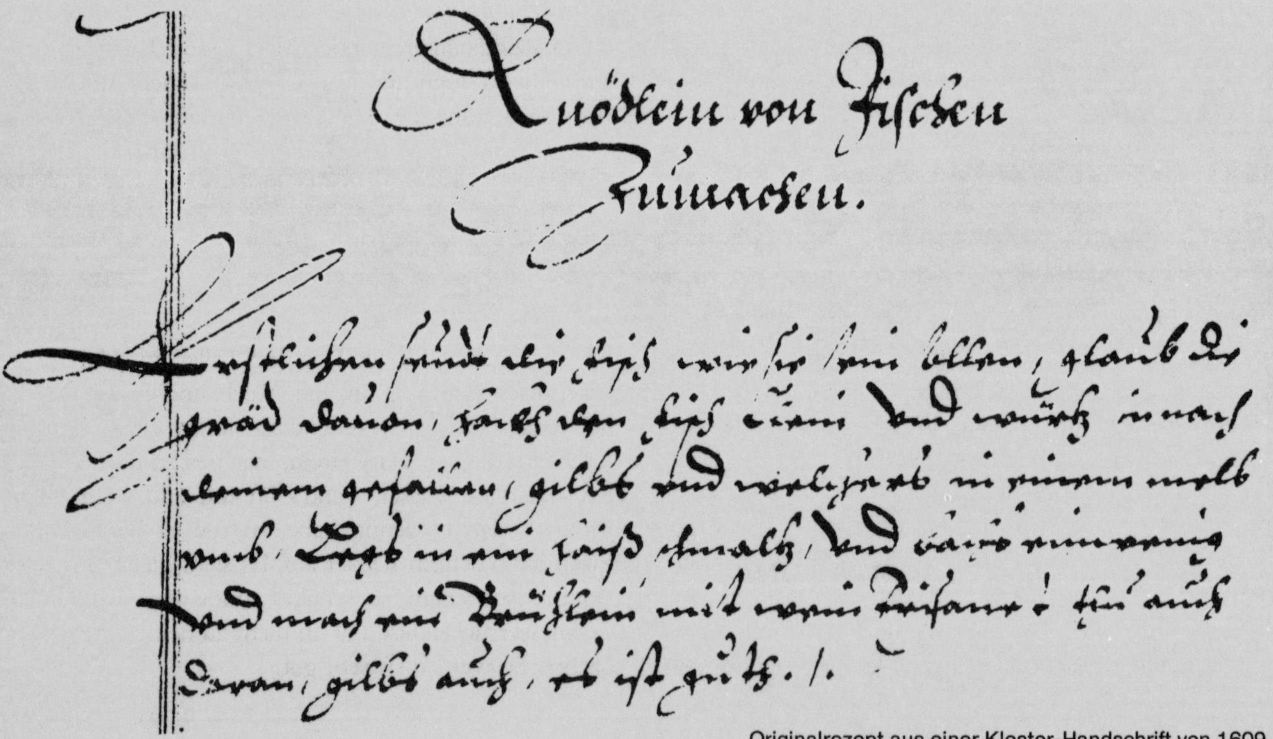

Knödlein von Fischen zu machen

Zuerst siede die Fische, wie sie sein sollen, nimm die Gräten davon, hacke den Fisch klein und würze ihn nach deinem Gefallen. Färbe die Masse mit etwas Safran und füge etwas Mehl hinzu, forme Knödel, leg's in ein heiß Schmalz und bach's darin gar. Mach ein Brühlein mit Wein-Trisanet (gewürzte Weinsoße), gib noch etwas Safran dazu: es ist gut!

Es handelt sich also hier um Fischknödel, die in Schmalz gebacken und mit einer Weinsoße serviert werden.

Einen umfangreichen Pergamentband mit Lederbändern, um die reiche Sammlung an Lebens-, Koch- und Wirtschaftserfahrungen wirksam und wohlbehütet aufbewahren zu können, hinterließ *M. Johannes Colerus*, eigentlich Johannes Coler aus Goldberg in Schlesien, seines Zeichens Pfarrer in Mecklenburg (1566–1639). Sein Buch hat den hübschen Titel »*Calendarium perpe-*

Originalrezept aus einer Kloster-Handschrift von 1609

tuum« und weist damit in die wundergläubige Zeit, ein ewiges Werk schaffen zu können. Es gibt uns ja auch jetzt, nahezu 400 Jahre später, seine Geheimnisse und Erkenntnisse weiter. Erstaunlich, was dieser universell gebildete Pfarrherr und Ökonom als guter Hausvater zusammengetragen hat, um Ackerleut, Apotheker, Kaufleut, Wandersleut, Weinherrn, Gärtnern, Handwerkern, aber auch Wirtschaften und Gastungen und damit sogar Hausfrauen viel zu geben. Er muß selbst eine große Wirtschaft, vielleicht eine Klosterwirtschaft geführt haben, denn er verstand ebensoviel vom Kochen wie vom Gemüse- oder Weinbau, von der Holtzung wie von der Felderwirtschaft. Hühnerzucht, Jagd, Säen, Ernten, Vorratshaltung wie Ofenheizung waren ihm höchst angelegen, und er gibt viele weise Ratschläge. Uns hier interessieren mehr seine Küchenkenntnisse, von denen ein Teil in den Rezeptfolgen zu finden ist. Der Untertitel des Buches verkündet speziell den Küchenanteil, als da ist: »Oeconomia oder Haußbuch item Vom Mahlem / Bachen / Brawen und Kochen / Daneben angezeigt wie allerley Kräuterbier zu machen / auch Essende Speise zuzurichten«. In neun Bücher eingeteilt, ist der ganze wirtschaftliche Lebensraum des fleißigen und gescheiten Pfarrherrn vor uns ausgebreitet.

Aus dem Jahr 1637, also auch aus etwa der gleichen Zeit, stammt ein reizender kleiner, weißer Pergamentband, beinahe wie ein handliches Gebetbuch anzusehen und ein Rarum dazu. Er kommt aus der Feder von Hieremus Drexelius e Societate Jesu Monachii, dessen reichbewegtes Titelkupfer vielsagend auf den Inhalt verweist: oben eine Reihe von Tischen zu je 6–8 Gedecken mit Lehnstühlen ringsum, auf Gäste wartend. Die Mitte ziert der lange Titel mit dem latinisierten Namen des Münchner Predigers Jeremias Drexel, der sich neben dem Seelenheil auch um das leibliche Wohl seiner Schäflein mit diesem Traktatus über das richtige Essen, Trinken, Fasten und Verhalten kümmerte. Links im Bild ist der 40 Tage und 40 Nächte fastende Matthäus zu sehen, dem ein ganzer Baum voll gefüllter Schüsseln erscheint.

Diese Darstellung bezieht sich speziell auf den Buchinhalt, nämlich auf die Enthaltsamkeit während der Fastenzeit und ihre medizinische Einwirkung auf den Organismus mit Zitierung ältester Ärzte.

Der lateinische Text spricht von weltlichen Genüssen, welche die himmlischen Aussichten keineswegs unterbinden. Viele bayrisch gefärbte Anmerkungen, also in deutscher Sprache, beweisen Pater Drexels Verbundenheit mit den damaligen Eßgewohnheiten. Er bezieht sich gelegentlich auch auf Unterlagen aus den Klosterbibliotheken von Chiemsee, Salzburg usw. Wir lesen beispielsweise in den Fußnoten von Schlafftrünckle, Kraftbißlein, allerley distilliert Wasser / Latwerga / Hypocras / S. Johannsberlein / eingemacht Weixlein / Julep / Syrup etc. Ayrbretzlein / Zuckerbrodt / Martzepan. Kuttelfüsi / und schwarz roggius Hauß-brodt. Lauter schädliches Schleck / und Göggelwerk.

Im Gegensatz dazu erzählt die Seligenthaler Chronik von Landshut aus dem Dreißigjährigen Krieg, wie schlecht es dem Konvent ging: »Das essen haten wir gar schlechtlich; halb gersten brot, aber nit genug. Ließ uns gnädige Frau (die Äbtissin) bitten, daß wir kleine Schnitl abschneiden solten; sie maint, man schnit ir in ihr Herz, wan aine ein großes abschnit; sie gieng selbst in großen Garthen hinauß, suechet Preneßl zu einem grünen kraut fir uns; ein riebenes kraut hat ihr khuchenmaisterin in ein schißl geben, heimb-

CONVIVAS EXPECTAMVS

ALOE
Amari sed salu
bris succi

IEIVNIVM
Quod in aula
Ser.mi Vtriusque Ba,
uariæ Ducis
MAXIMILIANI
S.R.I. Archidapife
ri, Electoris &c.
explicauit, & latinè
scripsit
Hieremias Drex
elius è Societate
IESV.
MONACHII
M.DC.XXXVII.

Cum iuimasset
4c. diebus et 40.
nocktiuis.
Math. c.4.v.2.

Ecce Angeli
accesserunt et
ministrabant ei
Matth. c.4.v.11

Typis Ità Ioann. Cnobbari Typographi. Antuerpiæ, a.º 1638.

Der Priester Hieremias Drexel verwendete für seine Predigten gerne kulinarische Gleichnisse

lich etlich wenig fleisch darein brockt; gnädige Frau gab uns gleich wol auch. Schickten um Hilfe nach Raitenhaßlach (Alderspach kundt uns auch nit helfen). Der gnädige Her von Raitenhaßlach schickt uns ungefahr zehn oder gar fünfzehn schaff (Schafe), die Elsl (eine Magd) erbet und eine Indianische hene (Pute). Das weret ain, zwai jar, im dritten jar gab man uns erst ein wenig fleisch, ein wenig bier gab man uns auch, aber so wenig, mischten ihnen fast alle Wasser darunter.«

Es gibt viel derlei Klagen, aber immer wieder erstehen abgebrannte Kirchen und Klöster, stets füllen sich Kist und Kasten neu, das Leben geht weiter.

1658, also nicht viel später, aber bereits nach Kriegsende, erscheint aus der Feder von Jacob Balde (1604–1668) in München sein »Antagathyrsus«, genau das Gegenteil der vorhergehenden geistlichen Mahnschriften der Gegenreformation, nämlich ein langes Loblied auf die Dicken. In wohlgesetztem, klassischem Latein schreibt der »Deutsche Horaz«, seines Zeichens Jesuit, Prediger, Gelehrter, Dichter und anscheinend auch fröhlicher Genießer. Die Tatsache, daß sich Geistliche des Kochtopfs und seiner Folgen positiv annehmen, ist ein Beweis des humanistischen Wandels des Zeitbildes.

Balde hatte denn auch mit dieser satirisch-geistreichen Schrift ebenso viel Erfolg wie mit seinen übrigen, die ein klares Spiegelbild der geistesgeschichtlichen Entwicklung ihrer Zeit sind. Als glänzender Stern am Hof Wilhelm V. lebend, ist er heute noch in München lebendig, wie der Baldeplatz beweist.

Er war durch und durch, trotz seines geistlichen Standes, eine weltoffene Erscheinung der vollblütigen bayrischen Renaissance und paßt großartig in den Rahmen der Epoche. Daß er auch aller Absage an Lebensgenüssen abhold war und sich sogar mit seiner Laudatio der Kulinaria zuneigte, ist ein sympathischer Zug des altbayrischen Prinzips »leben und lebenlassen«.

1667 erscheint ein neues Kochbuch: »Durch einen geistlichen Küchenmaister deß Gottshauses Lützel.« Diesem Elsäßischen Klosterkoch war es recht angelegen, seine Mitmenschen und seine Klosterbrüder richtig zu unterweisen, denn es war seit mehr als einer Generation viel Wissen um ein gutes Leben verloren gegangen. Wohl sind einige Kapitel ausgesprochene Konventsküche mit den entsprechenden Fastenküchenzetteln, aber es ist viel Brauchbares auch für den bürgerlichen Tisch darin zu finden.

Obwohl nicht im Buch genannt, ist der H. H. Abt des Zisterzienserklosters Bernardin Buchinger (1606 bis 1673) der Verfasser. Neben seinen theologischen und historischen Werken hat er seine gewandte Feder also auch für die Kulinaria übers Papier laufen lassen und uns ein sehr interessantes Kochbuch mit über 800 Rezepten hinterlassen. Die Güte der Rezepte weisen auf das feine und gewählte Essen im Kloster Lützel im reichen Elsaß hin. Bereits im Druckjahr 1667 ist schon oft von Zitronen und Pommeranzen-Schelffen, Capres (Kapern), Cicory, Safran, Alant und Wertmuthwein die Rede. Es wird auch immer betont von frischer Butter, oft von Kalbfleisch, feinem Geflügel und Wildpret geschrieben und man macht umständliche Pastetlein und Kräpflin, leckere Fleischtarten, Capaun-Suppen, Gefüllte Spanferlin oder einen Bethonien-Blümlein-Syrup. Weiterhin sind 50 Eier-Rezepte, 15 Anweisungen allein für Forellen gegeben. An Gewürzen kennt man Anis, Fenchel, Imber, Zimmet, Rosinlin, Mandeln und Rosenwasser, Feigen, Zucker, Nägelin, Peterlin, Muscat Blust (Blüte), natürlich auch viel Pfeffer. Neben Rezepten für Wermuth- und Alant-Wein, für Schwein-Metzeln (Schlachten) für Bock-, Geissen- und Gitzlin-Fleisch sind auch sonst noch allerhand Anweisungen für Leckermäuler gegeben. Es ist ein reiches Kochbuch mit über 1000 Rezepten und einem ellenlangen, sehr genauen Register. Den Eingang des Buches bildet eine Art Kalendarium mit feststehenden Speise-Ordnungen. Dieses »ohngefährliche gemein und einfältige Ordinari Closter-Tractament in Benediktiner oder Cistercienser Clöster zu gebrauchen auff gewisse Zeiten deß Jahrs gerichtet«, ist erstmalig in einem Kochbuch zu finden und darf als sehr genauer Wegweiser gelten. Die Herren haben nicht schlecht gegessen, auch während der Fasten nicht. Von den 6 kirchlichen Jahresintervallen folgt nun jeweils ein Tag mit seinen Speisevorschlägen, um einen Begriff zu bekommen, was den Herren Patres geschmeckt hat.

Im Kloster begann das Kirchenjahr zu Weihnachten und deshalb ist auch der Speisezettel danach gerichtet. Er begann:

Von Weyhnachten biß gegen der Faſten

I. Sonntag Mittags.
1. Fleisch-Suppen.
2. Voressen von Schweinen Blut-Würsten oder Kuttelfleck / oder Kalbs Kopff mit Füsse und Kröß.
3. Frisch Kabis Kraut oder Kohl.
4. Rind-Fleisch.

Koch-Buch

So wol

Für Geistliche als auch Welt-

liche grosse und geringe Haußhaltungen/
wie bey denen täglich viel Leut am füg-
lichsten abgespeiset werden.

Darinn

Vber die Achthunderterley Fleisch /
Wildprett / Geflügel / Fisch / Eyer / und
Garten-Speisen/ auch die manier und weiß
selbige zubereiten/

Neben andern nutzlichen Haußhaltung-
Stücklein/ zu finden und begrieffen
seynd/

Durch

Einen Geistlichen Kuchen-

Meister deß Gottshauses Lützel
beschrieben und practicirt.

Molßheimb/

betruckt bey Johan-Heinrich Straubhaar.

Im Jahr 1671.

Im Jahr 1671 verfaßte der Geistliche Küchen-Meister des Gotteshauses Lützel ein praktisches Kochbuch

Nachts.
1. Gersten.
2. Voressen von Kalber-Gelänck / als Lungen / Leber / sc. oder Wildbret in dickem Pfeffer.
3. Kälber Bratis.

Montag zu Mittag.
1. Erbs-Suppen.
2. Kachel / oder Eyer-Muß.
3. Frische Ruben / oder Aepffel-Muß.
4. Gesottene Karpffen mit gewürffelt geröstem Brodt / oder sonst Fisch.

Nachts.
Collation mit Obs / Käß / sc. oder ein blosse gebrändte Mehl Suppen.

Dienstag Mittags.
1. Fleisch-Suppen.
2. Vor-Essen von Kuttel-Fleck / Schweinen Blut-Würsten / oder eingemachtem Wildbret.
3. Frisch Kabis / oder saur Kraut. Rind-Fleisch.

Nachts.
1. Gersten.
2. Vor-Essen / von eingemachtem Kalb-Fleisch.
3. Kälber oder Schweinen Bratis / sambt Brat-Würsten.

Mittwoch Mittags.
1. Haber-Mehl-Suppen.
2. Gebachen Brodt mit süsser Brüh.
3. Hirß / Grieß /oder Aepffel-Muß.
4. Gesottene Karpffen im Imber und Pfeffer-Brüh oder sonst Fisch.

Nachts.
Collation, Käß / Obs / oder Nussen.

Donnerstag Mittags.
1. Fleisch-Suppen.
2. Rind-Fleisch.
3. Pasteney / gelbe oder sonst Ruben.
4. Eingemacht Wildbret / in Pfeffer / oder Pasteten.

Nachts.
1. Gersten.
2. Vor-Essen von Gebäck.
3. Kälber oder sonst Bratis.

Freytag zu Mittag.
1. Erbsen-Suppen.
2. Nudlen / oder Eyer-Muß.
3. Ruben.
4. Karpffen in Zwiebeln und Mattenkümich / oder Stock-Fisch in Milch.

Nachts.
Collation. Käß / Obs oder Nussen.

Sambstag zu Mittag.
1. Gebrante Mehl-Suppen.
2. Gefüllte Kabisköpff.
3. Aepffel-Muß.
4. Gebratene Karpffen in Imber und Pfeffer-Brühlein / oder sonst gesottene Fisch.

Nachts.
Collation. Käß / Obs oder bloß ein Mattenkümich Suppen.
Es folgen noch weitere Speisezettel in jahreszeitlichen Intervallen:

II. Durch die Fasten biß Ostern.
III. Von Ostern biß Pfingsten.
IV. Von Pfingsten biß Heil.-Creutz-Tag im Herbst.
V. Von G. Creutz-Erhöhung biß auff den Advent.
VI. Vom Advent biß Weyhnachten.

Dann erst beginnt das eigentliche Kochbuch mit 1008 Rezepten und einem kleinen Anhang voll praktischer Ratschläge für Garten, Haus- und Krankenstube. Ein typisches Kochbuch des Barock mit viel originellen Sprachschnörkeln, wie die verniedlichenden Endungen Knöpflin, Kräpflin, Wänstlin, Geißlein usw. zeigen. Es ist aber noch viel übernommenes altes Kochgut zu spüren, so daß weit zurückliegende Rezepturen aus den Bibliotheksschränken zu vermuten sind.

1695 bringt der Kapuziner Amandus, von dem nichts weiter mehr festzustellen ist als Name und Jahreszahl, eine sehr originelle Mahn-Epistel, ein »Fasten Banket der christlichen Seelen in vier Andachten« heraus: Er setzt sich selbst dabei zum Gastgeber ein und bringt in einer Art Speisenkarte 4 große Gänge, die er sehr witzig kommentiert.

Kurz gefaßt sieht das so aus:

Anstelle des (sonst üblichen) Rindfleisches beginnt das Mahl mit einer Zunge mit Kren, die er sich selbst für seine scharfe Predigt vorenthält.

Es folgt eine Gans als Zeichen der Wachsamkeit wider die Sünde und ist Eheleuten zugedacht.

Den Jungfrauen empfiehlt er Schnecken, die züchtig im Haus bleiben.

Zur Kirchweih reicht er Kolatschen, das Brot des Himmels. Amen.

Das barocke Leben beginnt. Obwohl vielerorts die Waffen klirren, ist es doch gebietsweise still, und dort strecken sich neue Kirchtürme mit schönen Laternen oder lustigen Zwiebelhauben in den wieder heller gewordenen Himmel. Pralle Engel tummeln sich haufenweise in den bunten Kirchengewölben zwischen Rosen- und Traubengirlanden, überall zeigt sich Farbe und brausende Musik, man lobt den Herrn in Gold und Prunk, man liebt das Leben. Jagden, edle Waffen, reiches Gerät in der Kirche wie an der Tafel, volles Leben in den Bauhütten, in den Küchen. Man lebt, schwelgt, streitet, arbeitet, forscht, erfindet, schöpft. Alle Sparten der Wissenschaft und der Kunst werden bereichert; das Dasein jubelt, jedenfalls für den, der auf der Sonnenseite steht. Der Bauer zinst fleißig weiter, viel Jugend steht unter den Waffen, die Zünfte sind streng, das Geld ist knapp. Es gibt auch Hunger und Pest, Not und Elend. Aber alles überstrahlt der Glanz der oberen Zehntausend. So viele werden's wohl gar nicht sein? Aber es sieht so aus, wenn man die Kirchen, die Klöster, die Residenzen, die Pfarrhäuser, die Bürgerpaläste, wenn man die schönen Bücher, die reichhaltigen Kochbücher, die neuen Fayencen und Silbergeräte, das vergoldete Tafelzeug, die überschwenglichen Titel, die höfischen Geziertheiten der Zeit betrachtet. Kein Kloster ohne Um- oder Neubau, kein Abt ohne den viel beklagten Bauwurm; jeder will es schöner, größer, reicher haben. Natürlich zur Ehre Gottes, aber das Volk ächzt. Andererseits: was übrig blieb von all dieser Herrlichkeit, das erhebt Herz und Gemüt heute noch, und das Leid ist vergessen. Auch was an Köstlichkeiten gegessen wurde, bei Gebet oder Musik, das ist längst verweht, aber ein Teil davon lebt weiter in Kochbüchern, in Handschriften, und das duftet noch alles nach Fülle und Schlemmertum, nach erneuerter Küche, nach weltweiten Leckereien. Mit etwas eigener Phantasie läßt sich auch heute noch allerhand daraus machen.

Das lange Fasten ist verkürzt, wird auch vielfach umgangen oder durch Feingerichte erleichtert, man bewirtet Gäste, trinkt keine sauren Weine mehr, das Obst ist veredelt, an Gemüsen stehen viele Neuzüchtungen zur Verfügung, der Importhandel blüht, die Klosterbesitzungen sind mächtig gewachsen. Es werden Gymnasien und Internate errichtet, die Wallfahrtsfreude steigert sich und damit die Einnahmequelle. Es lebt sich gut. Natürlich gibt es Dämpfer durch Kriege, Brand, schlechte Ernten, sogar durch Mahnungen, aber alles wird überwunden, das Klosterleben hat seine Höhepunkte.

Das spürt man auch in der Küche. Schauen wir uns nur *Konrad Hagger's Saltzburgisches Kochbuch* von 1719 an. Seine Rezepte sind reines Barock. Wohl schreibt er angeblich für alle, aber wer kann schon mithalten mit so viel Üppigkeit. Lassen wir ihn selbst zu Wort kommen:

Jetzt folgt eine größere Auswahl von Rezepten aus dem berühmten Salzburger Kochbuch des fürsterzbischöflichen Kochs Konrad Hagger aus dem Jahr 1719. Die Rezepte sind bereits unserer Zeit so nahe, daß man sie bei allen ortsgebundenen Eigentümlichkeiten nachkochen und damit in »historischer Kochkunst« schwelgen kann.

Hagger war Hoch-Fürstlich-Salzburgischer Stadt- und Landschaftskoch am Hof des Erzbischofs Johann Ernst Graf Thun. Sein Lebensweg ist ganz klerikal gezeichnet und hat ihn vom geschüttelten Küchenlehrling zum Hofkoch gemacht. In Württemberg, 1666 zu Marbach geboren, kam er in die Mundkuchl nach St. Gallen, dann nach Griechischweißenburg und nach Siebenbürgen, wo er eine Weile auch die Kriegsküche erlernen mußte. Sein Weg führte ihn dann über Augsburg und den kurbayrischen Hof zu den Bischöfen von Bludenz und dann den vom Chiemsee und schließlich nach Salzburg, wo er 27 Jahre blieb und sein weltmännisches Wissen und Können in seinem

Titelkupfer aus Konrad Hagger, das einen Blick in eine großartige Küche um 1720 freigibt

dickleibigen Werk niederlegte. Mit über 2500 Rezepten von unglaublicher Fantasie, sauber und übersichtlich in 2 Bänden mit 2 Registern aufgeführt, durch 206 Seiten Illustrationen und schönen Vignetten ausgestattet, hat er, genauso wie sein Zeit- und Dienstgenosse Fischer von Erlach, dem Barock den Stempel aufgedrückt. Beide in bischöflichen Gnaden lebend, durften ihre Werke vollenden, Erlach seine großen Bauten, Hagger sein gutes Kochbuch. Nicht vergleichbar an Bedeutung, aber jeder an seinem Platz, der Lebensfreude, dem erwünschten Behagen, dem Prunk, der Repräsentation zu dienen. Barocke Fülle herrscht überall, gestaltete Schönheit und Eßkultur, verfeinerte kulinarische Lebensart.

Hagger ist aber nicht nur Schwelger und Genießer, er ist auch Lehrmeister und Anreger. Neidlos gibt er seine Kenntnisse an die Köche der »Hochfürstlichen und anderen vornehmen Höfe, Clöster und Herren-Häuser« weiter.

Wie nicht anders zu erwarten, ist den Fischen und allen andern Fastenspeisen der größte Raum gegeben. Was er aber noch an schönen Pasteten in Wort und Bild aufbaut und zu Fürstbischof Thuns Erstaunen an Suppen zu kochen weiß, wie wortgewandt und plastisch er alles darstellen kann, seine vielen, guten Ratschläge, auch seine Sparrezepte, seine erstaunliche Modernität in der Zusammenstellung von Zutaten und Gewürzen, das ist neu zu dieser Zeit, die sonst noch so stark traditionsverhaftet war. Das Haggersche Werk war denn auch lange, lange Vorbild und ist heute noch Augenweide, Gaumenlust, Lesefreude, Wissensquelle, Kulturzeuge, Zungenbarock.

Haggersche Rezepte:

Eine Suppen von der Zung eines Rinds

Die Zung wird weich / jedoch nicht gar zu weich gesotten und gescheelt / alsdann das bessere Theil zu Blättlein geschnitten / durch zerlassene Butter oder Fetten gezogen / mit angemacht-geriebenen Brod besprengt / und auf dem Rost / oder in einer Dorten-Schüssel zum Regalieren (Verschönern, Garnieren), denen Presöllen (Schnitten) gleich gemacht / das andere Theil aber klein-gewürffelt geschnitten / und mit Zwibel daran ein gut gelbes Brühlein zugerichtet / oder im Anrichten mit Eyerdotter / und ein wenig Lemoni-Safft verfertigt: Setz die Schüssel mit gebähmtem Brod auf / giesse gute Fleischbrühe daran / regalier die Schüssel mit denen Presöllen (panierte Zungenschnitten) / das andere aber gib oben darüber / und trags warm auf.

> **Eine gute Gersten / oder Erbsen / auch Linsen / und durchgetriebene Bonen / mit einer gerauchten Zung / welche man pflegt in dem Feld / und etwann Winter-Zeit an statt der Suppen zu geben.**

Eine gute Gersten / oder Erbsen / auch Linsen

und durchgetriebene Bonen / mit einer gerauchten Zung / welche man pflegt in dem Feld / und etwann Winter-Zeit an statt der Suppen zu geben.
Die Gersten / Erbs / Linsen und dergleichen werden vorhero gesotten / und auf die beste Art zugerichtet / gilt auch gleich / sie werden hernach durchgetrieben / oder nicht / so nimme alsdann die gesotne Zung / und schneide überzwerch soviel dünne Blättlein herab / als du um den Ranfft (Rand) zu legen vonnöthen hast / das Übrig schneid klein gewürfflet / und wirffs

Großzügige Klosterküche mit feuersicheren Gewölben und großer Herdstelle

Die Dritte Pastet mit dem Saltzburger-Wappen.

Butter Pastet

Wappengeschmückte Prunkpastete aus Konrad Haggers Kochbuch

in die zubereitete Suppen / rührs untereinander / richts in die Schüssel an / leg die Blättlein herum; und trags auf: Also auch von einer grauchten Wurst und guten Speck / wann die Suppen durchgetrieben wird / auch geröstes Brod gewürfelt darein getan.

Gute Knödlein von einer grauchten Zung

mit Speck / Fetten / oder anderem gesottnen Fleisch vermischt / anstatt der Suppen zu geben.

Zuerst schneide das weisse Brod klein gewürfflet / röste solches ein wenig in guten Speck / Butter oder Fett / desgleichen schneide auch die Zung gantz klein gewürfflet / wie nicht weniger das ander gesottne Fleisch / wann dergleichen vorhanden ist / mische dieses alles zu dem gerösten Brod / gewürzt mit Pfeffer und Muscatnuß / gieß ein wenig guten Milchram / oder Fleischbrühe / mit Eyer vermischt / daran / und rühre soviel weisses Meel darein / daß solches in der Dicke und Saltz recht wird / schlage ein Knödlein zur Prob in siedige Fleischbrühe / koste dieselben / wann sie alsdann recht ist / so verfertige die andern auch hinnach / und gibs an statt der Suppen.

Wie klug, einen Probeknödel zu empfehlen.

Eine weisse Suppen von Ochsen-Gaumen

Die Gaumen werden gewaschen / zugesetzt und übersotten / alsdann sauber gebutzt / gantz kurtz und klein geschnitten / ein mit Näglein bestecker Zwibel darzu gelegt / mit Pfeffer / Muscatnuß / und wenigem Saltz gewürtzet / mit einem Stäublein Meel in gutem Butter / jedoch nicht braun / geschwungen / gute Fleischbrühe daran gegossen / und also gar gesotten / verfertige mit geriebner Muscatnuß / frischem Butter / und klein-gehackten Petersil / Eyerdotter / setz die Schüssel mit gebähten Schnitten auf / gieß gute Fleischbrühe daran / rühre die angemachte

Dotter an die siedigen Gaimen (Gaumen) drücke ein wenig Lemoni-Saft darein / gibs auf die Suppen / und trags sodann warm auf.

Salbling / oder Ferchen / so geselcht / oder geräuchert

Diese geräucherten / oder geselchten Fische sind allzeit gut / nachdem sie in Wasser einen kurzen Sud gethan / in einer guten weissen / oder gelben Butter-Brühe; Item in durchgetriebenen Erbsen-Brühe / mit Butter / Gewürtz / Lemoni / oder klein-gehacktes Petersil-Kräutlein; Item / mit sauren / oder süssen Ram (Rahm); schließlich in klarer Erbsen-Brühe / mit Butter / und wenig weiß Meel lichtgelb eingebrennt / mit wenig Pfeffer / und wohl Muscatnuß / einen Zwibel mit Näglein bestecket / ein Lorbeer-Blättlein und Lemoni-Schelffen / oder Blättlein / mit wenig Rosmarin / und damit aufsieden lassen; die Fisch werden in die Schüssel gelegt / und die Brühe darüber gesiehen (gesiebt) / und wann sie von dem eingebrennten Meel nicht gelb genug / mit wenig Saffran gefärbet und einen kurtzen Sud lassen aufthun / und zur Tafel gegeben / mit / oder ohne Haut.

Interessant, daß man damals schon geräucherte Forellen liebte. Salblinge (Saiblinge) sind besonders feine, rosafleischige Forellen.

Salbling von Perdolsgaden / oder die sogenannte geselchte Schwartz-Reiter

Die grauchte Perdolsgadiner Salbling / aus dem Bartholome-See / (welche man allhier Schwartzreiter nennt) gibt man auch gleich also kalter und trucken / wie sie von diesem Ort herkommen / auf einem Serviette mit Petersil-Kräutlein bestreuter / auf der Schüssel zu Tisch; diese werden auch wegen ihrer

Salbling / oder Ferchen / gebachen / oder gebraten / mit einem Eingemächt / warm / oder kalter zu geben.

Ise seynd gut mit einem Eingemächt / von Zucker / Eßig / Pinioli, Capry / sauber geklaubten schwartzen Weinbeerlein / klein: geschnittenen guten Lemoni-Schelffen und Gewürtz; also seynd sie kalt und warm gut / sie seyen hernach in Oel oder Schmaltz gebachen / oder gebraten worden.

Güte auf der Post und sonst an großer Herrenhöfe viele Meilen verschickt; man kann sie auch verkochen / mit / oder ohne Haut / wie die andern Salbling / so geräuchert / außer / daß diese im Wasser nicht übersotten werden / sondern gleich in die Schüssel gericht / und mit der Brühe übergossen / und nach einem kurzen Sud gleich zur Tafel gegeben.

NB. Ausseer-Salbling / können auch auf vorbeschriebene Weise verkocht werden / dann auch diese Fisch werden allenthalben weit verschickt / sind köstlich und berühmt.

Perdolsgaden ist Berchtesgaden, das damals zu Salzburg gehörte. Die Saiblinge stammten aus dem Königssee (Bartholome-See), der speziell den Bischöfen, später den Wittelsbachern, reserviert war. Auch der Ausseer-See ist für seine Saiblinge berühmt.

Salbling und Forellen gebratener / in einer süssen Citronen-Brühe

Die Salbling und Forellen werden gebraten / hernach von Wein / Gewürtz / eingemachten Citronen / auch von Zucker und Lemoni-Safft eine Brühe gemacht / und darüber gegeben / so seynd sie gut.

Salbling und Ferchen gebratner / in einer süssen und sauren Pohlnischen Brühe

Es sind die Salbling auch gut mit Zwibeln / Aepffeln / Lemoni gelb / auch mit wenig Wein und Erbsen-Brühe durchgetriebener darüber zu geben.

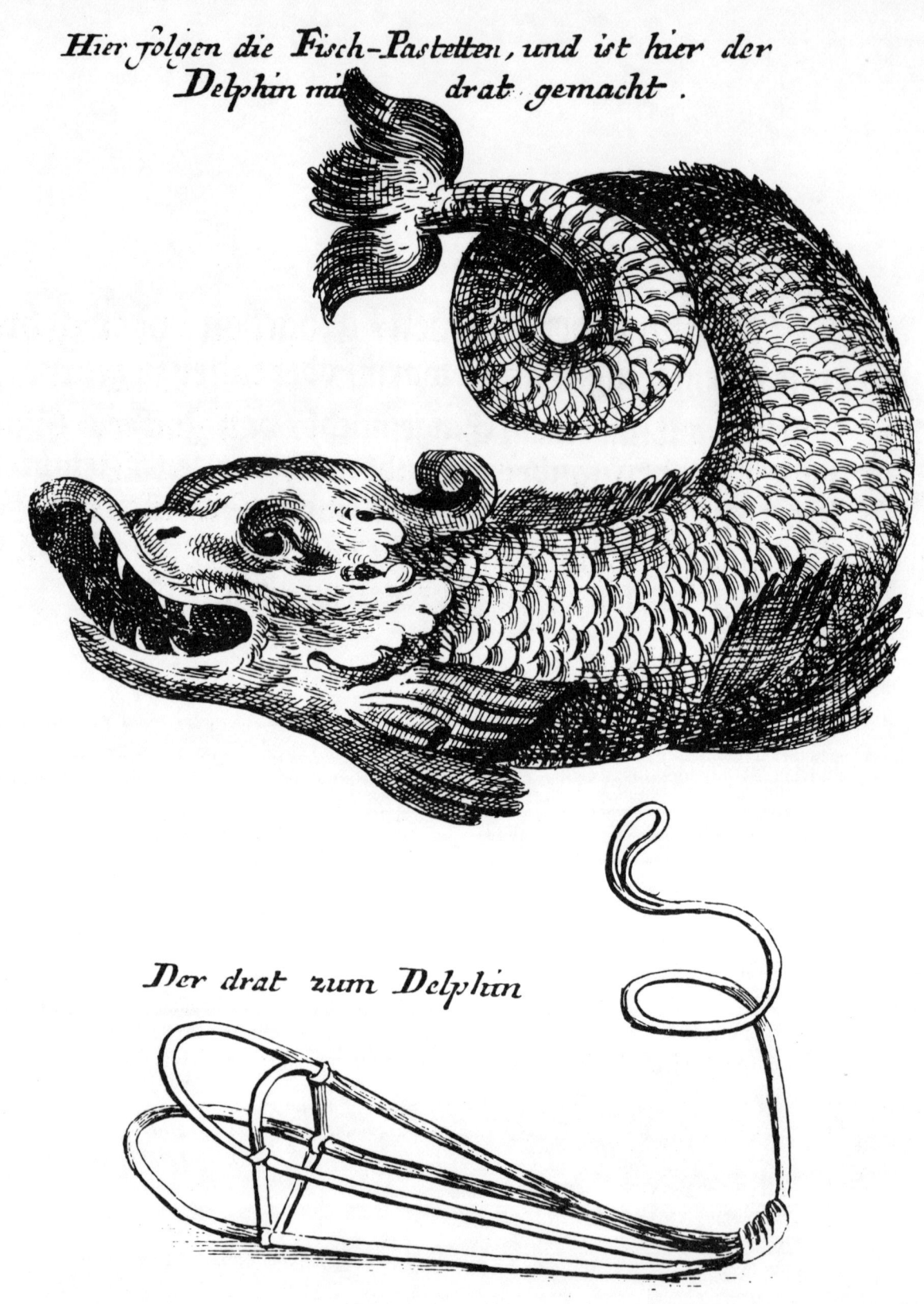

Hier folgen die Fisch-Pasteten, und ist hier der
Delphin mit ... drat gemacht.

Der drat zum Delphin

Das ist eine sehr moderne Art der Zubereitung: Die blau gekochten Forellen werden mit einer Soße aus geschmortem, geriebenem Apfel und Zwiebel, Zitronenschale und Wein, Fischsud und (damals) Erbsenbrühe oder (heute) Curry gewürzt und gefärbt, übergossen.

Salbling / oder Ferchen / gebachen / oder gebraten / mit einem Eingemächt / warm / oder kalter zu geben

Diese seynd gut mit einem Eingemächt / von Zucker / Eßig / Pinioli, Capry / sauber geklaubten schwartzen Weinbeerlein / klein-geschnittenen guten Lemoni-Schelffen und Gewurtz; also seynd sie kalt und warm gut / sie seyen hernach in Oel oder Schmaltz gebachen / oder gebraten worden.

Die Saiblinge werden in eine Marinade aus Essig, Zucker, Pignoli, Kapern, Rosinen und Zitronenschale, Salz und Pfeffer über Nacht eingelegt. Man nimmt sie heraus, trocknet und mehlt sie und brät sie goldgelb. Dann gibt man die kurz aufgekochte, sehr pikant süßsaure Soße dazu.

Aeschen geschuppter abgesotten / in einer weissen Brühe

Die Aeschen werden geschuppt / und heiß abgesotten / seynd köstlich und gut / warm auf die Schüssel gelegt / in guter weisser Butter-Brühe; Item / mit Capry / Lemoni / und allerhand Überguß / wie bei Salbling und Ferchen ist beschrieben worden; dito in Wein / Butter und Gewürtz / mit Erbsen-Brühe vermischt / und damit eingemacht in dieser Brühe.

◁ Aus Konrad Haggers schönem Kochbuch von 1719

Aeschen zum Bachen / in Oel / oder Schmaltz

Es ist der Aeschen-Fisch ein trefflicher Bachfisch / warm / oder kalt / trucken / oder mit Eßig und Oel zu geben.

Hier ist eine Soße angegeben, die vergessen wurde, und die Fischliebhaber besonders schätzen. Es handelt sich um ein Gemisch aus Essig und Öl, Salz und etwas Pfeffer sowie Petersilie, also eine gewöhnliche Salatsoße, die man anstelle von Butter gibt und die kalorienarm ist und sehr würzig schmeckt.

Aeschen geräuchert / oder geselchter zu verkochen

Wann die Aeschen geräuchert / oder geselcht / so läßt man sie im Wasser einen kleinen Sud thun; und gibs auf die Schüssel mit einer guten Butter-Brühe oder mit einer durchgetriebenen Erbsen-Brühe mit Butter / Lemoni / oder Petersil-Kräutlein / und guten Gewürtz wohl eingericht / oder also in süssen / oder sauren Rahm kurz eingekochter / mit / oder ohne Haut / und warmer zur Tafel gegeben.

Ein gutes Rezept. Die kurz in einem kleinen Fischsud gegarten, geräucherten Fische werden in Butter oder Erbsenbrühe oder in süßem Rahm kurz noch einmal aufgekocht. Man kann sie mit oder ohne Haut servieren und streut dabei viel Petersilie oder nach Belieben und interessanterweise auch zerkrümelten Rosmarin darüber.

Hecht / der von Rogen / oder Wind einen grossen Bauch hat / zu füllen und zu braten

Nimm den Fisch geschuppt / oder ungeschuppt / thue den Rogen samt dem Eingeweid und Gall heraus / schneide den Fisch beiderseits mit kleinen Schnittlein / salz und sprenge den Hechten / mit Pfeffer /

Von einem Hecht seindt viertzigerley Speiß Vnd Trachten zu machen.

Imber (Ingwer) und Muscatnuß / und mache eine gute truckne Füll an statt des Rogen darein / mit Butter / Semmel / Eier / Zwiebel / Petersil / Rahm / Gewürtz / und andern / oder auch von trucknen Fisch-Gehäck darunter / fülle dem Fisch den Bauch voll an / nähe ihn zu und brate ihn auf dem warmen Rost / in einem warmen Ofen; wann er fertig / so mache eine gute Rahm-Brühe mit Capry / und Lemoni-Schalen darüber mit Pfeffer / Imber / und Muscatnuß.

Hecht auf diese Weiß süß gefüllt / mit süsser Wein-Brühe

Man macht auch diese Füll / von gesottnem und ausgezopfften Hecht / mit klein-gehackten Zwibel und Semmel-Bröseln in Butter geröst / mit süssen Gewürtz / Pinioli, Weinbeer / Lemoni-Schelffen (Schalen) Eier und süssen Rahm trucken angemacht / und wird der Fisch darmit gefüllt / und im Ofen gebraten / wie der vorige / und wann er fertig / gibt man ihn mit süsser Weinbeer-, Pinioli- und gelber

Caprybrühe / mit Wein / Lemoni / und süssem Gewürtz gemacht / wohl von Lemoni / Eßig und Zucker.

Auch hier wieder eine süßsaure Soße. Für uns ungewohnt, bei den Schweden aber ein außerordentlich beliebter Zusammenklang von Fisch und Süß. Rosinen und Pignolikerne werden mit Kapern in Wein mit Zitronenschale gekocht und nach Belieben mit Safran gelb gefärbt. Man schmeckt mit Essig oder Zitrone sowie etwas Zucker, wenig Pfeffer und Petersilie pikant süß-sauer ab.

Hecht-Rollen / wie kälberne Vögel / am Spiß zu braten

Nimm von einem grossen Hecht das beste Stuck / ziehe die Haut ab / und schneide das Fleisch zu dünnen und etwas langen Flecklein / klopffe sie mit dem Messer; dann salze / gewürtze und lege sie auf ein Brett / belege sie über sich auch mit gutem von diesem Fisch gemachten Gehäck / rolle sie zusammen

/ stecke sie an Bratspiß / und brats / oder besser im Ofen / in einem mit Butter bestrichenen Geschirr / mit zerlassenem Butter begossen / und mit angemachten Semmel-Brosen bestreuter.

Diese Hechtrollen am Spieß, wohl am besten im Grill gegart, sind eine reizvolle Abwechslung.

Köpflein von Schaafen / im Schlaff-Rock / oder Taig gebachen

Die Schaafs-Köpflein werden wohl gesotten / gebutzt / abgelöst / mit wenig Gewürtz und Saltz besprengt / durch ein Taiglein / (so von gehackten, wohlriechenden Kräutlein / Milch / Mehl und Eiern angemacht ist) gezogen / oder eingedunckt / und aus heissem Schmaltz gebachen; gibs hernach trucken / mit gebachenem Petersil / oder bachs aus Eiern.

Köpflein von Schaafen in einer Fricasse

Ein oder mehr Schaafs-Köpflein müssen wohl gesotten / die Zung und das Fleisch darvon abgelöst / wohl gesäubert / zu feinen Schnitzlein geschnitten / und ein Fricasse daraus gemacht werden / mit Eierdottern / Butter und Eßig / und zuletzt wird klein-geschnittenes Petersil-Kräutl darein gethan / mit samt Gewürtz und nothwendigem Saltz / auch einen mit Näglein besteckten Zwibel / und Lemoni-Safft.

Das gekochte Fleisch von Schafsköpfen wird also in eine weiße Soße aus Butter und Mehl, etwas Essig, Salz, Pfeffer und Petersilie gegeben. Man würzt und färbt noch mit viel gehackter Petersilie nach und kann mit einer nelkenbesteckten Zwiebel und Zitronensaft nachschmecken.

Hirn von Schaafen / mit Meel im Schmaltz gebachen

Das Hirn belangend / so wirds in allweg verkocht / wie das Kalbs- und anderes Hirn / mit Pfeffer / Imber (Ingwer) und Saltz; eingemelt / gleich denen Fischen / und aus heissem Schmaltz gebachen.

Schaafs-Füßlein / in Eiern gebachen

Die Schaafs-Füßlein werden ausgelöst / aus den langen Beinern / wohl weich gesotten mit nothwendigem Saltz / hernach mit Mehl / oder mit Eiern / so mit Semmel-Bröseln zerklopft / oder in einem Salbey / oder weissen Bier-Taiglein im Schmaltz gebachen / mit gebachenen Körbel (Kerbel) oder Petersil-Kräutlein garniert.

Von Schafen wurden auch Kopf und Füße auf vielerlei Art zubereitet

Die Schafsfüßlein (auch Kalbsfüße), gut weich gekocht, werden abgelöst. Man taucht sie in zerklopftes Ei oder in einen Ausbackteig, der gut gewürzt ist und bäckt sie in Schmalz goldgelb. Dazu reicht man im gleichen Schmalz gebackene Büschel von Kerbel oder Petersilie. Eine recht elegante Speise.

Roth / oder Hirschen-Wildprät in süßer Brühe

Das Wildprät wird zerhackt / mit Wasser und Eßig zugesetzt / verfäumt / (abgeschäumt) und mit Pfeffer / Imber / Zimmet / und Näglein / gewürtzt / auch so es frisch und nicht schon vorhin eingesäurt / gesaltzen / und mit Zucker zimlich kurz eingesotten / mit Meel / oder geriebenen Brod / recht eingebrennt; auf die Letzt / gib den Geruch von eingemachten / oder frischen Citronen oder Lemoni / ist das Wildprät gar gut / mit Pomerantzen-Schelffen und Safft / mit Zucker vermengt / oder mische darunter abgezogene Mandeln / mit gebutzten Rosinen / oder ausgelösten Datteln.

Dieses Hirschgericht in süßer Soße ist ebenso alt wie modern. Wildpret frisch oder eingebeizt, wird in Salzwasser mit Pfeffer, Ingwer, Zimt und Nelken sowie Zucker rasch gebraten. Dann bereitet man eine braune Schwitze mit Mehl oder aus gerösteten Bröseln, würzt sie mit Zitronen- und Orangenschale, gibt noch Zucker, abgezogene Mandeln, Rosinen oder zerkleinerte Datteln dazu. Wie apart!

Rothes Wildprät in Capry / sauer / oder süß

Das Wildprät wird mit Eßig und Wasser abgekocht / mit Lorbeer-Blättlein und gespickten Zwibel / oder zuvor auf dem Rost wohl abgebräunt / hernach mit Meel / oder Brot gelb eingebrennt / mit Capry / Lemoni-Schelffen (Schalen) und Gewürtz / und mit einer kurzen Brühe versehen / und nach Belieben sauer / oder süß / mit klein- oder grossen gerösten Zwibeln zubereitet.

Hirschen-Brust zu füllen / und am Spiß

oder im Ofen gebraten / mit einer guten Sardellen-Lemoni-, Capry-, Zwibel- oder Wacholder-Brühe.
Nimm eine / oder mehr Brüst von frischen Hirschen / wann sie mit dem Schuß nicht verderbt worden / wässere sie wohl weiß / hernach planschiere sie auf dem Rost / oder in siedigem Wasser / daß du sie sauber kanst spicken / hernach fülls mit einem guten / feisten Gehäck / oder mit einem guten Bratwürst Brät / brats am Spiß / oder im Ofen / fein safftig.

Der Rucken / von dem wilden Schwein

Der Rucken / wann die Haut herunter ist / ist er gut zu braten / gantzer / oder Stückweiß / auch gesottner

Wildschweinrücken wurde gekocht, gebraten oder als Pastetenfülle verarbeitet

zuzurichten / wie der Hirsch-Zemmer (Ziemer) / oder auch mit einem Weichsel- Maulbeer- Johannes-Beerlein- oder andern dergleichen Safft / Zucker / Wein / gerösten Brot / und guten Gewürtz gemachten Brühe / zu geben / oder auch in guter Citronen- oder Pomerantzen-Brühe / gelb und auf diese Weiß seynd alle Stuck von dem wilden Schwein gut und wohlgeschmack.

Der Wildschweinrücken wird gekocht oder gebraten und dann mit einer pikanten Fruchtsoße aus Maulbeeren oder Johannisbeeren, Zucker, Wein und gerösteten Bröseln, Salz, Pfeffer, Nelken, Zitronen- und Orangenschalen aufgetragen.

Von dem wilden Schwein / Brust und Rucken / in die Pasteten

Pasteten waren einst eine sehr beliebte Form der Darreichung von Fleisch, denn es gab ja bis ins 18. Jahrhundert hinein nur selten Messer und Gabel bei Tisch. Deshalb wurde Fleisch vielfach klein geschnitten und zu Ragout oder Hackfleischgerichten verarbeitet. Für die Pasteten hat man einen Pasteten- oder Mürbteig verwendet. Wir nehmen heute fertigen Blätterteig. Er wird in eine feuerfeste Form gebreitet. Dann macht man aus dem durchgedrehten Wildschweinfleisch, Salz, Pfeffer, fertigem Pastetengewürz, 2–3 Eiern, einer milchgeweichten und ausgedrückten Semmel, 2–3 Eßlöffeln Pinienkernen oder feingeriebenen Mandeln oder Pistazien, geriebener Zitronenschale und Zwiebel, Petersilie und ganz wenig Majoran eine sehr gut durchgearbeitete Fülle, die man in die Pastete gibt. Man legt einen Deckel auf, sticht ein Loch hinein und bäckt die Pastete je nach Größe 1–1½ Stunden. Dann gießt man in das Pastetenloch das ausgebratene Fett der Fülle, das mit etwas Portwein vermischt wurde und serviert sie heiß oder kalt.

Die Schüncken von dem frischen wilden Schwein

Die Schincken werden gleich dem Kopff gesotten / und hernach kalt / oder warm gegeben / (und warmer zwar mit einer Sardellen- Capry- unzeitigen Agres [Essig] oder Weintrauben-Brühe / mit Wein / Eßig / oder auch Lemoni-Safft / sauer) / süß aber mit Weichsel- Maulbeer / Weinschaidlein / oder in einer andern süßen Wein-Brühe mit Pinioli und Rosinen / werden sie aber kalt gegeben / so besteckt man sie mit Lorbeer / Rosmarin / oder auch mit Blumen.

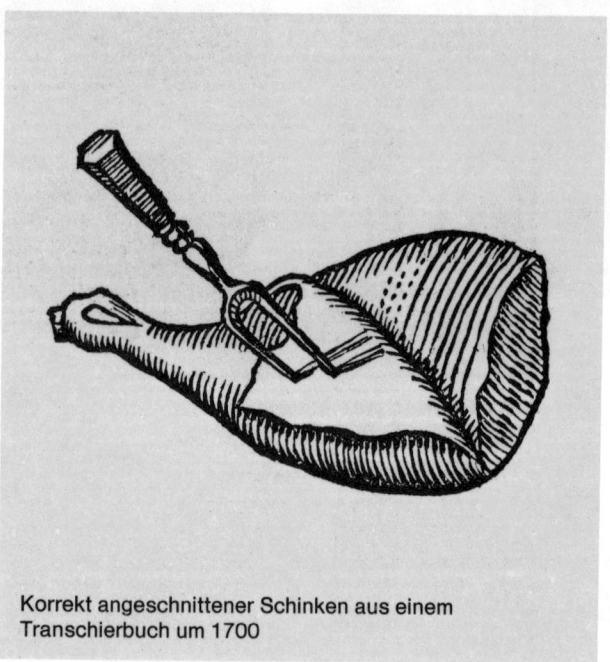

Korrekt angeschnittener Schinken aus einem Transchierbuch um 1700

Von einem Bären / und seiner Eigenschafft / Datzen / oder Füß

Nimm die Füß von einem Bären / setz sie zu mit Wasser und Salz / laß sie so lang sieden / biß das

Die Schißel-Pastet von marbem Teig.

Schön verzierte Schüsselpastete aus dem fürstbischöflich-salzburgischen Kochbuch des Konrad Hagger, 1719

Haar herab gehet / butz sie darnach sauber aus / und koch sie in einem Pfeffer / oder Mandel-Brühe mit Brod / oder Meel eingebrennt / auch gerösteten klein-gehackten Zwibel mit Lemoni / oder in einem Weichsel- Maulbeer- oder Rübeslein(Ribisel-Johannis-beer)-Brühe / mit Wein / Zimmet und Zucker; so werden sie gut / und wohlgeschmack. Nimm die Bären-Füß / und den Bären-Kopff / besengs auf dem Feuer / wie man ein Wild-Schwein besengt oder nimm ein dickes glühiges Eisen zum Sengen, setz es zu / und kochs / wie man es von einem Wild-Schwein / oder einheimischen Schwein macht / und wann er gesotten / laß solchen in feinem Sud kalt werden / hernach ziehe diesen Kopff heraus / und verfahre damit / wie mit dem wilden Schweins-Kopff. Im übrigen kann ein frischer Bär in allem verkocht / gepaitzt / gebraten und eingericht werden / wie das einheimische / oder wilde Schwein / andere ziehen von denen Bären-Füssen die gantze Haut herab / und werden alsdann gekocht.

Leider ist Bärenbraten höchst selten geworden, aber gelegentlich bekommt man ihn aus dem hohen Norden doch noch ins Einkaufsnetz. Das Rezept sagt recht klar, wie man damit umgeht.

Das Murmel- oder Murmemendel-Thierlein / frisch zu braten

Die Murmemendel sind ordinari (gewöhnlich) von Natur feist; dahero / wann sie ausgezogen / auch das Eingeweid sauber herausgenommen / so werden sie eingesalzen / und gleich einem Kitz-Fleisch / schnell hinweg gebraten.

Obwohl wir ja heute keine Murmeltierchen mehr essen, wird dieses Rezept der Originalität wegen gebracht.

Rothes Wildprät in einer pohlnischen Äpfel-Brühe

Wann das Wildprät gebührend gesotten / so röste viel klein geschnittene Zwibel / und dergleichen gute und saure Äpfel / in Schmaltz / oder Butter mit wenig Mehl / gieß daran wenig Brühe / Wein oder Eßig / Zucker / Gewürtz mit Zimmet / auch wenig Saffran / mit wenig Lemoni-Schelffen / treibs durch / oder gibs gleich also, nicht zu dünn über das Wildprät / wann aber diese Brühe durchgetrieben wird / so können auch Näglein darein genommen werden.

Köhl-Knödel

Nimm einen Köhl (Kohl) der nicht grün ist / theile ihn voneinander / wasche und brühe ihn ab / in einem gesaltznen Wasser / nicht gar an die statt / truck ihn aus / und hack ihn klein / röst ihn wol im Schmaltz / nimm schier so viel Semmel als Köhl / benetz es mit Butter / röste auch kleingehackten Zwibel / brenn auch ein wenig Meel und die Semmel im Schmaltz / thue es unter den Köhl / gewürtz es / schlag Eier daran / und ein guten Milchrahm / schlag es in ein Fleisch- oder Erbesbrühe (Erbsenbrühe) / man soll es zeitlich anmachen / daß es ein Weil stehen kann ehe mans einschlägt / auch nicht zu lind anmachen / sonsten thun sie zerfahren.

Ein nachahmenswertes Rezept:
Ein halber Kopf Weißkraut wird gewaschen und in Salzwasser gekocht. Man drückt ihn aus, hackt ihn klein und röstet ihn kurz in Schmalz durch. Dazu gibt man genauso viel aufgeschnittene Semmel und gießt etwas in Butter geröstete, gehackte Zwiebel darüber. Man kann nun ein wenig gebräuntes Mehl dazugeben,

Die liegende Adler-Pasteten, mit Lauber belegt.

Mit Blättern reich geschmückte, kunstvolle Adler-Pastete des Konrad Hagger

mehr zu empfehlen aber ist ungeröstetes Mehl. Nun wird die Masse mit 2–3 Eiern, Salz, Pfeffer und etwas Milch oder Rahm vermengt und zu Knödeln geformt. Nach kurzem Stehen macht man einen Probeknödel. Der Teig muß fest sein, damit die Knödel nicht »zerfahren«. Dann kocht man sie in Fleisch- oder Erbsenbrühe.

Semmel-Knödel

Nimm geriebne Semmel / rösts ein wenig in gutem Butter / damit die Semmel den Butter an sich zieht / gewürzt mit Muscatnuß / gieß ein wenig gute Milch daran / rührs untereinander / dann schlag Eyer nach / und rührs wieder untereinander / mit wenig Saltz / und laß anziehen / dann siede ein Knödel zur Prob / wird er zu fest / so hilff mit noch wenig Milch / ist er zu weich / so hilff mit Semmel-Bröseln und Eiern / biß sie recht und gut sind / dann machs nacheinander auf ein Brett / oder breite Schüssel / und wans bald Zeit zum Anrichten ist / so wirffs zugleich in die darzu bereite wol-gemachte siedende Fleisch- oder Erbesbrühe / sie sind bald fertig.
NB. Dem es beliebt / der nimmt auch gleich Anfangs kleingehackten Zwibel und Petersil darunter / und der kein Milch hat / der nimm Fleisch- oder Erbes-Brühe.

Semmel-Knödel / gebachner in süsser Brühe

Röste Semmel-Brößlein / mit klein-gehackten wenigen Zwibel in Butter / gieß Milch / Fleisch- oder Erbesbrühe / mit wenig Saltz / Muscatnuß / Zimmet und Zucker / mit andern beliebigen Gewürtz und Weinbeerlein darein / schlage nach Belieben Eier daran / rührs unter einander / und mache Knödel oder Strützel daraus / bachs schön gelb aus heißem Schmaltz / und gibs in einer guten süssen Brühe / von Wein und Erbes-Brühe / mit Zucker / Gewürtz / Pinioli oder geschnittenen Mandeln / auch Weinbeer gemacht.
NB. Sie sind auch gut in Weixel- und anderen Pfeffern.

Süße gebackene Semmelknödel

Semmelwürfel oder Brösel werden mit etwas in Butter geschmorter Zwiebel, Milch oder Fleisch- oder Erbsenbrühe mit Salz, Muskat, Zimt und Zucker oder anderen beliebigen Gewürzen und Weinbeeren vermengt. Man kann 2–3 Eier daran geben, alles gut durcheinander rühren und Knödel oder Striezel daraus machen. Sie werden in heißem Schmalz gebacken und mit einer süßen Brühe von Wein, Zucker, Gewürzen (Zimt, Nelken), Pinienkernen oder geschnittenen Mandeln oder Weinbeeren aufgetragen. Sie sind auch gut mit einer Weichsel- oder anderer »Pfeffer«-Würzsoße.

Butter-Knödel und dergleichen Nocken / so abgetrieben werden

Nimm ein Stück guten Butter / in ein tieffes Geschirr oder Schüssel / rühre denselben glatt ab / bis er schön weiß und glatt ist / dann rühre auch nach Nothdurfft Eyer / oder nur die Dotter / mit gestoßner Muscatblüh- oder Nussen darunter / mit geriebner Semmel / oder gar weissen Meel und Saltz / machs in der Dücken / daß dir nicht zerfahren / und schlags in siedige Milch / Fleisch- oder Erbes-Brühe; und wanns fertig / so gibs in ihrer eigenen Brühe / oder seigs ab / und gibs mit- oder ohne Parmesan-Käß aufgestreuet.
NB. Man kans auch mit klein-gehackten Petersil- und Kerbel-Kraut grün machen.

Butter-Knödel und dergleichen Nocken / so abgetrieben werden.

Nimm ein Stück guten Butter / in ein tieffes Geschirr oder Schüssel / rühre denselben glatt ab / bis er schön weiß und glatt ist / dann rühre auch nach Nothdurfft Eyer / oder nur die Dotter / mit gestoßner Muscatblüh- oder Nussen darunter / mit geriebner Semmel / oder gar weissen Meel und Saltz / machs in der Dücken / daß dir nicht zerfahren / und schlags in siedige Milch / Fleisch- oder Erbes-Brühe; und wanns fertig / so gibs in ihrer eignen Brühe / oder seigs ab / und gibs mit- oder ohne Parmesan-Käß aufgestreuet.

NB. Man kans auch mit klein-gehackten Petersil- und Kerbel-Kraut grün machen.

Zum Nachkochen empfohlen:
Ein gutes Stück Butter wird weiß gerührt. Man gibt 2–3 Eier oder nur die Eidotter, Muskatblüte oder Muskatnuß, Semmelbrösel oder Mehl und Salz darunter. Man formt nicht zu große Knödel daraus, so daß sie nicht zerfallen und kocht sie in Milch oder in Fleisch- oder Erbsenbrühe. Dann gibt man sie entweder abgesiebt oder in dieser Brühe und kann Parmesankäse darüberstreuen. Ebenso kann man unter die Knödelmasse gehackte Petersilie oder Kerbelkraut geben.

Daß Hagger schon so früh (1719) 3 Dardoffel-(Kartoffel-)Rezepte bringt, ist erstaunlich!

Dardoffeln

Dardoffeln / so noch frisch von der Erden herkommen / werden sauber gewaschen / und mit einer neuen scharpffen Birsten den daran hangenden Sand aus etlich Wassern / Stuck vor Stuck / sauber abgebutzt / wann sie aber mit Wachs bekleidt / so werden sie in heiß Wasser geworffen / damit das daran han-

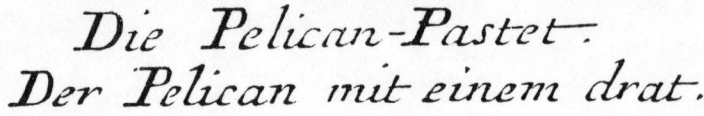

Die Pelican-Pastet.
Der Pelican mit einem drat.

gende Wachs / sammt der Erden / sauber davon gebutzt werde / dann werden sie gleich gantzer / mit
gantzen Zwibel / Näglein / und Muscat / Blühe /
gleich den Eyern in Wein gesotten / und trucken im
Serviet zu Tisch gegeben / mit Lemoni / oder Pfeffer
/ Eßig und Oel beygesetzter.

Kartoffeln

Die sauber von Erde und Sand mit einer Birsten
(Bürste) gereinigten Kartoffeln werden im ganzen mit
Zwiebelringen, Nelken und Muskatblüte gekocht,
dann samt Schale, in eine Serviette gehüllt, zu Tisch
gegeben. Man gibt eine Soße aus Essig, Öl, Zitrone
und Pfeffer dazu.

Dardoffeln anderst zu kochen

Dardoffeln gebutzt / gescheelt / oder ungescheelt zu
dünnen Blättlein geschnitten / gleich mit wenig
Wasser / Pfeffer und Oel in die Schüssel gericht / auf
der Glut warm gemacht / und also warm mit frischen
Lemoni / oder Pomerantzen zu Tisch gegeben; Andere nehmen auch an statt des Wassers Fleisch- oder
Erbes-Brühe / und an statt des Oels wird guter Butter
genomm.

Besonderes Kartoffelgericht:
Hier werden die Kartoffeln gewaschen, geschält oder
nach Belieben auch ungeschält zu dünnen Blättern
aufgeschnitten. Man schichtet sie mit etwas Wasser,
Pfeffer und Öl in einen Topf und läßt sie langsam
darin garen. Noch warm serviert man Zitronen- oder
Orangenschnitze dazu. Ebenso kann man sie statt in
Wasser in Fleisch- oder Erbsenbrühe weich kochen
und statt Öl ein Stück Butter dazugeben.

Dardoffeln in brauner Jus

Dardoffeln gibt man auch in guter brauner Jus. Dito /
mit Butter und Eyerdotter / Gewürtz und Lemon-
Safft wol fricassirt.

Die Kartoffeln werden weich gekocht, geschält und
aufgeschnitten. Man macht von Mehl und Butter eine
braune Einbrenne, würzt sie mit Zitronensaft, Salz
und Pfeffer, zieht den Topf vom Feuer und gibt einige
zerschlagene Eidotter darunter.

Mehr auf ein andere Weiß eine Speck-Dorten

Nimm 1 Pf. frischen / ungesaltznen Speck / hack oder
schabe ihn / siede 14 oder 15 Eyer gar hart / nimm
die Dotter / treibs wohl ab / daß sie nicht knollet
seyn / unter den Speck gemischt / Zucker ein viertel
Pf. Zimmet ein Loth / 6 oder 7 Eyer darein gerührt /
sammt ein wenig Ram / er muß aber auch nicht gar
zu dünn gemacht werden / alsdann eingefüllt und gebachen / wie andere / im Anrichten streue Zucker
darauf.

500 g frischer, ungesalzener Speck wird durchgedreht
und mit 14–15 hartgekochten und fein zerdrückten
Eidottern, 125 g Zucker, Zimt und 6 oder 7 frischen
Eiern gerührt. Man macht den Teig mit Rahm ge-
schmeidig, füllt ihn ein und bäckt ihn. Die Torte wird
mit Zucker bestreut. Man kann natürlich auch weniger
harte Eier verwenden. Die Eier waren einstmals ja wesentlich kleiner.

Ein Marck-Dorten zu machen

Nimm gut rindernes Marck / schneids blättlet / butz
zuvor / daß kein Beinlein darbey bleibt / mach ein
Eingerührtes / koch es gar an die Statt / thue darein
Zucker / Zimmet / ein wenig Petersil-Kräutlein ge-

schnitten / 3 oder 4 Eyer mit Milch-Ram / das Marck alles unter einander gerührt / also gebachen / einen mürben Taig in das Becken gethan / wie öfters gemeldt worden / so es beliebt auch Körbl-Kraut.

Diese Torte ist natürlich pikant und wird nur mit einer kleinen Prise Zucker abgeschmeckt. Zuerst wird das Knochenmark klein geschnitten. Dann bereitet man eine dicke, helle Schwitze, gibt eine Prise Zucker, etwas Zimt, gehackte Petersilie, 3 oder 4 Eier, etwas Rahm und dann das leicht erwärmte und gerührte Mark daran. Ein Mürbteig wird in eine gefettete Form gegeben, das Gehäcke daraufgeschichtet und gebacken.

Ein Faist-Dorten zu machen

Erstlich nimm ein halb Pf. kleingestossene oder geriebene Mandel / ein halb Pf. Faisten von einem Rind / oder ein Marck / auch klein gehackt / unter die Mandel gerührt / ein viertel Pf. Zucker / ein Loth Zimmet unter die Mandel und Faisten / 6 oder 7 Eyer daran geschlagen / ein wenig Milch-Ram / alles unter einander gerührt / ein mürben Taig gemacht / ein Blättlein ausgewalgt / und in das Dorten-Becklein getan / um und um Spitz geschnitten / und die angemachte Fülle darein gegossen und gebachen.

Faist ist Rindertalg oder -mark, das aus den Knochen genommen und kleingehackt wird. An 250 g von diesem Mark gibt man 250 g geriebene Mandeln, 125 g Zucker, Zimt, 6–7 Eier und etwas Rahm. Ein normaler Mürbteig wird ausgewellt und in eine gefettete Springform gelegt. Man gibt die Mandelfülle hinein und bäckt den Kuchen bei Mittelhitze goldgelb. Sehr gut schmeckt es, wenn man zwischen den Mürbteig und die Fülle eine Schicht Marmelade einfüllt.

Der Begriff Torte ist in früheren Zeiten weit weg von einer heutigen, süßen Torte; es handelt sich dabei meist um eine Teighülle mit salzigem Inhalt aus Fleisch, Fisch, Gemüse, Kräutern und dergleichen.

Artischocken-Kern gedörrter

Artischocken-Kern gedörrter / in laulechtem Wasser / oder Brühe wieder aufgeweicht / werden auch also gekocht / und gefüllt / andere aber schneiden sie zu stucken / und mischens unter aller hand Raguen.

Artischocken sind aus Italien kommend schon sehr früh ein sehr beliebtes Gemüse gewesen. Man hat die Artischockenböden für den Winter getrocknet, dann in Wasser vorgeweicht, aufgekocht und als Gemüse, Salate, Suppe usw. verwendet.

Artischocken mit Butter oder Oel

Artischocken groß und klein / wann sie gebrüht / in Butter / oder Oel / mit Pfeffer und Saltz allein in der Pfann / oder auf den Rost gesetzt / und gebraten / seynd gut gleich also warm zu geben.

Carfiol gelb oder weiß eingemacht

Carfiol gebutzt / gebrüht / gibt man auch mit wol-gemachter Erbesbrühe / Butter / Pfeffer und Muscatnuß / mit oder ohne Eyerdotter.

Carfiol ist Blumenkohl, aus dem italienischen cavolfiore. Den Blumenkohl hat man in Erbsenbrühe weich gekocht, dann mit Butter, Pfeffer und Muskat gewürzt und nach Belieben mit einem Rührei, mit verlorenem Ei oder mit gekochtem, gehacktem Ei garniert.

Carfiol in rother Krebs-Brühe

Carfiol gebutzt und gebrüht / gibt man auch in rother Krebs-Butter-Brühe / und mit ausgelößten Krebsen regaliert.

Ein Lauber Pasteten wie ein Hertz, von Enten oder Tauben und Feder Wildpret.

Aus Konrad Haggers dickleibigem Pracht-Kochbuch 1719

Der Blumenkohl wird noblerweise mit Krebsen und Krebsbutter garniert, da ja früher Krebse mehr oder weniger Volksnahrung waren.

Carfiol in der Erbes-, Knoblauch- und Oel-Brühe

Carfiol gibt man auch gebrüht / mit einer gewürtzten Erbes-Knoblauch- und Oel-Brühe / warm zu Tisch.

Carfiol mit Maurachen / oder Schwammen / in Ragu

Der Carfiol wird gebutzt / zu beliebigen Stücklein geschnitten / ein wenig überbrüht / wenig gesaltzen / abgesiehen / wann er trucken / eingemeelbt / und aus heissem Schmaltz gebachen / ist gut / im Anrichten unter die Schwammen / und allerhand Ragu wol ausgetheilt / auch damit sammt anderm Gebachnen / den Rand der Schüssel Wechsel-weiß regalirt.

Carfiol mit Maurachen, Blumenkohl mit Morcheln oder anderen Schwämmen wurde gekocht, zerlegt, gemehlt und in heißem Fett goldbraun gebacken. Man hat ihn dann unter Pilze oder auf ein Ragout gegeben.

Der rechte Mandel-Schmarren

Nimm grob-geschnittene / gestossene / oder gehackte Mandeln / mit halb so schwer Zucker / klein-geschnittene oder geribene Lemoni-Schaalen / mit sammt dem Safft / mit wenig Eyerdotter / oder Fäum / aber nur soviel / daß es ein wenig feucht wird; streich diesen Taig / auf Oblat- oder reines Kupffer-Blech / bach es im Ofen / oder in Dorten-Pfannen; dann schneide es nach Belieben in Stücklein / und mache ein schönes / weißes Eyß darauf / richt es auf

eine Schüssel / mit Pomerantzen-Laub und Rosmarin garniert / oder regaliert.

Aus diesem Schmarren-Taig / macht man auch dreyerley Dorten: Belege ein Blech mit Oblat / und streich den Taig eines Fingers dick darauf / bache ihn mit einem schönen Eyß / gibe ihn auf ein Schüssel / und ziere ihn mit eingemachten Sachen und Blumen / oder / wie du kanst / und gibe ihn zu Tisch.

Hier handelt es sich um ein feines Gebäck oder um eine Teigunterlage für Torten. Das Rezept lautet brauchbar übersetzt: 250 g geriebene Mandeln, 125 g Zucker, etwas Zitronenschale und -saft, 2 Eier oder etwas Rahm verrührt man, so daß diese Masse gerade feucht genug ist. Man gibt sie partieweise auf Oblaten oder streicht die Masse auf ein Backblech und bäckt sie lichtgelb. Dann schneidet man nach Belieben Stücklein daraus und überzieht sie mit Zuckerguß. Das Gebäck wird mit Orangenblättern und Rosmarin hübsch angerichtet.

Aus diesem »Schmarrenteig«, eigentlich ein Mandelteig, kann man auch einen Obstkuchen bereiten, indem man ihn auf ein Blech legt, mit gezuckerten Früchten bedeckt, überzuckert und bäckt.

Der Gewürtz- oder Muscazona-Dorten / durch den obigen Mandel-Taig zuzurichten / und zu machen

Nimm von dem obigen Schmarren-Taig / und mische darunter soviel Zimmet / Muscatnuß / mit wenig Nägelein; biß der Taig darvon schön braun wird; oder wilst du ihn noch besser machen / so hacke entweder Citronen / oder Pommerantzen-Schelffen klein darunter; belege das Blech mit Oblat / streich den Taig einen guten Fingers dick darauf / und bache ihn gleich den vorigen.

Vorbilder für Tafelaufsätze aus gezogenem Zucker

Der Schmarren-Teig (siehe folgendes Rezept) wird mit Zucker, Zimt, Muskatnuß und Nelken gewürzt, daß er schön braun wird. Man gibt noch Zitronen- oder Orangenschale darunter, belegt ein Backblech mit Oblaten und streicht den Teig fingerdick darauf. Man bäckt ihn und schneidet ihn in Stücke, die nachgezuckert werden.

Mandel-Taig / wie solcher anzumachen

Nimm auf ein Pf. klein-gestossene Mandel / ein halb Pf. klein gestossenen und gefähten Zucker / legs zusammen in ein darzu bequemes Geschirr / und treibe es mit einem starcken Kochlöffel wohl unter einander ab / darnach schlag 20 gute und zimmlich große Eyer nach und nach (aber im Anfang nicht gar zu geschwind) darein / und laß disen Taig durch ein eigen Mensch / wenigst eine Stund lang / allzeit auf einer Seiten wohl umrühren / biß endlich die 20 Eier gar darein gerührt seynd / so wird der Taig schön faimig und fertig seyn; Dann bestreiche die darzu gehörige blecherne Model mit zerlassenem Butter / und gieß den Taig / aber nicht gar voll darein / und bache ihn nicht zu heiß / auch nicht gar zu kalt / sonst steigt er über den Model heraus / und rinnet ab / wann er mittelmäßige Hitz hat / so geht er schön auf / und wird gantz rogel und subtil / wer gern will / der laßt etliche Eyerklar aus / und nimmt die Dotter darfür / und gibt einen Geruch mit Lemoni-Schaalen / Rosen- oder Zimmetwasser / so bald der Dorten gebachen / so kehre ihn mit Vortheil um / daß er gantzer aus dem Model gehet / dann bestreu ihn sammt der Schüssel mit Zucker / oder mach nach Belieben ein Eyß darauf / und regaliers / so gut du kanst / und trags zu Tisch.

Die Masse ist so groß, daß sie hier halbiert wurde. Auf 250 g Mandeln gibt man 250 g Zucker und 10 große Eier, die nach und nach eingeschlagen werden. Dieser Teig soll 1 Stunde oder in der Maschine gut gerührt werden. Man kann ihn noch mit Mandelöl und Vanillinzucker oder Ingwer und Koriander oder Anis und Rosenwasser oder Zitronenschale und Zimt würzen. Dann füllt man ihn in kleine gebutterte Model nicht zu voll ein und bäckt diese bei Mittelhitze gar. Ebenso kann man den Teig auch in eine gefettete Springform geben. Zuletzt werden die Törtchen oder der Kuchen mit Zuckerguß überzogen.

Zopff-Krapffen / oder die Geflochtne / mit Germb / in Schmaltz bachen

Thue das schönste Mehl in ein tiefes und breites Geschirr / mit frischer Bier-Gerben (Hefe) / und mache mit süssem Rahm ein Dämpfflein an / und mische es in das Mittel des Mehls / und wanns ein wenig gangen ist / so nimm wieder süssen Rahm / und laß ihn laulicht (lauwarm) werden / und schlage ein gantzes Ei / und einen Dotter in die Milch / saltz das Mehl / und machs mit diesem Rahm nicht gar zu rogel (locker) an / zähe (schlage) ihn wol und starck ab / daß er sich vom Geschirr und Löffel scheelt (schält) / und wann der Taig angemacht ist / so schmiere ihn mit zerlassenem Butter über und über / decke ihn zu / und laß ihn über halb gehen / hernach mache mit wenig Mehl lauter Strutzen / und flechte allzeit drei und drei schön rogel zusammen / und laß zugedeckter nur so lang ligen / daß sie noch ein wenig gehen können / hernach bachs in Schmaltz gemach / sie seynd schön und gut.

Dieses Rezept ist ein mürber Hefeteig, der nach dem Gehen zu kleinen dreifachen Zöpfchen geflochten und in heißem Fett ausgebacken wird.

Modelle für Torten oder Pasteten aus Konrad Haggers Kochbuch

Zucker-Sträublein

Nimm laulechtes Wasser / mit wenig Rosen-Wasser vermischt / mach einen Taig vom schönsten Meel an / mit wenig Saltz / zimlich fest / aber glatt / mache ihn mit Wein zu einem dicken Strauben-Taig / hernach nimm zwei ganze Eier / und drei Dotter / auf ein mittere Schüssel / und wann der Taig dünn genug / so mische einen halben Löffelvoll gefädten (gesiebten) Zucker darunter / bachs schön liecht aus Schmaltz / und lege die Sträublein / über einen Walger (Wellholz) / daß sie krumm werden / hernach richts zierlich auf / bestreus mit Zucker / und gibs warmer.

NB. Man kan anstatt der Dotter auch nur die Klar von Eiern nehmen / der gern rösch ißt (knusprig macht).

Etwas lauwarmes Wasser wird mit so viel Mehl, etwas Salz und Rosenwasser angerührt, daß eine halbfeste Masse entsteht. Man gibt 2 Eier und 3 Eidotter, 1 Eßlöffel voll Zucker und etwas Wein dazu. Der weiche Teig wird portionsweise zu Sträublein oder länglichen Stücken ausgeformt und in Fett ausgebacken. Man bestreut sie mit Zucker und gibt sie warm zu Tisch.

Von den gelben Cremb-Dorten

Nimm nach Geduncken süssen Ram / ein wenig Fein-Meel / Zucker / und gantzen Zimmet / Lemoni-Schaalen / mit etlichen Nägelein besteckt / Rosen-Wasser / dann rühre dises mit so viel Eyerdottern ab / setze es mit stetem Rühren auf eine starcke Glut / oder Wind-Ofen / biß anfang zu sieden / und ein feines Köchlein gibt; laß nicht starck zusammen gehen

Von Marzipan-Taig auf obige Weiß gemacht, u mit schöne
farben gefüllt, Vorhero aber lähr gebacken,

Deßgleichen auch von marben Taig,

Elegante Pastete mit klerikalem Wappen aus Konrad Hagger

/ und treibs durch ein Sieblein in eine Schüssel; dises ist eine gute Füll / in alle Dorten / dünn von Taig / doch ohne Ausschnitt.

Für diese Creme-Torte, zu der wir heute einfach Päckchenpudding verwenden, hat man früher süßen Rahm mit angerührtem Mehl zu einem Brei gekocht, ihn mit Zucker, Zimt und Zitronenschale und Nelkenköpfen sowie Rosenwasser gekocht, dann die Gewürze herausgenommen und mehrere Eidotter daruntergerührt. Unter stetem Rühren wird der Teig bis zum Kochen gebracht; er soll aber nicht sprudeln, damit die Eier nicht gerinnen. Diese Creme dient zum Füllen von Torten, Gebäck und dergleichen. In diese Creme kann man auch nach Belieben gemahlene Mandeln geben.

Eine Mandel-Dorten von Marck

Man soll ein halb Pf. schöne gleichfalls bereitete Mandel nehmen / und ein viertel Pf. Zucker / darnach soll man ein viertel Pfund gutes frisches Ochsen-Mark / das zuvor fein klein-geschnitten ist / darunter stossen / und 6 Eyer darein schlagen / und wohl rühren / wann man aber solchen Dorten in den Model oder Schüssel gießt / muß man zuvor wohl Zimmet darein rühren / ein Blättlein von guten mürben Taig darein legen / wie oben / man kans sonst nicht gantz heraus bringen / sie wird gar mürb.

Zuerst legt man einen Boden aus Mürb- oder Blätterteig in eine gebutterte Springform. Dann rührt man 250 g geschälte und feingeriebene Mandeln mit 125 g Zucker und gibt 125 g frisches Ochsenmark (heute wohl besser Butter) und nacheinander 6 Eier hinein. Man würzt sehr aromatisch mit Vanillinzucker und Rosenwasser oder Zitronen- und Orangenschale oder Ingwer und Kardamom, etwas Salz und Mandelöl und gießt diese Masse auf den Blätterteig. Die Torte wird leicht ausgebacken.

Die Neapolitanische Dorten zu machen

Nimm von den besten an einem Reibeisen geriebenen Lebzelten / mische darunter klein-geschnittene eingemachte oder candierte Citronen / und roth oder weisse Kütten / Latwergen / grob-gestossene Mandel / Zimmet und Muscatnuß / alles groblecht unter einander gemischt / und mit einem dicken Julep (Sirup) / etwann von eingemachten Citronen / oder anderen geläuterten Zucker angefeucht / noch einmahl unter einander gerührt / und in einen Dorten gefüllt / an statt deß Julep kan gefähter Zucker mit Zimmet-Wasser genommen werden.

Zuerst legt man in eine gefettete Springform einen Mürbteig mit Rand. Dann mischt man etwa 200 g geriebenen Lebkuchen mit 100–150 g gehacktem Zitronat, ebensoviel kleingeschnittener Quittenpaste, 125 g geriebenen Mandeln, etwas Zimt und Muskat, ein wenig geriebenem, kandiertem Ingwer und nach Belieben auch noch mit etwas gehacktem Orangeat. Die Masse wird mit 2–3 Eßlöffel dickem Fruchtsirup oder etwas erwärmtem Gelee angefeuchtet und auf den Mürbteig gestrichen. Man bäckt die Torte bei Mittelhitze lichtgelb und kann sie überzuckern oder mit Zitronenguß überziehen.

Von Feigen / ein Dorten-Füll

Nimm Feigen / schneid sie klein / mit sauber gewaschenen Pinioli, kleinen und grossen Rosinen / wenig Wein / Lemoni-Schaalen / und den Safft / guten Butter / Imber / Zimmet und Muscatnuß / welches gibt eine gute Dorten-Füll.

Eine Mürb- oder Blätterteigplatte legt man in eine Springform; dann schneidet man 200–300 g saftige Feigen klein und gibt 1 Tasse Pinienkerne, ebensoviel Rosinen, 1–2 gehackte Ingwerpflaumen, etwas Zimt,

Muskat, Zitronenschale, Zitronensaft, ein Stückchen erwärmte Butter und so viel Wein daran. Sie wird auf die Torte gestrichen. Dann bäckt man sie und überzieht sie zuletzt mit einer Zitronen- oder Rumglasur.

Von unzeitigen Wein-Trauben

Nimm die abgezupffte Weinbeer (wann sie noch hart und nicht gar zeitig seynd) wasche sie sauber / und siede sie in viel Zucker / schwings herum / oder herüber / und wanns abgekühlt seynd / so legs mit kleingeschnittenen oder geriebnen Lemoni-Schelffen in die Dorten / mit einem dünnen Ausschnitt / und die Dorte soll auch von Taig nicht dick gemacht werden.

Grüne Trauben-Torte: Auf eine Mürbteigplatte legt man grüne, also unreife Weintraubenbeeren, die mit genügend Zucker zu einer Art dickem Kompott verkocht wurden. Man gibt geriebene Zitronenschale dazu und bäckt die Torte bei Mittelhitze gar.

Ein Dorten-Füll von frischen Johannes-Beerlein / roth oder weiß

Nimm geröste Semmel-Brosen / an den Boden / in den Dorten / dann auch die frische und sauber geklaubte Johannes-Beerlein / streue viel Zucker darauf / mach die Dorten zu / und bachs / und bestreus mit Zucker / oder mach ein Glas-Eyß darauf.
NB. Wann sie zuvor in Zucker dick gesotten / werden sie noch besser.

Auf eine Unterlage von Mürbteig gibt man in Butter geröstete Semmelbrösel und darauf sehr stark eingezuckerte Johannisbeeren oder noch besser, kurz in Zuckerwasser dicklich gekochte Beeren. Jetzt wird die Torte mit einem zweiten Teigdeckel geschlossen. Man überzieht sie zuletzt noch mit Zuckerguß.

Ein rechte Ziwöben- und Weinbeerlein-Dorten-Füll

Nimm gute grosse und kleine Weinbeerlein / wann selbe sauber geklaubt und gewaschen seynd / so sieds ein wenig / mit halb Wein und halb Wasser / mit gantz wenig Brühe; dann mach es an mit Zucker / Zimmet und Lemoni-Schaalen / und fülls in ein aufgesetzte Dorten / oder auch in Butter-Taig / und dergleichen Schlangen; wer gern will / der nimmt auch gantze oder geschnittene Mandeln oder Pinioli darein.

Zuerst bereitet man eine Unterlage aus Mürb- oder Blätterteig und legt sie mit Rand in eine gefettete Springform. Für die Fülle werden 500 g kleine und große Weinbeeren (Rosinen) gewaschen und dann in halb Wein und halb Wasser durchgekocht und mit Zucker, Zimt und Zitronenschale gewürzt. Die Masse soll halbfest und zart-weich sein oder sie wird grob gehackt. Man kann auch noch Pinienkerne oder grob geschnittene Mandeln daruntergeben. Dann bäckt man die damit gefüllte Torte und betropft sie mit Zuckerguß.

Marillen in Syrup warm

Marillen gescheelt / ausgekernt / mit wenig Wein und viel Zucker / und gantzen Zimmet und Nägelein kurtz gekocht; doch bey dem Anrichten / das gantze gewürtz darvon genommen / und mit Zucker bestreut.

Marillen / mit Taig aus Schmaltz gebachen

Marillen gescheelter / und ausgekernter / in purem Wein-Taig / an Spießlein gesteckter eingedaucht / und aus wohl heissen Schmaltz gebachen / seynd köstlich; aber nimm keine unzeitige.

Die Auerhan-Pasteten, mit Aufgestecktem Natürl kopff und flügel.

Auerhan anderst ohne kopff.

Aus Konrad Haggers dickem Kochbuch 1719

Marillen-Muß / oder Koch

Dieses wird mit klein-gestossenen Mandeln / Zucker und Eyern abgetrieben / die Marillen gescheelter in Wein gesotten / und durchgetrieben und abgerührt / gibt ein köstliches Muß oder Koch / im Ofen zu bachen / oder auf der Schüssel / mit doppelter Glut.

Marillen-Mus: Etwa 500 g Marillen (Aprikosen) werden geschält, in Wein gekocht und durchgetrieben. Man fügt einige Eßlöffel feingeriebene Mandeln, entsprechend Zucker und 2–3 Eidotter hinzu und rührt gut durch. Zuletzt gibt man den steifen Eischnee daran, füllt die Masse in eine gefettete, feuerfeste Form und bäckt sie in der Röhre gar.

Marillen durchgetriebener

Marillen mit Wein / Zucker / gantzer Lemoni-Schaalen und Zimmet lassen aufkochen; ist kräfftig vor Alte und Krancke; bey dem Anrichten nimm den Zimmet und die Lemoni-Schaalen davon.

Maul-Beer / warm gekochter zu geben

Maul-Beer gantzer / mit wenig Wein / Zucker / gantzen Zimmet und Nägelein kurtz kochen lassen / und auf Semmel-Schnitten angerichtet / mit Zucker bestreut / seynd gesund / und auf der Schüssel wieder lassen einen kleinen Sud thun / auch bey dem Anrichten mit wenig Zucker bestreut; ist eine köstliche Hertz-Stärckung.

Nöspel-Muß / oder Koch

Nöspeln / mit Wein / Zucker / auch gantzen Zimmet und Nägelein wohl gesotten / und durchgetrieben; mit Butter / Eyern / gestoßnen Mandeln und Semmel-Brosen / bey einer Stund abgerührt / mit kleinen Lemoni-Schelffen gemischt; ist auch ein gutes Muß; ohne Butter / Eyer und Mandel / ein edles Koch.

NB. Man kan auch auf dieses Muß ein Eiß / von Eierklar / Zucker und Lemoni-Safft / machen.

Nöspel-Mus: Nöspeln sind Mispeln. Etwa 500 g davon werden mit gesüßtem Wein und Zimtrinde sowie 1–2 Nelkenköpfen gekocht und durchgetrieben. Man rührt nun ein Stück Butter mit 2–3 Eidottern, gibt je ½ Tasse gestossene Mandeln und Semmelbröseln, etwas Zitronenschale und den Mispelbrei dazu. Zuletzt hebt man den Schnee der Eier darunter und gibt die Masse warm als eine Art Brei (Koch) zu Tisch oder bäckt sie in einer feuerfesten Form in der Röhre goldgelb wie einen Auflauf.

Frische Nüsse / so sich scheelen lassen

Nüsse / so heurig / und sich scheelen lassen / seynd gut / mit süssen Wein ausgewaschen / roher zu geben / mit oder ohne Zucker bestreuter.

Datteln zu dämpffen

Man schneide die Datteln auf einer Seiten auf / nimm den Kern heraus und hinweg / röste sie in wenig Butter / oder wirff sie in heisses Schmaltz / und nimm sie bald wieder heraus / koche sie mit köstlichem Wein / Zucker und wenig Zimmet / in einer kurtzen Brühe / doch zugedeckter / beim Anrichten bestreus mit wenig Zucker.

Dattel-Muß

Löse die Datteln von dem Kern / hacks klein / nimm sie / röste sie mit geriebener Semmel in Butter / kochs mit gutem Wein / Zucker und Zimmet / gibs in rechter Dicken / mit Zucker bestreuter.

Dattel-Strützlein / oder Würstlein

Löse die Kern aus denen Datteln / hacke die Datteln gantz klein / mit sauber-geklaubten und gebutzten schwartzen Weinbeerlein / stoß eine Handvoll abgezogene Mandeln gantz klein / mische sie mit in Wein geweichter Semmel-Mollen unter die Datteln / schlage ein / oder nach Proportion der Füll / oder des Gehäcks / zwei Eier daran / formiere Strützlein / oder Polpöden daraus / bräuns aus Schmaltz / oder sieds in Wasser / Wein / Zucker / und ein wenig Zimmet / beym Anrichten bestreut mit Zucker.

Das Rezept ist klar. Polpöden sind eine Art kleiner Krapfen. Sie werden *entweder* in Schmalz gebacken oder in Wasser gekocht. Es handelt sich hier um eine Art Konfekt oder Nachtisch.

Erdbeer-Muß / warm oder kalter zu geben

Lasse Wein mit Zucker / und gantzen Zimmet / sammt wenig Lemoni-Schaalen aufkochen / so lang als ein Ei kann hart gekocht werden / nimm geklaubte und zeitige Erdbeer / und wann du den Safft oder Wein vom Feuer genommen in den Sud / schütte die Erdbeer darein / überschwings etlichmal / richts an mit kurtzer Brühe / nimm den Zimmet darvon / bestreus vor dem Auftragen mit Zucker / gibs warm oder kalter / aber frisch und kalt seynd sie besser und schöner.

Feigen

Nimm gebutzte frische oder gedörrte Feigen / hacke sie klein oder zerstosse sie im Mörsel / treibe sie mit Wein durch ein Haarsieblein / laß mit Zucker und Zimmet-Stup wol einsieden / gibs warm oder kalter / dann kalt lassen sie sich also schneiden / wie die Latwergen / und seynd also zugerichter schier zum besten.

Feigen frischer und halbiert / warmer zu geben

Diese werden auch / wie erstgemeldt / mit Wein / wol Zucker / und gantzen Zimmet kurtz gekocht / mit etwas dickgesottner Brühe angericht / und mit Zucker bestreuter ohne Zimmet zur Tafel gegeben.

Nonnenfürzchen

In ein Glas Wasser kocht man 2 Eßlöffel Butter, eine Prise Salz, 1 Eßlöffel Zucker und die feingeriebene Schale einer ungespritzten halben Zitrone. In diese kochende Brühe schüttet man auf einmal 125 g Mehl und kocht unter Umrühren weiter, bis der Brei sich vom Topfe löst. Dann wird der Topf vom Feuer genommen und die Masse etwas verrührt. Man gibt nacheinander 2 Eier darunter, verrührt sie jeweils gut und sticht dann aus diesem Teil nußgroße Krapfen ab, die in gut heißes Fett gegeben werden. Wenn sie schwimmen und goldbraun sind, nimmt man sie heraus, siebt sie ab und bestreut sie mit Zucker.

Dieser Teig, den wir heute ganz schlicht Brandteig nennen, war schon im frühen Mittelalter bekannt und wurde auch für andere Speisen verwendet. Man nannte ihn in manchen alten Kochbüchern so nett den »nonnenfürzigen-Taig«. Weiteres Seite 30. Klosterrezept von 1705.

Rosen-Törtchen

125 g gebrühte und geschälte Mandeln werden gerieben und mit 2 Eiweiß und 125 g Zucker gut durchgerührt. Man gibt 4 Eßlöffel Rosenwasser und den steifen Schnee von 5 weiteren Eiern sowie 1 flachen Eßlöffel Mehl dazu. Dann legt man kleine runde Blechförmchen mit einem guten Butterteig aus, füllt sie mit der Rosenmasse voll ein, streut etwas Zucker darüber und bäckt sie in der Röhre goldgelb. Ein Rezept von 1710.

Ein gut Geschmalzenbrod

Schneid ein Weißbrod in so zarte Schnittlein, als es seyn kann, thu Weinbeeren, Zibeben, klein geschnittene Mandeln, und ein wenig Zucker und Zimmet dazu, gieß ein klein Gläslein Wein daran, und laß es ein wenig stehen; zerklopfe ferner ein Ey recht wohl, schütte es auch darunter, und schwing alles ziemlich unter einander. Mache in einem kleinen Pfännlein Schmalz heiß, schütte das obige darein, thu unten und oben Glut dazu, und laß es backen, wie einen Kirschenkuchen, doch das es ganz rund bleibt.

Die Nunnen-Krapffen zu machen

aus einem handgeschriebenen Klosterkochbuch von 1733.
Nimm 2. Nürnberger Lebzelten / und brocks in ein Pfändlein / gieß 2. Löffelvoll Honig daran / und zertreibe es auf einer Glut fein klein / nimm auch kleingeschnittene Muscat-Nuß / Negelein / Zimmet / Ingber und Pfefferstaub / auch würfflicht-geschnittene Lemoni-(Zitronen-)Schalen darunter / und zuckers / daß süß genug ist / der Lebzelten aber muß feste seyn / thue ihn dann auf eine Schüssel / und mache den Teig an / nimm alsdann auch schönes Mehl auf den Tisch / saltze es ein wenig / und zuckere das Mehl soviel man meynt / als es süß genug ist / schlage 2. gantze Eyer daran / und mache ein lindes Teiglein an / walge es gantz dünn aus, als wie ein Nudel-Teig / mache von den Lebzelten kleine Kugeln / eine Erbsen groß / und legs auf das ausgewalgte Teiglein / drucke (steche) es alsdann aus / und backe es im Ofen oder Torten-Pfann schönlicht heraus / so ist es recht.

Die Pfarrhausköchin Anna Speicher hat 1737 ein Kochbuch begonnen und allerhand nette Rezepte gesammelt, von denen eine kleine Auswahl hier folgen soll. Es muß sich um ein Pfarrhaus in Süddeutschland gehandelt haben, und man hat gut gegessen!

Hecht-Torte zu Karfreitag

Nachdem man vorher die Hechte zugerichtet, und die Gräten von der Seite des Rückens abgelöst hat, werden sie in länglichte Stücke eines Fingers lang geschnitten, selbige in laulichtem Wasser und ein wenig unzeitigem Traubensaft (Essig) aufgewellt, alsdann mit guter Butter, Karpfenmilch, Trüffeln, Champignons, Spargel-Spitzen in eine Casserole gelegt, und unter währendem Kochen einige Stückchen von einer Citrone dazu gethan, hierauf das Ragout mit Salz, Pfeffer, Muscatennuß, Gewürznelken, kleinen Zwiebeln und feinen Kräutern gewürzt. Wenn es nun gar ist, so kann eine kleine Fülle von Karpfen- oder Aalfleisch bereitet, selbige wohl gewürzt, mit Fisch oder heller durchgeschlagener Erbsenbrühe, geweichten Semmelkrumen dicklich gemacht, hierauf eine Torte von feinem Teig in eine Torten-Pfanne gemacht, der Boden mit der vorgemeldeten Fülle belegt, das Hecht-Ragout drüber geschüttet, die Torte mit einem Deckel von eben dem Teige geschlossen, bey gelindem Feuer gar gemacht, endlich mit Citronensaft angerichtet und warm auf den Tisch gegeben werden.

Karpfen mit Mandelrahm

Ein Karpfen wird geputzt, in Stücke zerlegt und reich mit dicken Mandelstifteln gespickt. Dann bereitet man aus Gräten und Abfällen, Suppenkräutel und Würzen eine kräftige kleine Brühe und gießt sie ab. Darin macht man den Fisch fertig, nimmt ihn heraus auf eine Platte und bindet die Brühe mit einer Spur Mehl.

Man gibt genug Butter und 3–4 Eßlöffel geschlagenen Rahm unter die Soße. Sie wird über den angerichteten Karpfen gegossen und dick mit gerösteten Mandeln besät.

Kalter Karpfen nach Kardinals-Art

Einen großen Karpfen zerlegt man zu etwa 100 g schwere Stücken, mehlt, salzt und pfeffert sie und brät sie in Öl und Butter golden. Dann hackt man 2–3 Zwiebeln und 1 Fenchelknolle, gibt Knoblauch, reichlich Majoran, Salbei, Kerbel, Thymian und Petersilie dazu, dünstet alles kurz in Öl und Butter an und gießt mit Rotwein und wenig Essig auf. Die Brühe wird mit Salz, Pfeffer und Zucker fest gekocht. Nochmals nachgewürzt und heiß über den Fisch gegossen. Man läßt alles wenigstens eine Nacht stehen. Der Karpfen ist kalt mit Salat hingegeben eine gute Fastenspeis.

Krebsschwanzel in Malvasier

An eine Schale (⅛ l) steifen Schlagrahm gibt man einen mit etwas Öl verschlagenen, gekochten Eidotter, 2–3 Eßlöffel Malvasier oder Portwein, 2 Finger voll geriebenen Meerrettich, Salz, Pfeffer und zum Röten etwas Krebsbutter (oder Tomatenmark). Die Soße wird über gekochte Krebsschwanzel gegossen und mit Dill besät.

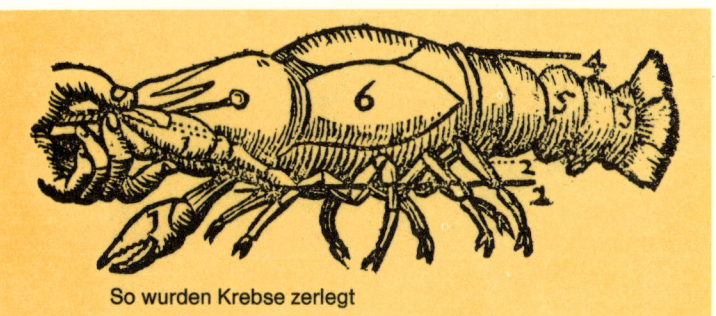

So wurden Krebse zerlegt

Tendrons de veau (Kalbsbrust-Knorpel)

Weil ziemlich unleserlich, ist dieses gute Rezept sozusagen übersetzt:

Kalbsbrustknorpel sind eine heute leider völlig vergessene Delikatesse, die einst in der feinen Küche besondere Beachtung fand. Es handelt sich um den Kalbsbrust-Knorpel, in der französischen Küche »Tendrons de veau« genannt. Man hat den ganzen Seitenknorpel der Kalbsbrust, da, wo die Rippenansätze sind, abgeschnitten und das Stück zartweich gekocht oder mit etwas Butter und gehackten Zwiebeln zart weichgeschmort. Es ist sehr saftig, aromatisch und von besonderem Geschmack. Die Knorpeln brauchen etwa eine Stunde, um so weich zu sein, daß man sie mit der Zunge zerdrücken kann. Man übergießt sie entweder mit frisch geschmorten Champignons oder einer mit Wein gewürzten Frikasseesoße oder mit einer Dillsoße. Ebenso kann man diese weichgekochten Knorpel mit Senf bestreichen, panieren oder in Backteig tauchen und in heißem Fett bräunen. Auch mit Parmesan bestreut und kurz in der Röhre überbacken, schmecken sie köstlich.

In einem alten, handgeschriebenen Kloster-Rezept heißt es dazu passend: »Das allerbeste Bißlein an der Schulter, ist ein kleines fettes Muscul oder Knorspel, welches man unter einer Haut, so auch im Braten zusammen ziehet, findet. Es wird insgemein das Schulter-Ohr genennet.« Es handelt sich also um ein gleichartiges Knorpelstück wie bei der Kalbsbrust.

Wildschweinskoteletts nach Kloster-Art

Die Koteletts werden mit Salz und Pfeffer sowie mit etwas Thymian eingerieben und in reichlich Fett goldbraun gebraten. Man gibt ein Rührei mit Pfifferlingen darüber, streut etwas Käse darauf und läßt die Koteletts noch einmal bei Oberhitze kurz überbräunen. Dazu gibt es gebräunte Butter.

Übrigens ist die Bezeichnung Wildschwein nicht immer ernst zu nehmen, das heißt, es muß sich nicht um Wild gehandelt haben. Es waren vielmehr Schweine, die wild herumliefen und sich ihr Futter, vornehmlich natürlich in Bauernäckern, suchten. Einspruch dagegen wurde klösterlicherseits nicht geduldet. Das Recht auf solche wilde Ernährung war oft sogar verbrieft, wie z. B. das Anthonyschwein (Seite 105) zeigt.

Gänsebraten nach Pater Martin

Eine zarte Gans wird ausgenommen und innen mit Salz und Pfeffer eingerieben. Dann schneidet man ½ kg aromatische Äpfel in Würfel, gibt 2–3 Eßlöffel Schwarzbrotbrösel, 2 Eßlöffel Zucker, 1 gute Messerspitze Zimt, 2–3 Eßlöffel gestiftelte Mandeln und ebensoviel Rosinen sowie 70 g geschmolzene Butter oder Gänsefett darunter. Die Masse wird sehr gut durchgearbeitet und eingefüllt. Die zart gar gebratene Gans wird aufgeschnitten und mit der Fülle umgeben. Man reicht Blaukraut, glasierte Maronen und Semmelknödel dazu.

Die Martins-Eß- und Trinklieder sind meistens von Mönchen gemacht. So heißt es in dem einen:
Herbei, herbei zur Martinsgans.
Herr Burkart mit den Bretzeln – jubilemus!
Bruder Urban mit den Flaschen – cantemus!
Sanct Bartel mit den Würsten – gaudeamus!
Sind alle starke Patronen
Zur feisten Martinsgans!

Versoffene Jungfern

Heute versteht man unter dieser Mehlspeise einfach eingeweichtes, gebackenes Weißbrot. Anna Speicher weiß es besser, sie kennt noch das gute, alte Originalrezept. Dazu werden 6 Eßl. Zucker und 6 Eigelb sehr schaumig gerührt, die 6 Eiweiß zu steifem Schnee geschlagen. Man gibt den Schnee mit 7 Eßl. Mehl unter die Eigelbmasse, sticht mit einem Kaffeelöffel kleine Portionen ab und bäckt sie in nicht zu heißem Fett schwimmend goldgelb aus. Die Jungfern gibt man in eine Schüssel, übergießt sie mit heißem, leicht gesüßten Weißwein und serviert sie versoffen, d. h. mit Wein vollgesogen.

Dettelbacher Muskazinerl

sind eine Spezialität von der Wallfahrt nach Dettelbach im Fränkischen. Das stark muskatgewürzte Gebäck in Muschelform ist eine Erinnerung an die klösterliche Atzung von erschöpften Pilgern und Kreuzrittern, denn man wußte, daß Muskat stärkt und aufmuntert.

Netterweise hat sich eine Legende um die Muskazinerl erhalten: ein dicker Bäcker mit vielen Mehlstrecker- und Gewichts-Sünden belastet, machte eine Wallfahrt und wanderte wohlgemut neben einem recht abgekämpften Kreuzritter, der schwitzend und stöhnend dahinkroch. Da gab ihm der gutmütige Bäck einige Stücke von seinem aufmunternden Muskatgebäck aus seiner Tasche, das rasch seine Wirkung tat und die beiden Wallfahrer zu Freunden machte, was sie zuletzt bei vollen Bechern froh genossen. Der Bäcker, schlau und geschäftstüchtig, hat sich diese Erfahrung zunutze gemacht und hat sein Muskatgebäck, das er vorher Engelsbrot nannte, in der alten Muschelform in Erin-

nerung an das Pilgerzeichen als Muskazinerl von nun an vermehrt gebacken und unters Volk gebracht. Die Wallfahrt hatte sich gelohnt, und die Muskazinerl haben sich bis heute gehalten.

Das Rezept:
3 Eier und 500 g Farinzucker werden schaumig gerührt. Es folgen 250 g feingeriebene Mandeln, 50 g kleingehacktes Zitronat, 230–250 g Mehl, etwas Zitronensaft und Zitronenschale, je eine Prise Zimt und Nelken, die doppelte Menge geriebene Muskatnuß und ein wenig Salz. Der Teig wird stückchenweise in kleine, gefettete Muschelförmchen gedrückt und bei mäßiger Hitze gebacken. Die Muskazinen werden erst nach einer Weile weich und aromatisch.

Frantzösische Suppen

Hüner / Capaunen / junge Hünlin / nach dem selbige ein wenig gesotten und verschaumt / werden gedämpfft / mit Zusatz guter feister Fleisch-Brüh / oder frischem Butter / oder sonst ohnzerlassen Schmaltz / Saltz / Imber / Pfeffer / Muscaten-Blust / man thut darzu Peterlin-Wurtzel / Lauch oder Spargen / oder

Blumen-Köhl / Artifiven (Artischocken) / jungen Pinetsch (Würzkraut) / jungen Lattich / Kabis (Kohl) / sc. Doch alles zurvor in anderm Wasser gesotten. Oder wenn obige Kräuter nicht darvey seynd / nihmet man Capres (Kapern) / Citronen-Limonen- oder Pommerantzen-Schnitz / oder unzeitige Traubenbeern / kochts recht / gibts auff gebähten Weißbrodt-Schnitten für ein Frantzösische Suppen / und legt gebachene Lungen- oder Hirn-Knöpflin darum.

Kalbs-Spißlein

Kalb-Fleisch / so wol fleischig und trucken / wol geklopfft / zu breiten und dünnen Schnitten geschnitten / ritzt man mit dem Messer / und bestreichts mit gehacktem Speck / oder Rinder Marck / oder sonsten Feißte von Rinder / Kälber / oder Schaafen / mit klein geschnittenen Peterlin / Roßmarin / Majeron / Salbey oder gestossenen Wecholder-Beer / Imber / Pfeffer / Saltz vermischt / wickelts über einander und steckts an Spißlein / laßts sanfft braten / und gibts in einem Brühlin / oder gar trucken / angezeigt. Man solls im Bratten mit Schmaltz oder feister Brüh begiessen. Man spickts auch mit Speck / wie Krammets-Vögel.

Reb- oder Feld-Hüner

Reb- oder Feld-Hüner werden durchauß zugericht / wie die Fasahnen / die Köpff nicht gerupfft / sondern mit Papir verbunden. Man mag auch die eussere Flügel behalten / und nach deme mans aufftragen will / widerum daran machen; Werden auff grünem Reb-Laub trucken gegeben / und mag man gantze Citronen oder Pommerantzen darmit geben.

Um dieses Rezept zu ergänzen, sei hier eine feine Fülle dafür aus dem Klosterkochbuch von 1710 angegeben. Hacke Mandeln als vil du willst, gib 1–2 gemilchte (in Milch geweichte) Semel, 2 Eyer, Salz, Pfeffer, Ingber, Majoran, 1 gescheelten, geriebenen Öpfl, Peterlin und Zwiffel, Knofel und gehackten Rauchspeck, das gekochte und gehackte Herzelein und Mägelin dazu, machs gut ab und fülls ein.

Fleisch-Tarten

Fleisch-Tarten-Teyg wird zugericht / wie der Pasteten-Teyg (Blätterteig). Die Häfen (Form) macht man gemeiniglich rund / und etwas nider / und thut darein ein solch Gebäck, wie in die Fleisch-Kräpflin / mit Zusatz / da es vonnöhten / frischen Butter / oder ohnzerlassen Schmaltz / macht alsdann den Deckel darüber wie gebräuchig / und bestreicht dieselben mit zerklopften Eyeren wie die Pasteten.

Burgel.   Basilien.   Weisser Senff.   Bertram.   Epff.   Sawdystel.   Lattich.

Das richtige Transchieren war eine hohe Kunst

Das gibt eine Fleischpastete in Blätterteig. Die Fülle wird aus feinem Schweinehack oder Wurstbrat und Pastetengewürz hergestellt. Man gibt gerührte Butter und etliche Eier daran.

Fleisch-Knöpflin

Junger Mangold oder Spinat mit Peterlin / Salbey / oder Majeron / grün- oder dürren Zwiblen groblecht gehackt / mit Eyer / gut Mehl / Imber / Pfeffer / gehacktem Speck / Kalb-Fleisch / oder Lungen gehäck vermischt / gibt gemeine gute Knöpflin / man siedts / oder bachts / oder macht ein Brühlein darüber.

Kräpflin

Kalb-Fleisch klein gehackt / mit Eyer / Saltz / Imber / Pfeffer / Zimmet / gelb Gewürtz (Curry) / oder Saffran / Rosinlin sc. verrührt / in ein gewahlten Küchlein-Teig gethan / Kräpflein darauß gemacht / und gebachen wie andere Küchlin / oder in einem Brühlin auffgeben (gekocht). Man kan Majeron / oder andere wohlschmeckende Kräuter / auch klein geschnetzelte Birren / oder Apffel-Grieblin in Schmaltz geröstet / darein thun.

Alt Bock- und alt Geissen-Fleisch

ist für grobe / wercksame Leut / das Blut und Leber aber nichts nutz.
Junger Geissen oder verschnittenes Böcklin-Fleisch / so nicht über ein Jahr alt seynd / ist nicht böß / und wird gesotten / gebraten / eingemacht und zugericht / wie Schaf-Fleisch / das Blut aber wirfft man hinweg / und braucht die Därme für Kuttel-Fleck oder Kröß.

Unter den Fleischgerichten sind wenig Braten oder andere Großstücke, sondern in der Hauptsache Hack-

Spargen. Bynetsch. Mangolt. Beßnapen. Pfifferling. Kürbß. Krauthäußlin.

fleischspeisen, als da sind, Knöpflin und Kräpflin, Salßen (Soßen), Füllen und überdies sämtliche Eingeweide und Nebenteile. Alles wird verwendet, die Leber und das Gelänck (Lunge), Därme und Milz, Füße und Kopf, Hirn und Zungen, Schwänze und Blut. Der Verfasser Bernard Buchinger, der sich allerdings im Titel nicht nennt, ist ganz auf Spar-Rezepte eingestellt. Deshalb gibt es in der Hauptsache Kleinspeisen, nur bei Wild und Vögeln geht's etwas üppiger zu.

Salse

Tauben werden / nach dem selbige gesäubert / und gebutzt / in Wein / feißte Fleisch-Brüh oder frisch Butter / Oder halb Wein und Wasser gesotten / verschaumt / alsdann mit wenig gebrantem Mehl / Pfeffer / Imber / gestossene Nägelin / Saltz / außgemacht / und vollends gedämpft. Man mag an statt deß gebrändten Mehls / ein wenig geriben Brodt darein thun.

Von Fasten-Speisen ins gemein

Krebs-Pasteten oder Tarten

Krebs ein wenig gesotten / die Schwäntz / Bäuche / Schären geschehlt / in einem runden niederen Pasteten-Hasen (Haus-Hülle) / ordentlich eingesetzt / gute Birren-Schnitz / so langlecht geschnitten / oder gefüllte Äpfel darzwischen gelegt / alsdann eine Fülle / oder Salse von geklopfften Eyern / gehackten Feigen / Meer-Trauben / Saffran / Zimet / frischen Butter / oder sonst schmaltz / wenig saltz / Peterlin / gemacht / wol durch einander gerührt / über die Krebs in der Pasteten gegossen / ein saubern Deckel darüber gemacht / und allgemach gebachen. Man mag under solche Fülle / oder Salse / auch ein wenig guten Wein / Rosinlin auch Zucker mischen.

Für die Fülle dieses Pastetengehäuses aus Blätterteig mischt man ausgelöstes Krebsfleisch (300–400 g, auch aus der Dose oder Hummerfleisch) mit 2–3 Eiern, gehackten Feigen, Meer-Trauben (wohl getrocknete Malagatrauben), Safran, Zimt, Salz, Petersilie und gibt etwas Butter darunter. Man füllt alles in den in eine gefettete Form eingelegten Pastetenteig und legt einen Teigdeckel auf. Dann wird die Pastete gebacken. Man kann wie üblich ins gelassene Loch im Teig etwas Wein (Rosinen und Zucker) eingießen.

Krebs-Knöpflin

Man mischt under gesotten / geschehlte und gehackte Krebs / ein wenig gut Mehl / Saltz / Eyer / gehackte und in Schmaltz geröstete Aepffel / oder Birren / Rosinlin / Zimmet / Saffran / Peterlin / Majeron / geriebenen Leb-Kuchen / machts zu kleinen Knöpflin /

und siedets in einem Erbsen-brühlin / oder bachts in schmaltz.

Diese feinen Knöpflin (Klößchen) sind eine Einlage in eine (Fasten-) Suppe oder können, gebacken und mit Salat, als elegante Vorspeise gegeben werden.

Schnecken

Schnecken / so noch in Häußlin verschlossen / werden sambt den Häußlin in Aschenwasser (Natronzusatz) ein gute Weil wol gesotten / hernach auß dem Häußlein gezogen / die schwartze Schwäntz / und was sonsten ohnsauber darvon getan / in warmem Saltz-Wasser wol gequetscht (gerieben) / und sauber gewaschen / daß der Schleim überal darfon komme / alsdann auff ein sauber Brett gelegt / gesaltzen / gepfeffert / und in die Häußlin / so sauber sollen gewaschen seyn / mit frischem Butter vor und nach eingeschoben / in ein irrdinie Kachel ordentlich gesetzt / darinn im Boden ein wenig Wasser seye / alsdann unden und oben Glut darzu gemacht / und also dämpfen lassen. Wann man kein frischen Butter hat / sonimbt man sonst ohnzerlassen Schmaltz / man tragt sie warm in der Kachel auff den Tisch. Man kan die Brühe etliche mahl im dämpfen / über die Schnecken giessen.

Heute bereitet man Schnecken mit gewürzter Butter, Knoblauch und Worcestersoße zu.

Rhein-Fisch

Rhein-Fisch (Salm) oder andere dergleichen gesaltzene Fisch / werden gewässert / hernach sauber gewaschen / und in blossem Wasser gesotten / geschüpt / und hernach ein Brühlin / wie erst bey den Gang-Fischen gemeldet / darüber gemacht.

Das Brühlein besteht aus Essigwasser oder verdünntem Wein, Salz und Petersilie feinstreifig ge-

schnittenem Sellerie und Lauch, Karotten und etwas Weißkraut. Es wird gut durchgekocht, nachgewürzt und über den angerichteten Fisch gegossen.

Biber-Schwantz gesäubert / geschupt / mit siedentem Wasser und wenig Essig abgebrühet / in bloß Wasser und Saltz lang gesotten / hernach in gutem Wein gethan / und mit Zusatz frisch Butter / Zucker / Imber / Pfeffer / Zimmet / Saffran / ungeschehlt zerstossenen Mandlen / wenig Saltz / sitlich dämpfen lassen. Man mag auch Rosinlin / oder Meer-trauben darzu thun / oder auch ein wenig Essig.

Kräpflin von Fisch-Eingeweyd

Fisch / besonders Karpffen-Eingeweyd / gibt Kräpflin. Solche macht man von gesottenem / gehacktem Eingeweyd / hart gesottenen und zerribenen Eyer-Dottern / und zerribenen Leb-Kuchen / Saltz / und bachts wie sonst.

Als Eingeweyd sind Rogen und Milchner gemeint. Die Idee daraus Kräpflin als Einlage für eine Suppe oder als Beilage zu Fisch zu bereiten, ist gut, nur verwendet man zum Binden der Masse wohl besser neutrale Brösel als gewürzten Lebkuchen. Die Kräpflin werden in Schmalz gebacken.

Grundlen / Groppen / Salße

Grundelen die Edlen Fischlin / werden lebendig in heissem guten Wein getödet / und mit Zusatz von

Saltz / frischen Butter / Imber / groblechten Pfeffer / gantze Nägelin / Muscar-Blust (Blüte) / sittlich gesotten. Man mag ein klein wenig Mehl daran brennen / so man keinen frischen Butter hat.

Eyer-Muß

Zum Eyer-Muß zerklopft man Eyer / vermischts mit Milch / röstet hübsch Mehl in Schmaltz in einer sauberen Mössin-(Messing-)Pfannen / und rührt selbiges mit den geklopfften Eyeren und Milch / allgemach über dem Fewer an / und saltzts erst wann mans anrichten will. Man mag Zucker darein thun.

Quitten-Tarten

werden gemacht / von geschehlten Quitten zu Vierteln geschnitten / in heiß Schmaltz geröstet / und mit wenig Wein lind gemacht / alsdann in den Tarten-Hafen eingesetzt / mit Zusatz Zimmet / Zucker / Meer-Trauben / oder Rosinlin.

Hier wird natürlich vorausgesetzt, daß der Tarten-Hafen, also die gefettete Form mit einem Mürbteig ausgelegt ist. Die in Wein gekochten, dann in Butter fertig geschmorten Quittenschnitze geben mit Zimt-Zucker, Rosinen und Weinbeeren oder Malagatrauben gebacken natürlich einen feinen Obstkuchen.

Recht weltlich gewandt gab sich Odilo Schreger (1697–1774), Prior der Benediktiner-Abtei Ensdorf in der Oberpfalz, als Verfasser des Kochbuches »Der vorsichtige und nach heutigem Geschmacke wohlerfahrne Speismeister«. Seine »beygefügten Anweisungen zu Tischregeln, Kochen, Trenchiren, einigen sonderheitlichen Complimenten«, sein elegantes Titelkupfer und seine weitreichenden Kenntnisse der Lebensmittel machten das Buch seinerzeit in Deutschland zu einer erstaunlichen Erscheinung. Trotzdem

Titelblatt des »Speismeister«, einem recht brauchbaren frühen Kochbuch von Odilo Schreger, dem Abt von Kloster Ensdorf

Ausschnitt aus dem Titelblatt des Kochbuchs von Odilo Schreger, das andeuten soll, daß es sich um eine erlesene Küche handelt

blieb ihm der ganz große Erfolg versagt, denn es kam in die französische Revolution, und da hatten die Leute andere Sorgen, aber es ist ein interessantes Buch, weil es eine so gesunde Mischung von feiner und sparsamer Küche, von altüberkommenen Gesundheitsregeln und modernem Wissen ist. Der schreiblustige, lebensnahe Herr Prior war bestimmt bei der Herausgabe vom Pater Küchenmeister unterstützt und als guter Hirte dann um seine weltlichen Schäflein wie um seinen Convent bemüht. Er hat daneben auch Andachts- und Gebetbücher geschrieben; sein Hauptwerk aber faßt Leib und Seele, die Notwendigkeit einer richtigen Ernährung und das Genießenkönnen klug zusammen, und man sieht, daß dieser gebildete Mann Herz und Zunge, Kopf und Feder recht zur Geltung bringen konnte. Ausgerechnet ein Kochbuch schien ihm die beste Hilfe für die ihm Anvertrauten gewesen zu sein. Ein Kochbuch, das sich so amüsant wie erbaulich liest, das eine gute Zeitschilderung darstellt und viel Kenntnisse vermittelt. Obwohl oder gerade weil es von einem hohen geistlichen Herrn geschrieben wurde.

Seine Rezepte sind in der Originalsprache so nett, daß sie mit gelegentlichen Erläuterungen lesbar und nachkochbar sind. Deshalb fehlt hier die sonst oft nötige »Übersetzung«.

Hecht mit Senff zu bereiten

Nehmet den Hecht / siedet ihn gar trocken ab / ziehet ihn auf ein Bret / bis er kalt wird / alsdann thut die Suppen fein rein herab / brechet und blättert den Hecht (er soll aber ziemlich groß seyn) als einen Stock-Fisch / klaubet die Gerädten rein heraus / thut ihn in eine Schüssel / giesset ein wenig Erbisbrühe (Erbsenbrühe oder Fleischbrühe) darüber / und thut frische ungeschmältzte Butter darauf / lassets darmit aufsieden / richtet dann den Senff mit geschmelzter Butter darüber und gebt ihn fein warm auf den Tisch.

Orffen, Nasen oder Weiß-Fisch zu backen

Nehme Orffen oder Weiß-Fisch / schuppe sie / schneide sie an Bauch auf / thue das Ingeräusch heraus / durchsteche sie mit einem Messer / saltze sie ein / laß sie eine Weil im Saltz liegen / dann truckne oder streiffe sie mit der Hand wieder ab / und melbe sie mit schwartze Mehl (Roggenmehl) ein; Hernah setze eine Pfanne mit Schmaltz oder Oel aufs Feuer / wann es heiß ist, so backe die Fisch heraus.

Krebse kochen

Folget noch zur Zugab ein artliche Küchen-Secret (Geheimnis), wie man in wenig Stunden die Krebs mästen / gut und wohlgeschmack machen könne.
Man soll die Krebse einen halben Tag lang / oder auf das längste über Nacht / in einer frisch-gemolkenen ganzen Milch / oder in süssen Milchraum umkriechen und sich weyden lassen / hernach deraus genommen und obbesagter massen mit halb Wasser und Wein schön roth abgesotten.
Krebs sollen in denen jenigen Monaten / die kein R haben / als im May / Junius / Julius / August-Monat

/ am besten seyn. Andere wollen daß die Sie oder Weiblein / von dem December bis in den Frühling / (da sie fast allezeit Eyer haben) am besten seyen.

Krebs-Kugel-Hopffen

Nimm ein wenig Krebs-Schalen / stoß klein / dann ein halb Pfund Schmaltz / thue es sammt den Krebs-Schalen in eine Pfanne / laß zergehen / zwings durch ein Tuch / laß kühlen / rühre es ab / biß weich ist / schlage 15. Eyer eines nach dem andern / thue 8. Koch-Löffelvoll Milch / auch soviel Heffen / und soviel Zucker / I. Pfund Mehl, rühre es sammt dem Mehl eine gute Weil / schmiere ein Torten-Model mit Schmaltz / thue den Teig darein / laß gehen / und backs.

Diese pikanten Torten, im Gebrauch ähnlich der heutigen Pizza, sind häufig mit Fleisch, Fisch oder Krebsen hergestellt worden. Auch der obige Gugelhupf ist eine Art trockene Pastete aus Hefeteig mit vielen Eiern, und Krebsbutter-Schmalz ist in diesem Fall ausgelassene, mit den zerstoßenen Krebsschalen verkochte Butter. Ein gutes Rezept.

Gebachene Frösche

Wann die Frösche / wie gemeldt / zugerichtet / saltzets / pfefferts und meelts ein / bachets aus heisser Butter / daß sie fein rösch (knusprig) seynd / gebet sie warm auf den Tisch / und bestreuet sie mit Ingber.

Fricassée von Fröschen

Nehme die hintern Viertel von Fröschen / die vörtern Bein müssen herunter kommen / daß nur die Schenckel bleiben / wasche sie ein paar mahl in frischen Wasser sauber aus; Hernach nehme eine Casserole oder Tiegel / thue ein Stücklein Butter darein / setze es auf Kohlen, wenn die Butter zergangen ist / so thue ein wenig schönes Mehl darein / nimmt die Frösch aus dem Wasser heraus / trucke sie wohl aus / und schmeiß sie ein wenig in der Butter / dann gieß ein wenig Fleischbrüh daran / thue gestossenen Pfeffer und Muscatenblüh darzu / schlage zwey oder vier Eyer-Dottern in ein Geschirrlein / rühre die Dottern mit ein wenig Citronen-Safft und Wein ab. / NB. wenn man will / so kan man en wenig Petersilienkraut gebutzt / gewaschen / und klein-geschnitten an die Eyer-Dottern thun / NB. wenn sie nicht fett genug seyn / so kan man noch ein wenig Butter mit an die Dotter thun / wenn man sie will anrichten / so müssen sie kochen / gieß die Eyer-Dottern an die Frösch / schwinge sie herum / versuche sie / so sind sie recht.

Muscheln mit geriebener Semmel gestaufft
(gestaufft = gestovt, in Butter geschmort)

Nehme Muscheln, es mögen eingemachte oder frische seyn, NB. sind es frische, und noch in den Schalen, so nehme sie aus den Schalen heraus, reinige sie auch sauber, dann in den Muscheln ist bißweilen was gar-

Haselnuß

stiges von Haaren oder Most, auch Spießlein von den Muscheln, so heraus müssen, dann thue sie in ein Tiegel, thue geriebene Semmel, ein gutes Stücklein frische Butter, gut gestossen Gewürtz, und etwas von einer Citronen geschnitten, davon aber die Kern genommen sind, daß es nicht bitter wird, daran, gieß ein wenig Wein darauf, decke es zu, und laß es kochen, versuche es nach dem Saltz, richte es an, so ist es recht. NB. man kan die Muscheln auch auf solche Art in zinnern oder silbern Schüsseln kochen, die Muscheln nur vorhero ordentlich gelegt, so ist es recht.

Schnecken in Zwiebel-Brühe

Siedet die Schnecken und putzet sie / nehmet darnach gute Erbisbrühe(Erbsen-Fleischbrühe) und Zwiebel / hackets und röstets im Schmalz oder Butter, thut die gerösteten Zwiebeln / Pfeffer und Muscatblühe darunter / lassets miteinander sieden / lasset die Schnecken auch einen Wall darinnen thun / bähet (röstet) etzliche Semmel-Schnitten / richtet dann die Schnecken samt der Brüh darüber.

Biber-Schwäntz und Klauen in einem süssen Weixel- oder Kirsch-Mus zu kochen

Nehme den Biber-Schwantz, lege solchen auf den Rost, setze diesen auf glühende Kohlen, wenn er wohl warm ist, so butze die obere Haut herab, die Klauen aber müssen wohl gebrüht / hernach abgebutzt, und gewaschen werden, dann setze den Schwantz und Klauen mit Erbsen-Wasser oder Erbsen zu, laß es ein oder zwey Stunden lang kochen; Hernach nehme Weixel- oder Kirschen-Mus, zerreibe solchen mit warmen Wein mit einem Koch-Löffel, gieß auch noch ein gut Theil Wein darauf, thue gestossene Negelein, Muscatenblüh, Zucker, Zimmet daran; setze auch ein Pfännlein mit etwas Schmaltz zum Feuer, röste ein klein wenig braun Mehl darinn, thu es mit an die Weixel-Sooß, und laß es kochen. Alsdann richte den Biber-Schwantz und die Klauen an, mache die Sooß darüber, setze es auf ein Kohl-Feuer, daß es warm bleibt, gib es dann auf den Tisch, so ist es recht; Oder nehme dürre Weixel oder Kirschen, wasche sie aus, thue die Weixel in einen Hafen oder Tiegel, setze sie mit Wasser und Wein zum Feuer und laß sie weich kochen, hernach nehm sie aus der Brüh, hacke sie recht klein, thue sie dann wieder in die Brüh, gieß mehr Wein darzu, setze es aufs Feuer, thue gestossene Negelein, Zimmet, Citronen-Bützelein, und ein gutes Stück Zucker daran, röste auch ein wenig braun Mehl darein, und laß es kochen; Alsdann richte es über den Schwantz her, so ist es auch recht.

Leider sind Biber ausgerottet, und deshalb ist dieses bis ins letzte Jahrhundert so beliebte Rezept nicht

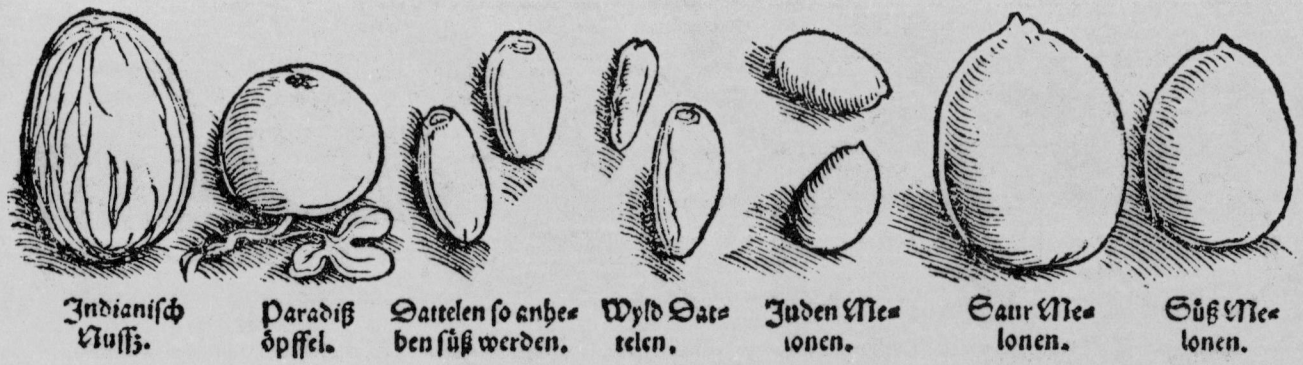

Indianisch Nuß.   Paradiß öpffel.   Datteln so anheben süß werden.   Wyld Datteln.   Juden Melonen.   Saur Melonen.   Süß Melonen.

mehr nachvollziehbar, aber man kann an Stelle von Biber-Schwänzen gekochtes, abgezogenes Kalbskopffleisch verwenden. Es schmeckt mit der Weichselsoße auch sehr gut.

Schild-Kröte mit Hecht gefüllt

Nehmet die Schild-Kröten / setzt sie zu samt der Schalen und lassets nicht lang sieden / nehmet sie darnach heraus / kühlet sie aus / und thut sie aus der Schalen / und lasset die Schalen ganz bleiben zu beyden Seiten. Hakket einen Hecht klein / machet eine Füll daraus / und füllet die Schalen darmit / und setzt sie zu mit wolgeschmacker Erbisbrüh / Muscatenblüh und Petersilgen-Wurtzel. Und wann es eine Weile gesotten / so thut frische Butter / die ungesaltzen ist / darein / und lassets darmit sieden / so wird es gut und wolgeschmack. NB. Ist eine delicate Speise auf die Fast-Täge.

Auch hier kann in großen Stücken abgelöstes, gekochtes Kalbskopffleisch verwendet werden. Es wird mit Hechtfarce gefüllt, in Alufolie gehüllt und gekocht oder in einer feuerfesten Form geschmort.

Schild-Kröt gebachen mit Agrest-Brüh (Essig)

Nehmet die Schild-Kröten / setzt sie zu in einem Wasser / und thut Saltz darein / und wann sie gesotten sind / so thut sie heraus / und kühlet sie / thut die Schalen davon / und gliedet sie fein ab / pfefferts / salzets und meelts wol / bachets darnach in heisser Butter / gebts trucken auf den Tisch / also warm / mit Agrest-Brüh / oder frischen sauren Limonien-Safft darauf gedruckt.

Dieses Rezept ist mit sehr zart-weichgekochtem Kalbskopf- oder Kalbsfuß-Fleisch zu bereiten. Agrest-Brühe ist ausgekochte Essenz von unreifen Weintrauben, die man heute durch einen guten Weinessig oder durch Zitronensaft ersetzt.

Von Calicutischen Han / Indianischen oder Pipp-Han und Hünern

Indianische / Wälsche oder Pipp-Hanen und Hüner (Puten) / sollten / ehe mans abthut / einen halben Tag ausgehungert / hernach um und um gejagt / alsdann ein halb Glas Essig / mit Ingber und Saltz vermischt / eingeschüttet / an einem Strick erwürgt / zwey oder drey Tag hangen lassen / hernach gerupfft / ausgenommen / geputzt / und erstlich in siedent / darnach in kalt Wasser gestossen / darauf mit Pfeffer und Saltz ein wenig ausgerieben / mit gequelltem Speck / Zimmet und Nägelein gespickt / an Spieß gestecket / gesaltzen und fein sanft gebraten; man soll den Fatzen oder Busch an der Brust nicht ausrupffen.

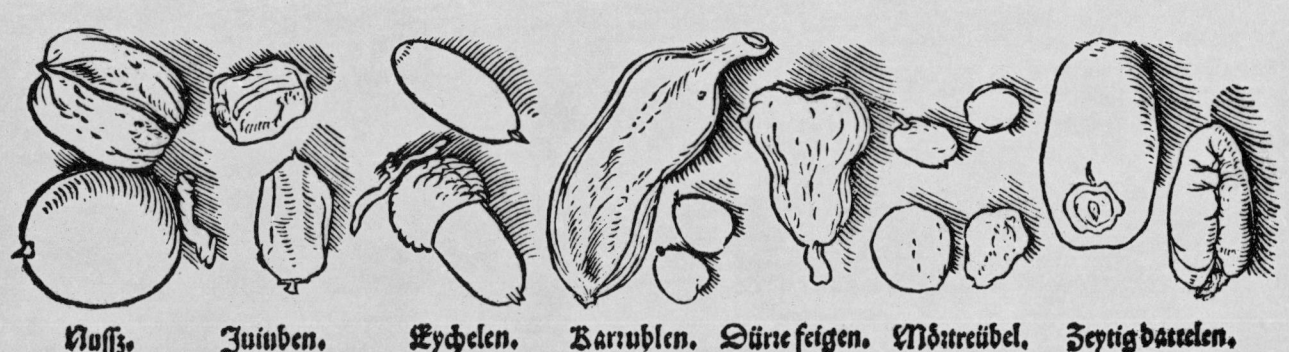

Nuſſz. Juiuben. Eychelen. Bartublen. Dürre feigen. Möttreübel. Zeytigdattelen.

Calicutischer Hahn, auch Indian, Pipgockel oder Bieberhenne, heute Truthahn oder Puter genannt. Wir verdanken ihn Christoph Columbus

Da Columbus glaubte, Indien entdeckt zu haben, wurde der aus Amerika stammende Hahn nach der indischen Hafenstadt Kalkutta benannt. Er hieß auch Indianischer Hahn, was ihm in Bayern der Namen Indian einbrachte. Die Tötungsart im Rezept ist recht barbarisch und überholt, aber die Würzung ist wieder ganz modern.

Vom Eichhorn oder Wasser-Ratzen

Die Eichhörner und Wasser-Ratzen / können eben auch wie die jungen Caninichen bereitet und zugerichtet / eingedämpffet oder gebraten werden; Sie sind aber nicht so gut als die Caninichen.

Natürlich essen wir keine Eichhörnchen mehr, das Rezept soll nur zeigen, mit was man sich ernährt hat.

Hammel-Schnitten zu stoofen

Nehmet eine Schöpsen-Seite (Hammelrippen) / und hauet sie in kleine Stücke / Knochen und alles daran / machet sie rein / und thut sie in einen Topff / mit ein Quart weissen Wein / und ein wenig Wasser / und lasts also sieden / schäumets wol ab / und thut alsdann eine gute Hand voll Petersilien drein / mit sechs Zwiebeln / beyde klein gehacket / ganze Nägelein / Muscatenblumen / und Saltz; Wann es genug ist / so tragets auf den Tisch.

Raviolen von Küh-Euter zu machen

Nehmet ein Stuck Kuh-Euter / siedets gar weich / hackets mit grünen Kräutern / röstets in Butter mit geriebenem Brod / nehmet Rinds-Mark darunter /

auch ein Ey / Ingber / Pfeffer / Muscat-Blühe / schlagets in einen Taig ein /formiret Kräpflein als Hasenöhrlein daraus / kochets in einer Brüh über Kohlen / oder bachets aus heisser Butter.

Das sind, modern gesehen, preiswerte Hamburger aus Kuheuter, in einen Nudel- oder Blätterteig gehüllt und wie Ravioli in Fleischbrühe gekocht oder in der Pfanne gebacken.

Eine Kälberne Brust zu füllen und zu braten

Nehmet eine gute kälberne Brust / untergreiffts / hacket fett Fleisch und allerley gute Kräuter / nehmet vier Eyer / Muscaten-Blühe / Pfeffer / und ein wenig Saffran / rührts untereinander / füllets in die Brust / legts in eine Fleisch-Brühe / lassets darinnen stehen / deckets zu / schneidet Speck zum Spicken / spickets wol damit / steckts an einen Brat-Spieß / lassets fein braten / betreuffts mit Butter / so ihr es anrichtet / giesset das Abgetropfte darüber.
NB. Das allerbeste Bißlein an der Schulter / ist ein kleines fettes Muscul / oder Knorspel / welches man unter einer Haut / so sich im Braten zusammen ziehet / findet / und insgemein das Schulter-Ohr genennet wird.

Hier ist die seitliche Knorpel der Kalbsbrust gemeint, die als Tendrons de veau (Seite 191) einst eine besondere Rolle in der Feinküche spielte.

Krumme Sträubelein

Nehmet Weitzen-Mehl / Eyerweis / Zucker / machet einen Taig an / klopffet ihn nicht / sonst wird er mürb / er soll aber zähe seyn / giesset ein wenig Rosen- und Zimmet-Wasser daran / bachets wie andere Strauben / nehmet sie also warm / wickelts um ein Wälgerholz / druckets hart daran / damit sie dünn werden / tragets auf / und streuet Zucker darauf.
Oder / nehmet das Weisse von acht Eyern / und rühret Meel mit Rosen-Wasser darein / bis er wird wie ein Sträubleins-Taig / thut ein Schmaltz in ein Pfännlein / und bachets heraus.

Holler-Hippen (Hohlhippen) zu machen

Nimm Mehl und gefähten (gesiebten) Zucker / eines soviel als das andere in eine Schüssel / gieß frisch Wasser darzu / und mache darmit ein hübsches dünnes Teiglein an / nach Gutduncken; Alsdann hitze das Eisen / und wische es mit einem saubern Tuch wieder ab / nimm nur allezeit ein Löffelvoll von diesem Teiglein aufs Eisen / und backe es also herab / will mans Pfeffern oder nicht / stehet in eines Belieben / es ist recht.

Linzer Torte (modernisiert)

500 g Mehl, 500 g Butter, 500 g gemahlene Mandeln, 500 g Zucker und 8 Eidotter werden verknetet. Man würzt mit Zimt, etwas Salz und Zitronenschale, teilt den Teig und wellt ein Tortenblatt mit Rand aus. Darauf gibt man Eingemachtes (Preiselbeer- oder Johannisbeermarmelade) und darüber ein hübsches Gitter aus dem Restteig. Die Torte wird langsam bei Mittelhitze gebacken.
Das ist eine sehr feine Torte, aber sehr groß. Man halbiert daher die Menge oder macht für ein Fest gleich 2 Linzer Torten daraus.

St. Galler Kloster-Torte (modernisiert)

300 g Mehl, 125 g geriebene Haselnüsse, 150 g Butterflöckchen, je 1 Teelöffel Backpulver und Zimt, etwas Backaroma, Bittermandel, 125 g Zucker, 1 Va-

Lintzer dorter Zuzmachen.

Nimb 1½ mehl, und 1 A butter, reible ihr
Under das mehl, hernach nimb ½ A klein ge robn
mandl ½ A gerästen zucker und 8 ayr dotter
Misch solches alles untereinander und mach den
taig zusamen, mach 2 theill daraus, einen theill
walge auf den dorten blatt aus und fülle etwas
eingemachtes darein, aus dem andern taig mach
stängl, leg solche darüber, bestreich die dorten und
backs nit gar zu gäch, das sein schön aus zicht, so
ist es löblig.

ein Biscoten dorten.

Nimb 15 loth ge rästen zucker in ein höffen
und schlag 7 ganze ayr und ein halbes daran
gleich auf ein maß, schlag solches alsdan mit ein
koch löffel ein ganze, und ab aber auf einer
seithen, hernach misch ein halb virting geräisten
mandl taig darunter auch lemonj schöller, wög
alsdan: 7½ loth ge rästes stärck und 4½ loth mehl
rühre hinein das recht untereinander kombt, her
nach schiner ein halb pfündigen mandl darin

nillinzucker und 2–3 Eßlöffel saurer Rahm werden gut verknetet. Man wellt den Teig aus, legt ihn mit Rand in eine Springform und schneidet aus dem Rest einen Deckel. Auf den Teigboden gibt man eine dicke Lage pikante Marmelade (Johannisbeeren, Preiselbeeren), legt darüber den Teigdeckel und zieht den Rand hoch. Dann gießt man 50 g zerlassene Butter darauf und streut Haselnußblättchen, groben Hagelzucker und Zimt darüber. Die Torte wird 45 Minuten bei Mittelhitze gebacken.

Klerikaler Humor

Der Religionslehrer prüft einen Schüler über die Sakramente: »Erste Frage: Was sind die sichtbaren Zeichen beim heiligen Abendmahl?«

»Brot und Wein«, antwortet der Prüfling.

»Zweite Frage: Was sind die sichtbaren Zeichen bei der Taufe?«

Der Schüler hat eine Reihe jüngerer Geschwister, kann also auf praktische Erfahrung zurückgreifen. Und so lautet seine Antwort: »Kaffee und Kuchen!«

Bei einer Visitationsreise trifft ein Bischof in einem Pfarrhaus statt einer Häuserin im kanonischen Alter zwei reizende junge Mädchen an, die sich um den Haushalt kümmern.

»Was haben Sie sich denn dabei gedacht?« fragt er entrüstet den Ortspfarrer.

»Eine über 40 konnte ich nicht kriegen«, sagt der, »da habe ich eben zwei über 20 genommen.«

Der Weihbischof begibt sich auf Visitationsreise. Um den hohen Herrn bei Laune zu halten, erkundigt sich die Haushälterin eines der betroffenen Pfarrer vorher in aller Heimlichkeit nach dem Leibgericht des Bischofs. »Leber«, bekommt sie zur Antwort. Dem Bischof ist das lieb, doch im nächsten Pfarrhof stellt sich heraus, daß der dortigen Haushälterin der gleiche Gedanke gekommen war, und so geht das die ganzen vierzehn Tage weiter: Jeden Mittag Leber, Leber und nochmals Leber. »Früher hat mir der arme Prometheus leid getan«, seufzt der Bischof nach seiner Reise, »an dessen Leber täglich ein Adler fraß. Aber heute bedaure ich schon eher den Adler.«

Mönche bei der Probe des frischgebrauten Biers (Grützner)

Von jetzt an nivelliert sich die Küche. Die Säkularisation (1802/3) hat die meisten Klöster aufgehoben, die Mönche und Nonnen zerstreut, die Küchen verödet. Erst langsam, Jahrzehnte später, beginnt zaghaft neues Leben in alten Mauern oder modern erbauten Anlagen, aber der Glanz, der Reichtum, die große Daseinslust ist vorbei. Was jetzt den Klosterinsassen täglich und auch zur Fastenzeit vorgesetzt wird, ist Normalkost, sicherlich gut, aber farbloser, uninteressanter. Der Pfarrhof dagegen blüht fortan, die Herren Hochwürdigen tragen weiterhin stolz ihr Bäuchlein unter schwarzem oder goldenem Gewand, die Betreuerinnen der obersten Hierarchie bis zur einfachen Pfarrhausköchin, in Bayern kurz Pfarrerkathl oder Hauserin genannt, bruzzeln, backen und brodeln unentwegt für ihre Herren und für Gäste weiter, und was aus ihren Küchen stammt, ist immer noch bemerkenswert. Und besonders nett ist, daß die guten Seelen sich bei ihren Treffs, bei Wallfahrten und 40stündigem Gebet, bei Kirchenfesten, Primizen und Prozessionen, besonders aber bei oberhirtlichen Besuchen, ihre Erfahrungen und Rezepte tauschen, daß sie es der Mühe wert finden, sie aufzuschreiben, und so konnte hier ein Schatz der Feinküche gehoben werden, der beachtlich ist. Was nun folgt, ist kein verkleinertes Kochbuch, sondern eine kulinarische Perlensammlung. Nicht besonders klerikal gefärbt, aber eier-, butter-, rahmerfüllt, goldgelb oder glänzend, rot, saftgrün oder dunkelbraun mit vielen lachenden Fettäuglein. Knuspriges zum Anbeißen, Duftendes zum Genießen, Süffiges zum Schlürfen, Süßes zum Löffeln.

Es sind bereits moderne Rezepte.

In 3 alten handgeschriebenen Kochbüchern von Pfarrerköchinnen mit einer Fülle loser Zettel, alles in etwas steifer, deutscher Schulmädelschrift, voller Fehler, mit falsch gehörtem Französisch, das damals als vornehm galt, sind so viele reizvolle Bemerkungen zu finden, daß dem Leser das Herz lachen kann. Da sind Oster- und Firm-, Stundengebets- und Primizspeisenfolgen aufgeschrieben und dazu die oft seltsamen Namen der Herren Patres, für die so eifrig gekocht wurde. Da tauchen die Lieblingsspeisen von Pater Fulgentius, Cantius, Ferdinand, Viktor, Johannes, Modestus, Gebhard, Pater Rempert und vielen anderen auf. Selbst die Rückseite eines Theaterzettels von der Marianischen Jungfrauenkongregation ist voll von Rezepten, und man kann sich vorstellen, mit welch großen weißen Schürzen, langen Röcken, roten Köpfen die getreuen Sorgerinnen gerührt und gefüllt, gehackt und bestrichen haben, bis alles endlich vor den erwartungsvollen Gästen stand. Es ist eine versunkene Zeit der genüßlichen Muße und Freude, des freundlichen Dienens, der bescheidenen Hingabe ans Werk. Da mischen sich froh Weihrauch und Bratenduft. Die mahnenden Predigten der H. H. lösen sich in körperliches Behagen, die in Christenpflicht genommenen Jungfernängste in geschäftigen Eifer auf. Alles glänzt: das Gold in der Kirche, die Augen der Gläubigen, die gebratene Gans, die friedvolle Seele, das Glas voll funkelndem Wein.

Ihrem verdienstvollen Tun zugesellt haben die Pfarrhaushälterinnen denn auch eine Schutzheilige. Es ist St. Wibrat, zu deutsch die kluge Frau. Obwohl sie sehr früh in der Geschichte auftaucht, weiß man doch recht viel von ihr, denn sie ist auch die Patronin der Bibliophilie, also der federführenden Chronik, eine uns hier in diesem Zusammenhang geradezu ideal scheinende Verbindung von Geist und Küche, denn sie war auch sozusagen die erste Pfarrhaushälterin, führte sie doch eine Zeit ihrem Bruder, dem Priester Hitto, das Hauswesen. Die Bücherliebenden haben das Gedächtnis an sie herübergerettet, die kochenden Betreuerinnen im Pfarrhaus verehren sie. Wiborada, wie sie im Heiligenkalender überliefert ist, lebte ab 912 zuerst als Klausnerin in St. Georgen, dann im nahegele-

Andächtige rutschen kniend die Treppe zu einer Wallfahrtskirche hinauf

genen St. Gallen. Gebildet, aus einer adeligen Aargauer Familie stammend, war sie als sehr vielseitige Frau hochgeschätzt. Sie unterrichtete Kinder, wirtschaftete im Kloster, schrieb und pflegte Bücher und ward berühmt ob ihrer weissagenden Kraft. Kurz vor dem Herannahen der raubenden Ungarhorden warnte sie Abt Engelbert rechtzeitig und rief in höchster Not: »Zuerst rette die Bücher, dann die heiligen Gefäße und die übrige Habe des Klosters.« Wiborada ist es also zu verdanken, daß einer der größten Schätze des antiken Wissens in Europa auf uns überkommen ist. Man muß dazu wissen, daß St. Gallen die meisten Klassiker des Altertums besaß und daß gerade sie die Grundlage für unsere humanistische Bildung gewesen sind. Wie es sich gerade das Schicksal einfallen läßt, wurde ausgerechnet die Retterin der Bibliothek von den Hunnen erschlagen und ging dadurch sowohl in die Geschichte der Märtyrer und Heiligen als auch in die Annalen der Bibliographie ein. Sie wird stets als Benediktinernonne mit Hellebarde und Buch dargestellt, denn sie war dienende Herrin, streitbare Kämpferin, Retterin der Bücher und gelehrte Seherin. Für uns hier ist also das Band zum Buch, zum Koch-

Für uns hier ist also das Band zum Buch, zum Kochbuch leicht zu finden, darum sei es nach dieser historischen Abschwenkung mit all seinen noch heute interessanten Rezepten wieder in den Vordergrund gerückt.

Schwer lesbare oder zu unklare Rezepte wurden »übersetzt«, andere, originelle, blieben zum Lesevergnügen in ihrer alten Form.

So ist es keineswegs lächerlich, in einem handgeschriebenen Kochbuch der Biedermeierzeit zu lesen, was so eine wahrscheinlich recht tüchtige, sonst aber vielleicht einfältige Pfarrersköchin alles aufnotiert hat. Jedenfalls erfüllte es ihr Leben, dem verehrten Herrn Pfarrer das Dasein schönzumachen, und es beweist die Sonderstellung ihres Kochbuches. Kochbücher waren nämlich nie nur nüchterne Sachbücher, sondern eine Art Beichtstuhl, Hausbibel, Lebenskalender, auch, vornehmer gesagt, der Almanach der Dame. Man hat allgemein in ein Kochbuch Erinnerungen und Preise, Namen und Adressen, Mahnungen, wie etwa ein Teig besonders gut zu rühren oder eine Farce schwach zu salzen, eingetragen. Man hat Trambahnbilletts, Sterbebildchen, Annoncen, Verlobungsanzeigen und Beichtzettel, Brotmarken und Fotos, Gedichte, Briefe, Kleeblätter und Backpulverbeutel, Rezepte und Seifenadressen als Merkzeichen eingelegt. Sozusagen Kleingraphik und Stoßseufzer zwischen Teigpatzen und Fettflecken, Eselsohren und Fingerabdrücken. Kein anderes Buch wird so oft umgeblättert, keines so malträtiert und geliebt, keines so geheimgehalten und befragt. Mit schöner oder ungelenker Schrift, gebildet oder voller Fehler, ist es ein tüchtiger Lebenskamerad, später Erbstück und noch später Kulturgeschichte.

Auf alle Fälle hat uns hier die so schreiblustige Pfarrersköchin einen interessanten Einblick in ihre Sorgen und ihre Umsicht gegeben, und man sieht geradezu, wie sie der Alltag erfüllt und wie sie ihre Aufgaben getreulich zu bewältigen sucht. Schön, solange es solche, der Kulinaria zugeneigte Seelen gab und gibt!

Da ist als nächstes, das zwischen dickem Heft und schmalem Band schwebende *»Kochbuch für B. Fischer«*, einer getreuen Pfarrersköchin aus dem Anfang des 19. Jahrhunderts. Es ist mit Liebe, viel Ordnungssinn und freizügiger Schrift geschrieben und umfaßt 279 volle Seiten und ein sehr exaktes Register. Zahlreiche Einlagen und Notizen, die, teils von anderer Hand, im Buch als Einmerkzeichen verstreut sind, weisen auf Grund des Schreibstils, der verblaßten Tinte und der Kochtechnik auf noch ältere Aussagen.

Daß Frl. Fischer eine geschätzte Pfarrhausköchin war, zeigt der Eintrag an: »Speisen, wie sie Tag für Tag auf die Tafel des H. Bischofs dahier gegeben w. sind.«

Einige Rezepte daraus zeigen, daß Frl. Fischer nicht schlecht gekocht und der Herr Bischof nicht schlecht gegessen hat. Wo beide lebten und wirkten, ist nicht festzustellen, da das Titelblatt herausgeschnitten ist. Der Ausdrucksweise nach kommt es aus dem süddeutschen Raum.

In die Neuzeit herüber reicht auch das kleine, diesmal gedruckte Kochbuch der Klosterneuburger Stiftsköchin Klara Fuchs von 1863. Nach 22jähriger Erfahrung schreibt sie aber nicht ein Prunkwerk für Klöster und große Hochwürden, sondern ein einfaches Alltagsbuch mit dem bescheidenen Titel »Die Wiener Vorstadtköchin«. Wahrscheinlich war sie im Stift Zweit- oder Personalköchin und hat Sparen gelernt. Das Kochbuch ist recht praktisch und übersichtlich, sonst aber nicht mehr. Lediglich seine Stiftsherkunft hat es für uns interessant gemacht.

Ein bemerkenswerter Zufall, aber wahrscheinlich doch keiner, sondern eher die logische Folge, ist die Tatsache, daß mehrere berühmt gewordene Kochbuchautorinnen des 19. Jahrhunderts Pfarrerstöchter oder Pfarrhausköchinnen waren. Da ist zunächst *Henriette Davidis* (1800–1876). Sie hat daheim, bei ihrer Mutter, wirtschaften und rechnen, aber auch gut kochen gelernt und hat, sich weiterbildend, dann 1854 ihr berühmtes *»Praktisches Kochbuch für die gewöhnliche und feinere Küche«* geschrieben und damit viele Generationen von Hausfrauen sicher ins Küchenreich geführt. Als Pfarrerstochter, als schaffenskräftige, kluge Frau hat sie

gemäß ihrer Standesdevise praktische Nächstenliebe geübt, indem sie der alten Weisheit nachhalf: Die Liebe geht durch den Magen.

Ihre Kochbücher haben viele Auflagen erlebt, und vor allem ihr Standardwerk ist heute in seiner alten Form wieder frisch auf dem Buchmarkt.

Mit süddeutscher Zunge spricht und schreibt *Anna Huber*. Ihr nicht allzu umfangreiches Werk betitelt sie, wohl in Erinnerung an ihre vielen Fastenspeisen im Pfarrhaus, dem sie Jahrzehnte gedient hat: *»Die vollständige Fastenküche«*. Es hat vielen katholischen Hausmüttern geholfen, ihre Freitags- und sonstige Fasttagsküche abwechslungsreicher zu gestalten.

Sicherlich verbirgt sich hinter so manchem Autorinnennamen noch mehr pfarrhäusliches Erfahrungsgut, als man so obenhin weiß. Es waren ja laufend mehr weibliche Federn geworden, die all das löbliche Köcheln und Bruzzeln festzuhalten aufgefordert wurden. Noch viel mehr als gedruckte Werke liegen aber handschriftliche Notizen und Hefte, Büchlein und schön gebundene Hausbücher vor, aus denen reich zu schöpfen ist.

Im folgenden sind die besten Rezepte aus einer großen Sammlung ausgewählt, und beim Durchblättern und Suchen stellte sich dann vielfach heraus, daß

Die praktische Wiener
Vorstadt - Köchin
als Meisterin in der Kochkunst.

Ein verläßliches

Universal-Kochbuch,

um bei

theuern Zeiten billige und doch vorzügliche Kost herzustellen.

Enthaltend über 890 Speisen.

Durch 22jährige Erfahrungen erprobt und herausgegeben
von der ehemaligen

Klosterneuburger Stiftsköchin.

Klara Fuchs.

Zweite außerordentlich vermehrte Auflage.

Wien, 1863.
Verlag von Albert A. Wenedikt.
Lobkowitzplatz.

Die ehemalige Stiftsköchin von Kloster Neuburg hat ein praktisches Kochbuch für arme Leute geschrieben

Titelblatt einer Fastenküche von der Pfarrhofköchin Anna Huber von 1877

die dankenswerte Schreiberin einem Herrn Hochwürden gedient hat. Gerade diese Rezepte, liebevoll verfaßt, sehr oft üppig gestaltet, sollen denn auch den Beweis für die Behauptung liefern, daß unterm Krummstab gut leben war.

Die Rezepte sind, gleich von der Suppe bis zum Nachtisch geordnet, sozusagen ein eigenes kleines Pfarrhauskochbuch aus der guten alten Zeit.

Das 20. Jahrhundert ist für die klösterliche und pfarrherrliche Küche nicht mehr erwähnenswert. Die moderne Kochbuchflut hat alles nivelliert, internationalisiert oder zersplittert, so daß sie, mit einer Ausnahme, nicht mehr interessant ist im Rahmen dieses Themas. Es handelt sich um »D'schwäbisch Kuche« von Pater Aegydius Kolb von Ottobeuren. Das ist noch von altem Schrot und Korn, echte Regionalküche, wenn auch nicht mehr rein klösterlich, so doch ein leibgeistliches Werk aus priesterlicher Feder mit dem Anliegen, das Alte, Gute, Schwäbische volksnah zu bewahren. Und das ist herzhaft gelungen.

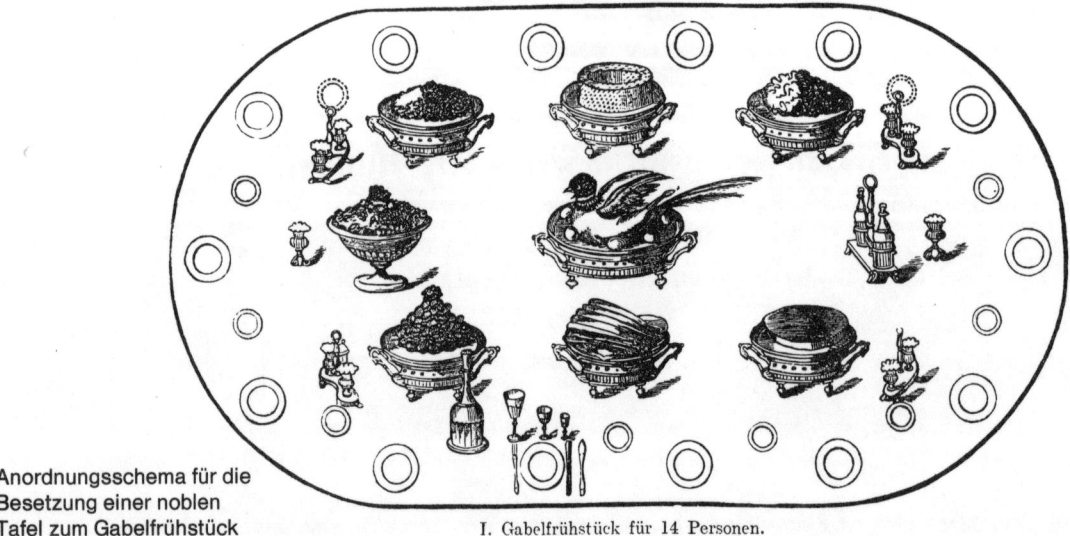

Anordnungsschema für die Besetzung einer noblen Tafel zum Gabelfrühstück

I. Gabelfrühstück für 14 Personen.

Souper   Diner   Dejeuner

Suppen
und
Einlagen

Weinsuppe

(nach einem Rezept von 1843)
8 Eidotter und ½ l Wein werden gut verschlagen, mit wenig Zucker und Zimt gewürzt und unter ständigem Rühren heiß gemacht, ohne daß die Suppe kocht. Man gibt gebackene Brotschnittchen oder Mandelmakronen hinein. 3–4 Eier tuns wohl auch!

Vogelsuppe

(Von einem alten Notizzettel aus dem Kochbuch einer Pfarrhausköchin.)
Nimm einige gebratene Vögel, stoße sie klein, dünste das Fleisch in Butter, staube es mit Mehl, schütte Fleischbrühe daran, lasse es kochen. Seihe es durch ein Sieb und richte die gewürzte Suppe mit Semmelschnitten an.

Gründonnerstag-Suppe

Aus Butter und Mehl bereitet man eine zarte Schwitze, gießt mit Wasser und etwas Milch auf, und verkocht sie sehr gut. Dann schmeckt man sie mit Salz, etwas Weißwein und viel gehackten Kräutchen, insbesondere Kerbel, ab. Die Suppe darf nicht mehr kochen. Man gibt etwas Butter und geröstete Weißbrotwürfel oder Schöberl (siehe Seite 217) hinein.

Hopfensuppe

(Aus einem Ingolstädter Pfarrhaus)
Ein Teller Hopfensprossen werden von den holzigen Unterteilen befreit, kurz in Salzwasser gekocht und abgesiebt. Man gibt sie in eine weiße Schwitze, fügt Salz, Pfeffer und Muskat hinzu und läßt sie nochmals aufkochen. Dann richtet man sie mit Backerbschen an.

Brand-Nüsse (Backerbschen)

Gib in einen Topf ¼ l Wasser oder Milch, koche es mit Salz und 2 Eßlöffel Butter oder Schmalz auf und schütte auf einmal, unter gutem Rühren, 125 g Mehl hinein. Rühre, bis sich die Masse vom Topf löst, ziehe ihn vom Feuer und füge 3–4 Eier daran. Immer eines nach dem anderen und jeweils gut untergerührt. Forme daraus kleine Nüsse, backe sie in Schmalz und gib sie in eine gute Fleischsuppe.

Sauerampfersuppe

Ein Teller voll Sauerampfer wird kleingeschnitten und mit etwas gehackter Zwiebel und 1 zerdrückten Knoblauchzehe in etwas Butter angeschmort. Man stäubt etwas Mehl darüber, verrührt gut und gießt mit Fleischbrühe auf. Die Suppe wird gut durchgekocht und mit einer Prise Zucker, etwas Zitronensaft, Salz,

Gib in einen Tiegel siedend Wasser, gib das Mehl hinein daß es ein ziemlich dicker Teig wird, setze ihn ..... gib ..... mit etwas Schmalz vermischt ..... dann schlage 1 halbes Ei, ...

Pfeffer, nach Belieben ein wenig Knoblauch und 2–3 Eßlöffel dickem saurem Rahm vermengt. Man gibt sie mit gerösteten Weißbrotwürfeln zu Tisch.

Hirn-Bavesen

Koche ein geputztes Kalbshirn in Salzwasser, hacke und würze es mit Salz, Pfeffer, Muskat, Zitronenschale und etwas Petersilie und gib es zwischen je 2 in Milch geweichte und vorsichtig ausgedrückte Weißbrotscheiben. Tauche die festgedrückten Scheiben in gesalzenes Ei und backe sie in Schmalz goldgelb. Sie werden in Teller verteilt und mit Fleischbrühe übergossen (Original-Rezept unten).

Biskuit-Schöberl

Treibe in einer Schüssel 120 g Butter gut ab, rühre 6 Eidotter einzeln recht gut hinein, das Klar zu Schnee, gib dann schwach 1 halbe Tasse Milch, 160 g Mehl und den Schnee dazu, etwas Salz, geriebene Zitronenschale und Muskatnuß, verrühre alles gut, schmiere ein Model und backe es im Rohr. Diese feinen Schöberl schneidet man in Streifen und gibt sie in die bereits angerichtete Fleischbrühe.

Markknödel

100 g Rindermark wird kleingeschnitten und etwas warm gestellt. Dann rührt man es glatt und gibt 2 Eier, 2–3 Eßlöffel Brösel, etwas feingehackte Zwiebel und Petersilie, Zitronenschale, Salz und Muskat daran. Daraus formt man mit einem Löffel kleine Knödel und kocht sie 25 Minuten in der Fleischbrühe gar.

Großer Kalbsbries-Knödel

Ein gekochtes Kalbsbries (Kalbsmilch) und 50 g Rindermark schneidet man klein und gibt 3 milchgeweichte und ausgedrückte Semmeln, 3 Eier, etwas

..... Hirn ..... es in eine Schüssel, setze u. schaffe es u. treibe es recht ab, schneide dünne Rautelschnitten, tauche sie in Milch füllen, dann Hirn tauche sie in Eier u. backe sie in heißem Schmalz.

Salz, feingehackte Petersilie und in Butter geschmorte, gehackte Zwiebel sowie geriebene Zitronenschale dazu. Die Masse wird in eine gebutterte Serviette (Alufolie) gefüllt. Man schließt sie oben gut und kocht den Brieskaknödel in Salzwasser. Er wird in Scheiben geschnitten und in die Fleischbrühe gegeben.

Regensburger Domherren-Suppe (Fastensuppe)

Dieses sehr alte Rezept ist natürlich für heute viel zu aufwendig, und trotzdem ist es interessant, zu wissen, was den Regensburger Domherren geschmeckt hat.
3 Dutzend ausgelöste Austern werden samt Saft in einen Topf gegeben. Dazu gibt man 3 geputzte und kleingeschnittene Rutten ohne Gräten und gießt mit Salzwasser auf. Wenn die Suppe gut durchgekocht ist, gibt man 12 aufgebrochene, gekochte Krebse, die kleingeschnittenen Ruttenlebern, aufgeblätterte Champignons und etwas Zucker dazu. Man kocht sie mit gehackter Petersilie, Salz, Pfeffer sowie etwas Weißwein und gibt alles in die Suppenschüssel. Daran kommt noch das Fisch- und Austernfleisch. Dann rührt man in der Schüssel einmal um, gibt Schnittlauch oder Petersilie und nach Belieben noch geröstete Brotwürfel oder Schöberl (siehe Seite 217) hinein.

Fischsuppe für Freitag

Etwa 300 g Fischreste und einige geröstete, zerbröckelte Weißbrotscheiben werden in Butter angedünstet. Man stäubt wenig Mehl darüber und gießt mit einer Erbsenbrühe aus etwa 100 g gekochten, durchgedrückten Erbsen auf. Die Suppe wird mit Salz und Pfeffer, Weißwein und Schittlauch angerichtet. Man kann einen fein aufgeschnittenen Pfannkuchen hineingeben.

Rahm-Brotsuppe

Ein Teller altes Brot wird über Nacht eingeweicht. Dann bereitet man aus Fett und Mehl eine hellgelbe Schwitze, löscht sie kalt ab und gibt das durchgedrückte Brot, 1 Tasse sauren Rahm, Salz, Pfeffer, Muskat, Majoran und einen guten Schuß Wein mit einer Prise Zucker dazu. Die Suppe wird mit heißen Grieben und Schnittlauch oder aufgeschmälzten Zwiebelringen angerichtet.

Hirnroulade oder Suppeneinlage

Mach einen Pfannkuchenteig aus Mehl, Milch, Salz und 2 Eiern und bache davon sehr dünne Pfannkuchen. Dann zerkleinere ein gereinigtes, gekochtes Kalbshirn, gib 1 Eidotter, Salz, Pfeffer und Zitronenschale dazu, laß alles am Feuer ein wenig anziehen und bestreiche damit die Pfannenkuchen. Sie werden aufgerollt, in Stücke geschnitten, in Ei und Bröseln gewendet und in Schmalz gebacken.

Fleischspeisen

Spanferkel

Wenn es rein geputzt ist, wird es gewaschen, mit Salz und Pfeffer gut eingerieben und im Rohr gebraten. Ohren und Schweif werden mit Papier eingebunden.

Anfangs wird es öfters mit braunem Bier überstrichen dann ein paar mal mit frischem Schmalz. So laße es schön braun braten, nur darf in der Reine nicht viel Wasser sein, sonst dünstet es zu stark.

In einem Pfarrhauskochbuch heißt es: »Zu Pfingsten gab es

Schweinefilet im Netz

Ein großes Schweinefilet wird von Haut und Fett befreit, gewaschen, abgetrocknet, mit Salz, Pfeffer und Knoblauch gewürzt. 500 g durchgedrehtes Schweinefleisch wird mit etwas Salz und 4 Eßlöffeln Wasser gut vermengt und mit frischgemahlenem Pfeffer und 1–2 zerdrückten Knoblauchzehen sowie 1 Ei und wenig gehackter Petersilie durchgeknetet. Das Filet wird mit diesem Fleischteig dick eingehüllt und dann in einem gewaschenen, gründlich ausgedrückten Schweinenetz gut eingehüllt. Es wird dann mit reichlich Zwiebeln und Gelben Rüben angebraten und langsam aufgegossen und bei guter Hitze 1 Stunde gebraten.

Rinderbraten mit Quitten

Ein schönes Rindsfilet wird von Haut und Fett befreit, mit Salz, Pfeffer und etwas Paprika gewürzt und mit fetten Schinkenstreifen gespickt. Man übergießt es mit kochend heißem Fett und brät es in der Röhre wie üblich. Vom Bratensaft nimmt man das überschüssige Fett ab, gießt mit starkem Rotwein auf und würzt mit wenig Zucker und Pfeffer nach. In dieser Soße läßt man noch weichgekochte Quittenschnitze eine Weile ziehen und richtet sie auf dem aufgeschnittenen Braten an.

Gespicktes Rindsfilet

Ein schönes Stück Rindsfilet oder auch eine Lende wird von der Haut befreit und abwechselnd tief mit Speckstreifen, Essiggurken und Sardellenfilets gespickt. Man reibt den Braten mit Salz und Pfeffer ein und brät ihn mit etwas Rindermark und reichlich kleingehacktem Suppengrün in Öl scharf an. Dann gibt man 1 Eßlöffel gehackte Zwiebel sowie etwas Knoblauch dazu und läßt den Braten unter häufigem Begießen garschmoren. Die Soße wird noch mit etwas Thymian, 1 Kaffeelöffel Sardellenpaste und geriebener Zitronenschale verfeinert. Zuletzt gießt man noch ein wenig Rahm oder 1 Eßlöffel starken Rotwein daran und schneidet das Fleisch zum Teil auf. Dazu gibt man beliebiges Gemüse.

Portweinbraten mit Blumenkohl

Ein Stück Rinderbraten wird mit langen Speckstreifen dicht gespickt, mit Salz und Pfeffer eingerieben und ringsum goldbraun angebraten. Man gibt dann die Bratengarnitur aus Zwiebeln, Gelben Rüben, etwas Sellerie, Lauch, Petersilie und Senf dazu. Das Fleisch wird unter häufigem Begießen gargebraten; zuletzt gibt man in die Soße ein Gläschen Portwein oder Madeira. Man schneidet den Braten auf und legt ihn um gekochten Blumenkohl, der mit goldbraunen Butter-Bröseln übergossen wird.

Gefüllter Rostbraten

Scheiben von schierem Rindfleisch werden gut geklopft, mit Salz und Pfeffer eingerieben und mit gehacktem Rindermark belegt. Man bereitet nun aus 200 g durchgedrehtem Kalbfleisch, Salz, Pfeffer, gehackter Zwiebel und wenig süßem Rahm eine Farce, streicht sie dick auf die Fleischscheiben und klappt diese zusammen. Man brät sie mit genügend Fett schön goldbraun, gibt sie dann in einen Topf, gießt reichlich braun geschmälzte Zwiebelringe darüber, fügt wenig Wasser, Wein und sauren Rahm dazu und läßt den Rostbraten noch eine Weile zart garschmoren. Die Soße wird mit Zitronensaft abgeschmeckt.

Gebackene Kalbsschweifel

6–8 Kalbsschweifel werden gut gewaschen und in fingerlange Stücke gehackt. Man gibt sie mit etwas verdünntem Wein, mit Salz in einen Topf, so daß sie knapp bedeckt sind und kocht sie etwa eine $\frac{1}{2}$ Stunde weich. Dann läßt man sie gut abtropfen, wendet sie in Mehl und in einen Wein-Ausbackteig und bäckt sie in heißem Schmalz goldgelb. Sie werden mit Petersilie und Zitronenschnitzen garniert.

Lammragout mit Champignons

Lammfleisch von Brust oder Schulter wird in grobe Würfel geschnitten und mit etwas gehackter Zwiebel und 1 zerdrückten Knoblauchzehe in reichlich Butter angeschmort. Man stäubt etwas Mehl daran, gießt mit halb Wasser, halb Weißwein auf und läßt das Fleisch mit Salz und Pfeffer, etwas Thymian und Petersilie garschmoren. Dann gibt man in Butter weich gedünstete, aufgeschnittene Champignons darunter und schmeckt mit etwas Rahm, Petersilie und einigen Tropfen Fleischextrakt ab.

Lammfleisch mit Hopfensprossen

Ein Stück Lammkeule schneidet man in grobe Würfel und gibt sie mit einem Stück Butter und 1 aufgeschnittenen Zwiebel, Salz und Pfeffer in einen Topf. Man deckt zu, gart das Fleisch und gibt dann inzwischen geputzte und kurz in Salzwasser gekochte Hopfensprossen dazu. Die Soße wird mit wenig Mehl gestäubt, mit Fleischbrühe aufgegossen und gut nachgewürzt.

Gefüllte Hammelbrust

Eine Hammel- oder Kalbsbrust läßt man sich im Laden auslösen. Dann macht man einen tiefen Ein-

Klassisch geschnittener Schinken

schnitt, so daß eine Tasche entsteht und bereitet nun aus zwei Eßlöffeln Butter, 2 Eiern, 125 g Bröseln, reichlich Petersilie und, wenn möglich, etwas Pfefferminzkraut, 2–3 Eßlöffeln geriebenen Haselnüssen, Pfeffer, etwas geriebener Zwiebel und Muskat, Salz und geriebener Zitronenschale eine Fülle, die man in die Brust gibt und diese zunäht. Man brät das Fleisch unter häufigem Begießen mit Butter goldbraun und schneidet es zum Teil in dicke Scheiben. Dazu gibt man in Butter gebratene Apfelscheiben und Petersilie oder Pfefferminzblätter auf die Platte.

Hammelkeule in pikanter Brotkruste
(Von der Oberin von Ingolstadt)

Ein schönes Stück Hammel- oder auch Rindsbraten wird mit Salz, Pfeffer und etwas Rosmarin eingerieben und dann mit reichlich Wurzeln, Zwiebeln und Knoblauch in genug Schmalz angebraten. Inzwischen vermengt man ½ Tasse Schwarzbrotbrösel mit 2–3 Eiern sowie einer guten Prise Salz und mischt etwas Zimt, Nelken, eine Prise Zucker, 1 Kaffeelöffel Senf sowie 2–3 Eßlöffel sehr feingehackten Schinkenspeck darunter. Die Masse wird mit etwas Portwein gebunden, nochmals nachgewürzt und dick auf den Braten gestrichen. Man beträufelt ihn mit reichlich Butter und brät das Fleisch dann noch so lange in der Röhre, bis die Kruste schön fest geworden ist. Vor dem Anrichten schneidet man den Braten nur zum Teil vorsichtig auf; die Soße wird erneut mit Portwein und Knoblauch abgeschmeckt und mit einem Rest der Bröselmasse eingedickt; zuletzt gibt man gehackte Petersilie daran. Der Braten wird mit halben Speckstreifchen und grünen Blättern garniert.

Alles im Topf

1 große oder 2 kleine Zwiebeln werden aufgeschnitten und in Butter oder Öl angeschmort. Man gibt etwa 125 g kleingeschnittenen Speck sowie etwas Pfeffer, Salz und Thymian dazu und läßt nun ca. 500 g in Würfel geschnittenes Rind- oder Hammelfleisch darin durchgaren. Dabei wird der Inhalt etwas aufgegossen und dann zugedeckt. Inzwischen kocht man 125 g vorgeweichte weiße Bohnen weich und fügt sie zuletzt mit etwas feingeschnittener Räucherwurst und 2–3 aufgeschnittenen Tomaten an das Fleisch und würzt noch mit reichlich Petersilie nach. Man serviert gleich im Topf.

Rehschlegel mit Thymian

Ein Rehschlegel wird sauber gehäutet, gespickt und mit einem Gemisch aus Salz, Pfeffer, Thymian und Majoran eingerieben. Man bindet das Fleisch gut zusammen und brät es mit viel Wurzeln und Zwiebeln in Butter scharf an. Dann gießt man mit etwas verdünntem Wein auf und gibt 1 Eßlöffel Preiselbeeren an die Soße. Nach etwa 2–2½ Stunden Bratzeit bei guter Hitze schneidet man das Fleisch in Scheiben, verrührt die Soße noch mit etwas Rahm und Mehl und schmeckt sie kräftig mit starkem Rotwein ab.

Lebervögel

500 g Kalbs- oder Schweinsleber schneidet man in dicke, möglichst große Scheiben, würzt sie mit Salz und Pfeffer, legt ein Salbeiblatt und eine dünne Speckscheibe darauf und wickelt sie zusammen. Dann brät man diese Rouladen unter fleißigem Begießen mit Butter etwa 15 Minuten. Sie werden mit Zitronensaft beträufelt, und mit geriebenen Haselnüssen überstreut angerichtet.

Geflügelgerichte

Saures Huhn

Eine zarte Suppenhenne wird in Salzwasser mit etwas Essig und viel Suppengrün weich gekocht. Man schneidet das Fleisch in Würfel und gibt es in eine dunkle Mehlschwitze, die mit Hühnersud aufgegossen wird. Dann würzt man sehr gut mit Salz, Pfeffer, Lorbeerblatt, Essig, ein wenig Zucker und Piment nach und kocht das Ragout noch einmal durch. Dazu gibt es Semmelknödel oder gebackene Nudeln, siehe Seite 229.

Hühner in Petersil-Saucen

Wenn die Hühner rein geputzt sind, werden sie in Wasser und Citronenschalen abgesotten, dann läßt man Butter zerschleichen, gib geschnittene Petersilie hinein und laßt es dämpfen. Es komt dann noch Mehl dazu, ein wenig Wein und das Wasser in dem die Hühner gesotten wurden. In diese Sauce lege man dan die Hühner und laß sie gar dünsten, Eikaßier (legiere) sie mit Eidotter und trage sie auf.

Hendel-Salat

Von einem gekochten, zarten Huhn löst man das Fleisch von den Knochen und gibt die schönsten Bauchstücke weg. Dann schneidet man $\frac{1}{2}$ Knolle gekochten Sellerie, 1 geschälten, aromatischen Apfel und 1 Kartoffel in schmale Streifchen und vereinigt alles mit 2–3 Eßlöffeln Mayonnaise. Der Salat wird mit Salz, Pfeffer und einer Prise Zucker abgeschmeckt und gefällig auf einer Platte angerichtet. Ringsum gibt man grünen Salat, der mit etwas Öl, Essig, Salz und einer

Die alte Sprache ist amüsant zu lesen: »Eikaßier sie« heißt so viel wie »legiere die Soße mit Eidotter«

Prise Zucker angemacht wurde. Dann legt man obenauf die schönen Fleischstücke und überzieht sie mit einem Streifen Mayonnaise, die mit Paprika bestreut wird. Außenherum legt man noch einige Scheiben Äpfel, die mit Zitronensaft eingerieben wurden und gibt in deren Mitte 1 Löffel Preiselbeeren und dazwischen Häufchen von frischen Haselnüssen.

Hühner-Pastete

An 150 g Mehl gibt man 75 g Butter, 1 Ei, etwas Salz und Zitronensaft. Der gut verknetete Teig wird kühlgestellt, dann ausgewellt und größtenteils in eine feuerfeste, gefettete Form gelegt. Man befreit hierauf ein gebratenes Hähnchen oder 500–600 g Geflügelreste von allen Knochen; die Brüstchen und einige andere zarte Fleischstücke legt man beiseite, während man den Rest durch den Fleischwolf gibt. Nun rührt man ein Stück Butter mit 2 Eiern, 1–2 Eßlöffeln Rahm, Salz, Muskat und Pfeffer und gibt 1 Likörglas Weinbrand darunter. Diese saftige Fleischmasse füllt man schichtweise mit den Hühnerbrüstchen und etlichen Speck- oder Schinkenwürfeln, 1–2 aufgeschnittenen, gekochten Eiern und einigen geschälten Mandeln in die Teighülle. Sie wird mit einem Teigdeckel abgeschlossen; den Außenrand drückt man fest, sticht dann einige Löcher in den Deckel und legt einige ausgestochene Teigstückchen als Garnitur obenauf. Der Deckel wird mit zerklopftem Eidotter bestrichen; hierauf bäckt man die Pastete etwa 1 Stunde bei guter Hitze goldgelb.

Ein wohlgelungener Pudding war einst der Stolz der Köche

Französische Ente

Eine zarte Ente wird ausgenommen und innen mit Salz und Pfeffer, außen nur mit Salz eingerieben. Nun würfelt man einen säuerlichen Apfel klein und gibt ½ Tasse Sultaninen, 2–3 Eßlöffel grobgehackte Haselnüsse, etwas geriebene Zitronen- und Orangenschale, 1 Ei, die feingehackte Entenleber und reichlich Petersilie darunter. Man bindet die Masse mit etlichen Bröseln und füllt sie in die Ente ein. Sie wird zugesteckt, schön gebunden und goldbraun gebraten. Man richtet die Ente mit Papiermanschetten und etwas Petersilie auf einer großen Platte an und umgibt sie mit Orangenscheiben oder mit in Butter geschmorten Apfelscheiben, dünnen Zitronenscheiben oder abgetropften Schattenmorellen sowie etwas Petersilie.

Taubenplatte zu Kirchweih

3–4 zarte Tauben werden wie üblich vorgerichtet und innen mit Salz und Pfeffer eingerieben. Dann kocht man etliche Kastanien weich und zerkleinert sie mit den Magen, Herzen und Lebern der Tauben, fügt etwas Zwiebel, reichlich Petersilie, einen kleinen geriebenen Apfel, 1 Ei, Salz, Pfeffer, Majoran und Paprika sowie etliche Semmelbrösel dazu. Die bindige Masse wird als Fülle in die Tauben verteilt. Man steckt oder bindet sie zu und brät sie dann unter häufigem Begießen in genügend Butter schön goldbraun. Sie werden dann samt ihrer Fülle halbiert und auf einen Berg von abgetropftem Sauerkraut gelegt, das mit Speckwürfelchen, einem geriebenen Apfel, etwas Zitronensaft und einer guten Prise Zucker durchgeschmort wurde. Außenherum legt man noch Ananasscheiben und garniert sie mit Traubenbeeren oder Kirschen. In den Krautberg streut man etwas Paprika und steckt ein Petersiliensträußchen hinein.

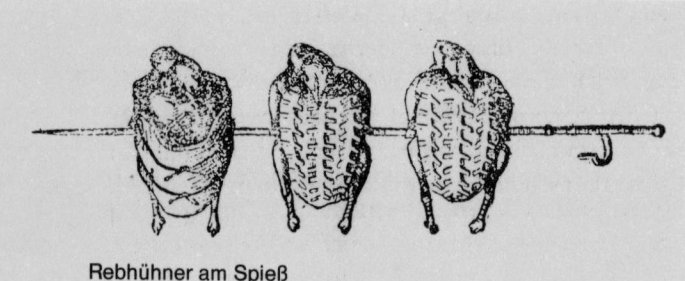

Rebhühner am Spieß

Tauben mit grüner Mandelfülle

2–3 fette junge Tauben oder Rebhühner werden innen und außen gesalzen und gepfeffert. Man rührt nun etwas Butter mit 2 Eidottern und gibt eine Handvoll gekochten, gehackten Spinat, einige gehackte Basilikumblätter, etwas Salz, Knoblauchsalz, Pfeffer und eine Spur Nelken sowie 1 milchgeweichte, ausgedrückte Semmel und ½ Tasse fein geriebene Mandeln dazu. Die Farce soll schön grün sein und stark nach Basilikum duften. Man füllt sie ein, hüllt die Tauben in Speckscheiben und brät sie bei guter Hitze 35–40 Minuten in Butter. Die Soße wird nochmals mit Basilikum abgeschmeckt und nur mit Butter, nicht mit Wasser, wenig verlängert. Man gibt den gehackten Bratspeck über die halbierten Tauben.

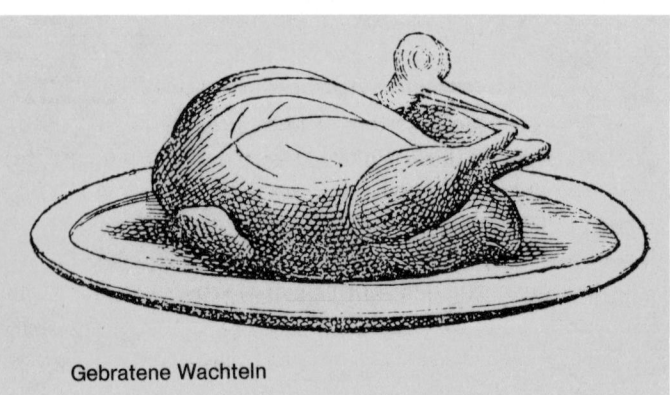

Gebratene Wachteln

Rebhuhn-Pastete

3–4 alte oder zerschossene Rebhühner, notfalls ein Stück Rehfleisch (insgesamt 750 g Fleisch) würzt man mit Salz und Pfeffer, etwas Pastetengewürz und gibt ein Stück weiche Butter und etliche Speckwürfel dazu. Die Masse wird gut durchgebraten, dann durch die Maschine gedreht. Die Rebhuhnknochen werden in etwas Fett angebraten, dann aufgegossen und sehr gut ausgekocht. Nun bereitet man mit etwas Zucker eine braune Einbrenne, gießt sie mit der abgesiebten Knochenbrühe und etwas Malaga auf und gibt die Hälfte davon an das Fleisch. Man fügt noch 4–5 Eier, Salz, wenn nötig etwas Pfeffer und Thymian sowie gehackte Trüffeln (kleines Döschen) dazu. Die Masse wird in eine Pasteten- oder Puddingform gefüllt und 40–50 Minuten im Wasserbad gekocht. Man kann die Masse ebensogut auch in eine Hülle aus Blätterteig geben. Dann stürzt man sie auf eine heiße Platte und umgibt sie mit heißen Bratwürstchen. Den Rest der Einbrenne schmeckt man noch einmal mit Malaga, Senf sowie Preiselbeer- oder Himbeergelee sehr pikant nach und reicht sie gesondert dazu. Man gibt Feingemüse oder Salate dazu.

Perlhuhn mit Obstler

Ein sauber geputztes Perlhuhn wird innen und außen gepfeffert und wie folgt gefüllt: 1–2 grobgewürfelte Äpfel, 80–100 g gehackte Walnüsse, etwas in Butter angeschmorte Zwiebel, Knoblauchpulver, Salz, Pfeffer, etwas Senf, Johannisbeergelee oder Preiselbeeren, Zitronenschale und gehackte Petersilie sowie Estragon mit 2 Eidottern, 2 Gläschen Obstschnaps, 2–3 Eßlöffeln Bröseln und 1 Kaffeelöffel Mehl verrühren. Das damit gefüllte Perlhuhn wird zugebunden und unter häufigem Begießen gebraten. Die Soße wird noch mit Estragon und Obstler nachgeschmeckt.

Fischgerichte

Fischleber mit Äpfeln

2–3 große Fischlebern von Hecht, Rutten, Karpfen, Waller oder dergleichen werden sauber von der Galle befreit und in Scheiben oder Stücke geschnitten. Die Äpfel und Zwiebeln schneidet man in Scheiben. Nun brät man zuerst die Zwiebeln, dann die Apfelscheiben und zuletzt die Leber in genügend Butter, würzt mit Salz und Pfeffer und serviert schnell.

Zander mit Pilzen

Ein gereinigter Zander wird in zweifingerdicke Koteletts geschnitten und in wenig verdünntem Weißwein mit Zitronenschale, Salz und einer Prise Zucker erhitzt. Man gibt einen Teller voll aufgeschnittene Steinpilze, Maronenröhrlinge oder Champignons dazu, kocht das Ganze in 5–10 Minuten und rührt dann ein wenig Stärkemehl ein. Man gibt einen mit etwas Rahm verschlagenen Eidotter daran und gießt diese Soße, die mit viel Petersilie oder Dill gegrünt wird, über die angerichteten Fischschnitten.

Beschwipster Hecht

Ein Karfreitags-Rezept aus der bischöflichen Küche
Ein großer Hecht wird am Bauch aufgeschnitten, flach gelegt und vorsichtig von der Mittelgräte befreit. Dann schneidet man 125 g Speck in Streifen und spickt damit den Fisch sehr reich. Er wird mit Salz, Pfeffer, Paprika und Zitronensaft eingerieben und eine Weile damit mariniert. Inzwischen schneidet man 1 Zwiebel klein, dünstet sie in einem Stück Butter an, legt den Hecht hinein und dünstet ihn darin etwa 20 Minuten. Man verschlägt 1 Eidotter mit $\frac{1}{8}$ l sauren Rahm, gießt ihn über den Hecht, bestreut ihn dicht mit geschälten und gestiftelten Mandeln und überbäckt den Fisch noch einmal gut bei Oberhitze in der Röhre. Die Soße kann mit ganz wenig Mehl gebunden werden. Man schmeckt sie mit Zitronensaft, Weißwein und einer winzigen Prise Zucker süßsauer ab und reicht sie gesondert.

Grüne Hechtknöderl

300–400 g ausgelöstes Hechtfleisch (auch Reste) würzt man mit Salz, Pfeffer, Muskat, reichlich gehacktem Kerbel, etwas gehacktem Spinat oder Sauerampfer, Zitronensaft, einer winzigen Prise Zucker und einigen Tropfen Fleischextrakt (Suppenwürze). Nun rührt man ein Stückchen Butter mit 2 Eiern, gibt 1 Eßlöffel Mehl und 1 Eßlöffel Brösel daran und fügt die Fischfarce und zuletzt den sehr steif geschlagenen Eischnee hinzu. Die Masse soll kurz quellen und wird dann zu kleinen Knöderln geformt, die man in Fisch- oder Fleischbrühe garkocht. Es ist zweckmäßig, einen Probeknödel zu machen und notfalls noch einige Semmelbrösel hinzuzufügen. Man gießt braune Butter darüber und reicht Salate dazu.

Karpfenschnitten mit Eier-Mayonnaise

Ein in Koteletts zerlegter, sauber geputzter Karpfen wird mit Salz und Pfeffer sowie reichlich Zitronensaft mariniert und in zerklopftem Ei, Mehl und nochmals in Ei und Bröseln gewendet. Man bäckt die Koteletts in heißem Fett goldgelb und gibt eine Mayonnaise dazu, die durch 3–4 hartgekochte Eidotter, etwas Senf und Sardellenpaste, je 1 Eßlöffel gehackten Kapern, Petersilie, Essig, einer Spur Zucker und gehackten Kräutchen abgeschmeckt wird. Sie soll bunt, rauh und sehr pikant sein.

53.
Eine gebratene Aalen.

[handschriftlicher Text in alter deutscher Kurrentschrift]

Gebratener Aal

Ein Aal wird vorbereitet, also gereinigt und abgezogen, gesalzen und gepfeffert. Man überstreut ihn noch mit Muskat, gemahlenem Kardamon und läßt ihn im ganzen. Dann wickelt man ihn in frische Salbeiblätter und brät ihn; am besten am Spieß. Er wird mit Butter beträufelt und dann noch mit wenig gestoßenen Nelken überstreut. Dann trägt man ihn im ganzen oder in schöne Stücke geschnitten auf und garniert die Platte mit Lorbeer, Salbei und Rosmarin. Im Original-Rezept heißt es dann so nett: »wann er wohl gebraten wird, so ist er gut und schön zum auftragen«.

Forellen mit Krebsen

3–4 Forellen werden von der Haut befreit und in möglichst tadellose Filets zerlegt. Man würzt diese mit Salz und Pfeffer, wendet sie in Mehl und bäckt sie in Butter golden. Dann gibt man sie auf eine heiße Platte und läßt in der Bratbutter das ausgelöste Fleisch von 10–12 gekochten Krebsen warm werden. Man würzt mit reichlich Estragon, wenig Petersilie, Salz und Pfeffer und gießt die Krebse dann über die angerichteten, mit viel Petersilie und Zitronenscheiben garnierten Forellen. Statt Krebse kann man auch schöne Garnelen oder aufgetaute Scampi verwenden.

Ungarische Forellen

(Regensburger Domherren-Rezept)

3–5 Forellen werden gereinigt und in einen entsprechend großen Topf gegeben. Man gibt so viel Tokayer, notfalls etwas verdünnt wird, darüber, daß der Fisch gerade bedeckt ist Dazu kommen einige Scheiben Zwiebel, ein wenig Thymian, Salz und Pfeffer sowie Petersilie. Dann wird 1 Eßlöffel Butter mit ½ Eßlöffel Mehl verknetet und in die Soße gegeben, damit diese leicht gebunden ist. Die Forellen werden insgesamt 15–20 Minuten in dieser Soße gegart. Man würzt sie noch mit Zitronensaft leicht nach. Dann werden die Forellen mit viel Petersilie und Zitronenscheiben angerichtet und die Soße gesondert dazugegeben.

Feiner Fischpudding

¾ kg Fischfleisch treibt man durch den Fleischwolf und rührt dann 100 g Butter mit 3 Eidottern, etwas Salz, Pfeffer und Muskat und fügt 1 Eßlöffel feingehackte Zwiebel, 200 g Brösel, reichlich Petersilie, notfalls 1–2 Eßlöffel Rahm, das Fischfleisch und den steifen Eischnee darunter. Diese Masse füllt man in eine mit Butter gut eingefettete Puddingform samt Deckel und kocht den Pudding 1 Stunde im Wasserbad. Er wird gestürzt und mit einer Krebssoße (Krabbensoße) aufgetragen. Dazu bereitet man aus Butter und Mehl eine kleine weiße Schwitze, füllt sie mit etwas Fleischbrühe und Milch auf und würzt sie sehr pikant mit Salz, Muskat, Zitrone und etwas gehacktem Dill. Man gibt 10–12 Krebsschwänzchen und ein gutes Stück Butter hinein. Von dieser Soße gießt man einen Teil über den Pudding, den Rest serviert man gesondert.

Hechten- oder Fastenkraut

3–4 Heringsfilets werden mit 1–1½ Pfund (¾ kg) beliebigem Fischfilet in Streifen geschnitten und dabei entgrätet. Man röstet dann etwa 100 g Brösel in Butter goldbraun und dünstet 1–1½ Pfund Sauerkraut wie üblich gar. Der Fisch wird leicht gemehlt, gesalzen, gepfeffert und in Butter durchgebraten. Man gibt eine Lage Semmelbrösel, eine Lage Sauerkraut und wiederum Fisch darauf, bis alles verbraucht ist. Nun gießt man gut ¼ l süßen Rahm mit etwas Zitronensaft darüber und streut Käse darauf. Der Fisch wird 20–25 Minuten bei guter Hitze im Rohr durchgebacken.

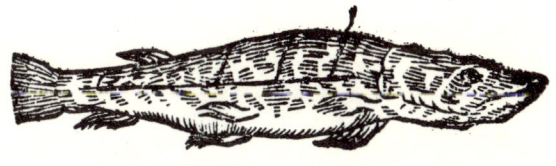

Rührei mit Lachs

Zuerst kocht man 100–150 g Reis gar, tropft ihn ab und gibt Butter, Salz und ganz wenig Safran darunter. Der Reis wird auf einer Schüssel angerichtet und in der Mitte mit einer Mulde versehen. In diese gibt man ein Rührei, das mit etwas Rahm verschlagen und mit Muskat, Pfeffer und Salz abgeschmeckt wurde. Außen herum legt man Lachsröllchen und garniert noch mit einem Ring von Schnittlauch oder gehackter Petersilie.

Kleiner Schnecken-Auflauf

1 Zwiebel und 1–2 zerdrückte Knoblauchzehen werden in Butter angedünstet. Man gibt gekochte und abgetropfte Schnecken dazu und würzt mit Salz, Pfeffer, Zitronensaft oder etwas Weinessig und viel gehackter Petersilie, etwas Schnittlauch und Estragon. Darunter gibt man 1–2 milchgeweichte, gut ausgedrückte Semmeln, 5 Eidotter, 1 große Tasse voll frischer (aufgetauter) Zuckererbsen, die entweder fein gehackt oder gemixt wurden. Zuletzt wird der steife Eischnee mit den abgetropften Schnecken daruntergehoben. Man füllt die Masse in eine fest gebutterte Auflaufform und bäckt sie bei guter Hitze etwa 30 Minuten gar.

Die Anrichtekunst war einst ein Teil der Tafelkultur

Gebackene Froschschenkel

Für jede Person rechnet man 6–8 Froschschenkel. Sie werden leicht mit Salz und Zitronensaft mariniert, dann in Mehl, Ei und Bröseln gewendet und in genügend Fett goldbraun gebacken. Man legt sie, hübsch garniert, um dicken Erbsenbrei.

Gemüse und Gemüsegerichte

Zwiebelbohnen

1–2 Zwiebeln werden fein gehackt und in Olivenöl mit etwas zerdrücktem Knoblauch gut durchgeschmort. Man gibt grüne, geputzte Bohnen und etwas Wasser dazu und läßt sie garen. Die Soße soll ziemlich eingekocht sein; zuletzt werden die Bohnen mit Salz und Bohnenkraut nachgeschmeckt.

Bohnen schmeckten auch Papst Clemens VII. sehr gut. Er hat im Jahr 1528 einem Kanonikus namens Pietro Valeriano einige Brechbohnenkerne, die aus dem neuen Kontinent herübergekommen waren, zum Geschenk gegeben. Sie waren weniger als Gemüse, denn als botanische Sehenswürdigkeit anzusehen, aber der schlaue Kanonikus zog sie in Töpfen und fand, daß es sich dabei um ein nützliches Gemüse handelte. Er überredete sogar Alexander von Medici, seiner edlen Schwester Katharina, die damals mit dem Dauphin von Frankreich verheiratet war, einige kleine Säcke von Samenbohnen mitzugeben. Das brachte ihr einen sofortigen Erfolg in Frankreich und man verwendete sie sehr gerne zu Suppen und zu einer Art Eintopf (Ratatoui). Bis man aber *grüne* Bohnen verwendete, dauerte es noch eine ganze Weile.

Kräuterrübchen

Kleine weiße oder bayrische Rüben werden in grobe Stücke geschnitten und mit etwas Wasser, Butter, Zucker und Salz kurz weichgedämpft. Man gibt $\frac{1}{2}$ Becher süßen Rahm, etwas Zitronensaft und Pfeffer dazu und serviert die Rübchen mit einer Locke Schlagrahm übergossen und mit Petersilie überstreut.

Pariser Rahm-Karotten

500 g kleine Karotten werden im Ganzen mit wenig Wasser, etwas Butter und ½ Kaffeelöffel Zucker kurz durchgedünstet. Man gibt Salz und weißen Pfeffer, sehr viel gehackte Petersilie und ½ Becher süßen Rahm darunter. Die Karotten werden noch kurz durchgeschmort und sofort serviert.

Überbackener Lauch

2–3 dicke Lauchstangen werden in gut fingerlange Stücke geschnitten und in leichtem Essig-Salzwasser weichgekocht. Man tropft sie ab und gibt sie in eine dick mit Butter geschmierte Form. Darüber gießt man eine kleine weiße Schwitze aus 1–2 Eßlöffel Mehl und ebensoviel Butter. Man fügt 2 Eidotter, 3 Eßlöffel geriebenen Käse, etwas Salz, Pfeffer, ein wenig Rahm und den steifen Eischnee hinzu. Das Gemüse wird in der Röhre rasch goldbraun überbacken.

Porree mit Rahm

2–3 sauber geputzte Porreestauden werden in fingerlange Stücke geschnitten und in leichtem Essig-Salzwasser kurz weichgekocht. Man tropft sie ab, überstreut sie mit Salz, Pfeffer und Muskat und gießt etwas dicken sauren Rahm dazu. Darin muß der Porree noch vorsichtig kurz schmoren.

Knofel-Spinat

½ Zwiebel und 1–2 zerdrückte Knofelzehen werden in Butter mit etwas Olivenöl angedünstet. Man gibt junge, gut gewaschene Spinatblätter, Salz, Pfeffer, ganz wenig Zucker und Zitronensaft daran, läßt alles gar dünsten und kann noch einige Rosinen zufügen. Der Spinat wird mit etwas Butter oder Rahm gemischt.

Aufgeschichtete, kleine Bratäpfel in schöner Schale

Als einmal im Kloster Spinat aufgetragen wurde, hob sich die Stimme des Vorbeters im Refektorium und die Brüder hörten: Komm, o Herr, sei unser Gast, dann siehst Du, was Du uns bescheret hast.

Eingemachter Knofel

1 kg enthäutete Knoblauchzehen, 4 große Lorbeerblätter, 20 schwarze Pfefferkörner, 20 Senfkörner, 8 Eßlöffel Honig und etwa ½ Liter guten Weinessig läßt man sehr gut durchkochen. Man füllt die Masse dann halb erkühlt in Gläser und verschließt sie gut. Dieser Knoblauch taugt sehr gut zum Rohessen, ist aber auch eine gute Würze für Soßen, für Braten, besonders für Hammelbraten, Kitzlein und dergleichen.

Gebackene Nudeln

In 1 l Milch kocht man 250 g Mehl auf einmal ein und rührt ständig, bis sich die Masse dick vom Topf löst. Man läßt den Teig kalt werden, gibt nacheinander 2–3 Eier einzeln darunter. Aus dieser Masse sticht man mit einem Löffel dicke Nudeln aus, die man in eine Pfanne mit heißem Fett legt. Man bäckt sie in der Röhre goldgelb und gibt sie zu Braten.

Gebackene Kartoffel-Knödel

500 g gekochte Kartoffeln werden durchgepreßt und ausgekühlt. Man gibt 4 Eier, 4 Eßlöffel Wasser und 4 gewürfelte Semmeln dazu und läßt alles ½ Stunde ziehen. Dann bäckt man einen goldgelben Semmelschmarrn, gibt die Kartoffelmasse dazu und formt mit den Händen Knödel daraus. Diese werden in Fett umgedreht und im Rohr bei guter Hitze goldbraun gebacken. Man gießt geröstete Speckwürfel darüber.

Im Speisezettel für eine Mission in Kirchweidach, der mit Bleistift auf eine Schulheftseite flüchtig notiert ist, schreibt die Pfarr-Hauserin Lina von dort unter anderem, was es am Dienstagabend gab:

Suppe mit Hirnnockerl,
Eingemachtes Reh mit ausgebackenen Blätterteigkrapferl. Aber diese Blätterteigkrapferl sind ausgestrichen und durch »Knödl« ersetzt. Dazu schreibt sie: »Knödl aß nämlich H. H. Pater Superior und Pater Irenäus sehr gerne, darum gab es sie öfters.«

Und zwar besonders feine:

Frl. Linas Semmelknödel

6 aufgeschnittene Semmeln werden mit knapp ¼ l kochend heißer Milch gebrüht und zugedeckt. Man reibt nun die Schale einer Zitrone ab und gibt sie mit ½ gehackten Zwiebel und reichlich Petersilie sowie Kerbel in die Pfanne mit Butter. Darin läßt man alles rasch gar dünsten und fügt das zarte Gemisch mit 2–3 Eiern und 2 Kaffeelöffel Mehl an das Brot. Alles wird locker gemischt und dabei mit Salz, Pfeffer, Muskat und etwas Suppenwürze abgeschmeckt. Nicht kneten, nur locker mischen! Dann formt man nicht zu große Knödel und läßt sie in leise ziehendem Salzwasser garen, bis sie schwimmen und tanzen.

Eier-Kroketten für Ostern

Aus 1 Eßlöffel Butter, 1 Eßlöffel Mehl und ganz wenig Milch bereitet man eine weiße dicke Buttersoße, gibt 1 Ei, 1–2 Eßlöffel Parmesan, etwa 50 g mageren, feingehackten Schinken, 50 g etwas gröber gehackten Emmentaler, 4 hartgekochte und gehackte Eier, Salz, Pfeffer und etwas Muskat daran. Die zarte Masse wird nach dem Erkalten vorsichtig zu Kroketten geformt, leicht gebröselt und in heißem Fett rasch beiderseits goldbraun herausgebacken.

Soße Bavaroise (Bayrische Soße)

2–3 Eßlöffel voll geriebenem Rettich, ½ Teelöffel Senfkörner und 3–4 zerdrückte Pfefferkörner werden mit Essig kurz eingekocht. Den Brei vermischt man mit 2–3 Eidottern und schlägt ihn dann mit 2 Eßlöffel frischer Butter und 1 Eßlöffel Krebsbutter kräftig auf. Daran gibt man 6–8 halbierte Krebsschwänzchen.

Festlich aufgebaute Krapfen

Süßspeisen

Feine Flädle (Eierkuchen)

220 g Mehl verrührt man mit 80 g geschmolzener Butter und gibt gut ¼ Liter Milch, 1 Gläschen Rum und etwas Salz, Zimt, gemahlene Muskatnuß und nacheinander 5–6 ganze Eier hinzu. Der Teig soll ziemlich flüssig sein. Man läßt ihn eine Weile quellen und bäckt dann in Butterschmalz dünne Flädle aus, die man mit Zucker durchstreut oder mit Brombeer-konfitüre bestreicht und aufeinander legt. Obenauf gibt man Zitronen-Sechstel und in die Mitte nochmals etwas Brombeer-Konfitüre.

Apfel-Auflauf

8–10 kleine Semmeln werden geköpft und ausgehöhlt; man taucht sie in heiße, gesüßte Milch und füllt sie mit einem Gemisch aus mürben Apfelwürfeln, Zucker, Rosinen, geriebener Zitronenschale, etwas Zimt und Vanillinzucker. Dann rührt man 100 g Butter mit 2–3 Eidottern schaumig, gibt 3 Eßlöffel Zucker, 1 Tasse Rahm sowie zuletzt den Eischnee darunter. Diese Masse gießt man über die in eine gefettete, feuerfeste Form geschichteten Brötchen. Man bäckt den Auflauf dann goldgelb und streut zuletzt nochmals reichlich Zucker darüber oder setzt auf jede Semmel einen Klecks Apfelgelee.

Prälaten-Semmeln

5–6 Semmeln werden mehrmals durchstochen und in 1 l kalte Milch mit etwas Zucker und 6 verklopften Eiern gelegt, bis sie ganz vollgesaugt sind. Man drückt sie leicht aus, schneidet oben einen Keil aus, füllt ein Stückchen Butter ein und deckt sie wieder zu. Die Semmeln werden nun aufrecht, dicht nebeneinander, in eine tiefe Pfanne oder Auflaufform, mit genug Butter drin, gestellt. Man gießt den Rest der Einweichmilch darüber, streut Zimt obenauf und bäckt nun die Semmeln im Rohr goldbraun. Dann richtet man sie, mit großen Rosinen besteckt, an.

Feine Dukaten-Nudeln

500 g Mehl setzt man mit 50 g aufgelöster Hefe an; dann rührt man 2 Eier mit 200 g Butter und 2–3 Eßlöffel Zucker und gibt es mit einer Prise Salz und ein wenig Milch an das Mehl. Die große Hefemenge ist wegen der reichlichen Fettzugabe notwendig. Der gut abgeschlagene, zarte Teig muß unter einem Tuch gehen; dann wird er zu kleinen, etwa walnußgroßen Nudeln geformt. Sie werden einzeln noch in etwas erwärmte Butter getaucht und dicht nebeneinander in eine feuerfeste Form gesetzt. Man läßt sie erneut gehen und bäckt sie hierauf in der Röhre goldgelb. Dazu gibt es eine Vanillesoße, die durch Zugabe von ¼ Liter Schlagrahm und 1–2 Eßlöffel Weinbrand sowie 1 Päckchen Vanillinzucker verfeinert wurde.

Franziskaner-Nudeln

An 250 g Mehl gießt man unter beständigem Rühren so viel kochendes Wasser, daß ein fester feiner Teig entsteht. Nach und nach gibt man 2 Eier und 3 Eidotter sowie etwas Salz dazu. Der halbweiche Teig wird in eine Straubenspritze gefüllt und zu Nudeln in etwa 1 l kochende Milch gedrückt. Nach einmaligem Umwenden und Aufkochen werden die Nudeln herausgenommen, in einen Tiegel mit heißem Schmalz gelegt und gebacken, bis sie schön goldbraun geworden sind. Man sticht sie heraus und bringt sie, mit Zucker bestäubt, nach Belieben mit einer Wein- oder Vanillesoße zu Tisch.

Pfirsich- und Apfel-Beignets

An 200 g Mehl gibt man 2–3 Eidotter, 2–3 Likör-
gläser Rum, etwas Salz, 2 Eßlöffel Zucker, je eine Prise
Ingwerpulver und Zimt und so viel Rahm, daß ein
ziemlich flüssiger Teig entsteht. Zuletzt kommt der
steife Eischnee darunter. Man läßt den Teig ein wenig
ruhen, daß er quellen kann, und taucht inzwischen gut
abgetropfte Pfirsiche und zarte Äpfelstücke in Mehl
und dann in den Teig. Darauf werden sie in heißem
Schmalz goldbraun gebacken und zuletzt mit Puderzucker überstäubt angerichtet. Man gibt heißgemachte
Aprikosenmarmelade dazu.

Zitronenwaffeln

200 g Mehl verrührt man mit 5 Eßlöffel Öl, 3 Eiern,
1 Tasse Rahm, 2–3 Eßlöffel Zucker, etwas Vanillinzucker, Muskatnuß, Salz, dem Saft von $\frac{1}{2}$ Zitrone und
etwas geriebener Zitronenschale. Der Teig soll halb-
flüssig sein. Man bestreicht nun ein Waffeleisen mit
Öl, läßt es gut heiß werden und bäckt die Waffeln
hintereinander goldgelb aus. Sie werden dünn mit beliebiger Konfitüre gefüllt, aufeinandergestapelt und
mit Zucker bestreut.

Karamel-Bombe

200 g Zucker läßt man in einem trockenen, sauberen
Topf ohne Flüssigkeit und unter ständigem Rühren
gelb werden. Man gießt langsam mit $\frac{1}{2}$ Liter Milch
oder Kaffeerahm auf und kocht dabei so lange, bis der
Zucker glatt ist. Dann läßt man die Masse auskühlen
und schlägt sie nun mit 3 verquirlten Eidottern und
einem ganzen Ei sowie einer Messerspitze Mehl über
dem Feuer, bis die Masse kurz vor dem Aufkochen ist.
Man läßt sie wieder auskühlen und gibt dann $\frac{1}{2}$ Liter

recht steifen Schlagrahm und etwas Vanillinzucker
sowie Zucker nach Bedarf darunter. Die Masse wird in
eine gebutterte Form gefüllt und tiefgefroren.

Ungarisches Blamasch (Blanc manger)

Rühre von 4 Eßlöffel Mehl, 1 Taß Milch u. 4 Eidotter
ein feines Teigel, gib es in ein Kaserol u. laße es auf
den Herd anziehen, lasse es erkalten, schmiere Auf-
laufmodel, gib es hinein, gib Eingesottenes darauf, dan
von 4 Eier die Schnee, besäe den Schnee mit Zucker u.
Mandeln u. backs $\frac{1}{2}$ Stunde im Rohr.

Mina Wilhelm, Perlesreut (Pfarrerköchin)

Blamasch ist die naive Abwandlung der uralten Speise Blanc
manger. So jedenfalls benannte sie die Pfarrhofsköchin Mina
Wilhelm aus Perlesreut im Bayrischen Wald

Kardinals-Äpfel

Gleichgroße Äpfel werden geschält und knapp mit Zuckerwasser und etwas Zitronensaft bedeckt. Man kocht sie nahezu weich und gießt dann das Kochwasser mit etwas Weißwein auf ½ Liter Flüssigkeit auf. Die Masse wird mit 1 Kaffeelöffel angerührtem Stärkemehl und noch etwas Zucker zu einer glatten Soße gekocht, vom Feuer gezogen und mit 1–2 Likörgläsern Cognac und 1 verklopften Eidotter verrührt. Man füllt sie in eine genügend große Schale, gibt die Äpfel hinein und übergießt dieselben mit etwas erwärmter Erdbeermarmelade. Zuletzt streut man große Mandelsplitter darüber.

Kardinalsäpfel

Draht-Küchel

Große Sultaninen werden kurz in Rum eingeweicht, seitlich aufgeschlitzt und von den großen Kernen befreit. Man steckt sie an ein Stück Draht oder einen Holzspieß, taucht sie in Ausbackteig, bäckt sie goldbraun und schiebt sie dann vom Draht herunter. Die länglichen, sehr noblen Küchel werden mit Zucker oder Zimt-Zucker bestreut.

Übergossene Birnen

Geschälte Birnen werden ausgehöhlt und mit einem Gemisch aus dem Birnenfleisch, Bröseln, Zucker, Rosinen, geriebenen Mandeln und etwas Himbeer-Konfitüre gefüllt und in Zuckerwasser mit wenig Weißwein vorsichtig weich geschmort. Man bedeckt sie entweder mit gesüßtem Kastanienpüree oder geriebener Schokolade und gießt nochmals kurz erhitzte Himbeer-Konfitüre darüber. Die Birnen werden zuletzt mit Schlagrahm gespritzt oder mit Kokosflocken oder Mandelsplittern dicht überstreut.

Wickelmus

Zuerst kocht man aus angerührtem Mehl und Milch ein dickes Mehl-Mus und würzt es mit Salz, Zucker und geriebener Zitronenschale. Dann gibt man 2–4 Eier darunter und streicht es auf ein sehr gut gefettetes Backblech. Das Mus wird nun bei guter Hitze gebacken, bis es eine goldene Kruste hat. Dann bestreicht man es rasch mit Marmelade und rollt es auf. Es wird mit Zucker oder Zimt-Zucker überstreut.

Übergossene Birnen

Oblaten-Küchel

Viereckig geschnittene Oblaten werden dick mit Hagebuttenmarmelade bestrichen und mit einer gleichgroßen Oblate belegt. Man drückt sie zusammen und taucht sie an den Ecken in einen Ausbackteig, gibt sie sofort in heißes Fett und bäckt sie goldgelb.

Hasenöhrl

Aus 500 g Mehl, 2–3 Eßlöffel Butter, 2–3 Eiern und etwas Salz bereitet man einen einfachen Nudelteig. Er wird dünn ausgewellt und zu verschobenen Dreiecken ausgeradelt. Diese bäckt man in heißem Fett. Dann überstreut man sie mit Zucker oder Zimt-Zucker.

Kalte Reisbombe

250 g Reis kocht man in Milch zartweich und gibt dabei 3–4 Eßlöffel Zucker, je eine Prise Salz und Zimt sowie 100 g Sultaninen und je 40 g gehacktes Zitronat und Orangeat, etwas gehackten, kandierten Ingwer und 50 g Schokoladestückchen dazu. Man nimmt den Topf vom Feuer und rührt nun 2–3 Eßlöffel Rum, 1 Ei und 1 Eßlöffel Vanillinzucker hinzu. Wenn der Reis erkaltet ist, gibt man ¼ l recht steifen Schlagrahm darunter und drückt die Masse in eine mit Wasser gespülte Puddingform. Nach gutem Durchkühlen stürzt man den Reis auf eine Platte und übergießt ihn mit Erdbeermarmelade oder erwärmter Schokolade. Auch eine mit Rum gewürzte Weinsoße paßt.

Fürstenkoch

125 g verbröseltes Biskuit und ebenso viel Mandelmakronen werden mit ½ l Rahm in einer Pfanne so
lange gekocht und gerührt, bis die Masse dick ist. Man
schüttet alles in eine Schüssel, gibt 8 Eidotter und
dann den steifen Eischnee langsam darunter. Die
Masse füllt man in eine gebutterte Form und bäckt sie
¾ Stunde in der Röhre. Dann gießt man ¼ l mit etwas
Zucker und Zimt gewürzten starken Rotwein heiß
darüber und richtet sofort an. Der heiße Wein kann
auch gesondert gereicht werden.

Zwetschken mit Schokolade

Einen Teller voll Zwetschken befreit man von den
Kernen und zuckert sie innen und steckt eine gebrühte Mandel hinein. Man taucht sie in einen Ausbackteig, bäckt sie goldbraun in Fett und überstreut
sie dann mit einem Gemisch aus geriebener Schokolade, Zucker und Vanillinzucker.

Birnen in Weißwein

Kleine feste Birnen werden geschält und vom Stiel befreit. Man kocht sie in halb Wasser, halb Weißwein
mit der entsprechenden Menge Zucker und 1 Vanille-
schote zart gar und gibt 1–2 hauchfein aufgeschnittene kandierte Ingwerpflaumen und 1 Gläschen Weinbrand dazu. Die Birnen werden gut kalt gestellt und
mit Mandelmakronen serviert.

Feines Klostermus aus Äpfeln

Aromatische Äpfel werden geschält, geschnitzt und
mit Zucker und Rosinen in gesüßtem Weißwein aufgekocht. Man gibt etwas kandierten, aufgeriebenen
Ingwer und eine Prise Kardamom, 1 Eßlöffel Vanillinzucker sowie einen Spritzer Cognac hinzu.

Quitten-Schneemus

500 g Quitten werden geschält, vom Kernhaus befreit
und mit Wasser bedeckt weichgekocht. Man treibt sie
durch ein Sieb und wiegt das Mus und gibt genau-
soviel Zucker dazu. Daran gibt man 3–4 Eiweiß
langsam und rührt mindestens 1 Stunde (in der Maschine 10–12 Minuten). Man streicht das Mus löffel-
weise auf kleine Oblaten und bäckt es bei sehr mäßiger Hitze, bis das Quittenmus leicht abgetrocknet ist.

Waldmeister-Gefrorenes

2 Handvoll frisch gepflückten Waldmeister gibt man
in ein Gefäß und übergießt ihn kochend heiß mit ½ l
Wasser, der mit 500 g Zucker durchgekocht wurde.
Nach 1 Stunde gießt man die Zuckerbrühe ab, fügt
etwas Zitronensaft dazu und gefriert sie in einer Maschine.

Der Apfelkuchen für den Herrn Bischof

250 g Mehl, 50 g Stärkemehl, 150 g Butter, 80 g
Zucker, Salz, 1 Kaffeelöffel Backpulver, 1 Ei und
etwas Rahm verknetet man zu einem zarten Mürbteig,
der nach kurzem Ruhen zu 2 Platten ausgewellt wird.
Man legt den größeren Teil mit Rand auf eine mit
Butter geschmierte Springform und bestreicht ihn mit
Preiselbeermarmelade. Dann legt man 500 g gezuk-
kerte Apfelspalten darauf. Es folgt die zweite Teig-
platte, die seitlich fest angedrückt wird. Dann werden
ein Stück Butter mit 2 Eßlöffel Zucker und etwa 60 g
aufgeblätterte Mandeln kurz erhitzt und über den Kuchen gegossen. Man bäckt ihn goldbraun.

Apfelkuchen der Frau Oberin

Ein feiner Mürbteig mit Mandeln wird in eine gefettete Springform gelegt. Man schmort nun genug

(1 kg) kleine aromatische Äpfel, höhlt sie aus und füllt sie mit einem Gemisch aus geriebenen Nüssen, Honig, Rosinen, Vanillinzucker, etwas Zimt und etlichen zerdrückten Makronen. Dann schmort man sie vorsichtig in gesüßtem Weißwein und Orangenlikör an und setzt sie auf den mit Himbeergelee bestrichenen und mit Makronenbröseln bestreuten Teigboden. Der Kuchen wird gebacken. Die Äpfel überzieht man noch warm mit einer Rumglasur.

Osterlamberl zur Weih

Man nimmt 15 ganze Eier, und Milch soviel als die Eier ausmachen, etwas Weinbeer und ein wenig Salz, schlage es ein wenig ab, schmiere dann eine Reine mit ein wenig Schmalz, stelle es unter beständigem Rühren auf die Platte, bis der Käs zusammengeht, thut dann den Käs in einen Seiher, damit das Wasser abläuft, füllt es dan in den Modl und laßt es über Nacht stehen.

Das ist ein ganz eigenartiges, aber interessantes Rezept. Man kann natürlich auch die Hälfte Masse nehmen. Die Eier werden in einen Topf geschlagen und mit ebensoviel Milch gut verrührt. Es ist wohl zweckmäßig, etwas Zucker zuzufügen. Zuletzt wird die Masse rezeptgemäß fertiggemacht, in eine passende Osterlammform gegossen und über Nacht kühl gestellt, damit sie steif wird. Das gestürzte Lamm wird im Osterweihekorb mit anderen Ostergaben zur Kirche getragen.

Osterkuchen

Mit 150 g Butter verrührt man 150 g Zucker, etwas Vanillinzucker, Salz und 3 Eier. Dazu gibt man 250 g Mehl, 50 g Stärkemehl, ¾ Päckchen Backpulver, etwas Muskat und Ingwer, knapp ⅛ Liter Milch, 2 Eßlöffel Rum, 200 g Sultaninen sowie je 30 g kleingehacktes Zitronat, Orangeat und Mandeln, etwas geriebene Zitronenschale und Zitronensaft. Man füllt den zarten Teig in eine mit Butter gut geschmierte, kleine Form und bäckt ihn bei Mittelhitze langsam gar. Zuletzt überzieht man den Kuchen mit einem Zickzackstreifen aus Zuckerguß.

Honigkuchen mit Früchten

100 g Butter, 250 g erwärmter Honig, 4 Eier und 200 g Zucker werden schaumig gerührt; dann mischt man 500 g Mehl mit 1½ Päckchen Backpulver und siebt es an die Rührmasse. Nun folgen 30 g geschälte, ganze Mandeln, 1 Kaffeelöffel Zimt, ½ Kaffeelöffel Nelken, je eine Portion Piment und Ingwer, eine Prise Salz, 50 g kleingewürfelte Schokolade und 1 Weinglas Vermouth oder knapp ⅛ l schwarzer Kaffee. Der intensiv gerührte, dickliche Teig wird in eine gefettete, nicht zu kleine Kastenform gefüllt und 1 gute Stunde bei Mittelhitze gebacken. Man stürzt den Kuchen und gießt ein wenig angerührten Puderzucker in die Mitte, damit die bunte Auflage aus geschnittenem Zitronat, Orangeat, Belegkirschen und geschälten Mandeln schön haften bleibt. Außenherum bestreut man den Kuchen dicht mit Puderzucker.

Maronen-Torte

125 g Butter werden mit 7 Eidottern schaumig gerührt. Man gibt 160 g Zucker, 125 g feingeriebene Mandeln, 250 g gekochte und passierte Maronen (Kastanien) und den steifen Eischnee darunter. Aus dieser Masse bereitet man zwei Tortenböden, bespritzt sie reich mit Maraschino oder Nußlikör, füllt die 2 Blätter dick mit Johannisbeergelee und überzieht sie mit einer Glasur, die mit Orangensaft oder Orangenlikör gewürzt wurde.

Chirauf-Torte.

Rühre 1 Taß Butter 1 Taß Schmalz
schaumig, gib 4 Taß Zucker dazu
verrühre alles gut, gib 14 Eier
nacheinander darein, dan 8 Taß
Mehl 4 Päckchen Kuchenpulver
u. gewiegte Citron ½ Lt. Milch
u. den Schnee. Verrühre alles gut
gib ihn in eine Form od. Blech.
Kanst auch die Hälfte Teig mit
Chokolade färben.

Eine Chirauf-Torte sollte eine Giraffentorte, ein altes Feinrezept wiedergeben

Chirauf-Torte (Giraffen-Torte)

Rühre 1 Taß Butter, 1 Taß Schmalz schaumig, gib 4 Taß Zucker dazu, verrühre alles gut, gib 14 Eier nacheinander darein, dan 8 Taß Mehl, 4 Päckchen Kuchenpulver und gewiegte Citron, ½ l Milch und den Schnee. Verrühre alles gut, gib ihn in eine Form oder Blech. Kanst auch die Hälfte Teig mit Chokolade färben.

Natürlich müssen Eidotter und Eiweiß getrennt werden! Die Giraffentorte war während der Kolonialzeit groß in Mode gekommen.

Herrn Pfarrers Lieblings-Gugelhupf

250 g Butter, 100 g Zucker und 8 Eidotter werden gut gerührt. Daran gibt man 500 g Mehl, das mit 1 Päckchen Backpulver und 2 Päckchen Vanillinzucker gemischt wurde. Es folgt etwas geriebene Zitronenschale sowie der Saft von ½ Zitrone, ½ Kaffeelöffel Kardamom, etwas Ingwerpulver, eine Prise Muskat und zuletzt der steife Eischnee. Die Masse wird in eine große gebröselte Gugelhupfform gefüllt und etwa 60 Minuten gebacken. Man überzieht den Gugelhupf mit einem Schokoladeguß oder streut Puderzucker darüber.

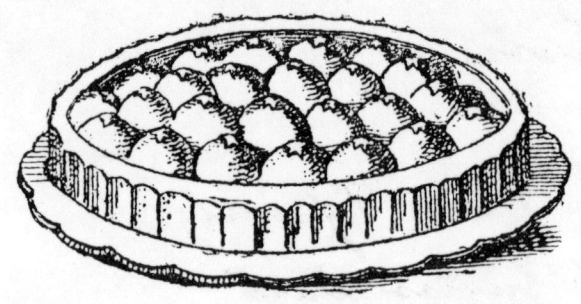

Haselnuß-Roulade

für den Herrn Geistl. Rat Brenner

5 Eidotter und 100 g Zucker werden sehr schaumig gerührt. Man gibt 100 g geriebene Haselnüsse und zuletzt den sehr steifen Schnee der Eier vorsichtig darunter. Der schaumige Teig wird auf ein gut gebuttertes Backblech gestrichen und bei sehr großer Hitze (225 Grad) nur etwa 10 Minuten gebacken, damit er nicht hart wird. Man nimmt ihn sofort ab, rollt ihn auf und läßt ihn nahezu erkalten. Dann wird er mit ¼ l steifem, gesüßtem Schlagrahm bestrichen, wieder aufgerollt und mit geschmolzener Schokolade überzogen.

Kamerliter Torte (Karmeliter-Torte)

8 ganze Eier und 8 Eidotter werden schaumig gerührt mit Schneebesen, dann rühr mit den Kochlöffel noch, gib 280 g Zucker dazu. Dann 180 g weiße Mandeln und rühre wieder eine Zeitlang. Zuletzt 110 g Mehl, etwas feingewiegte Citron, rühre alles durcheinander, schmiere eine Form und backe es im Rohr.

Pfarrhaus-Biskuit

200 g Butter werden gerührt; es folgen die abgeriebene Schale von einer (ungespritzten) Zitrone, 250 g Zucker, 4 Eier, 125 g Mehl, 125 g Stärkemehl, 1 Kaffeelöffel Backpulver und 1 Gläschen Weinbrand. Der Teig wird in einer gut gefetteten Kastenform gebacken und dann mit einem Zitronenguß überzogen.

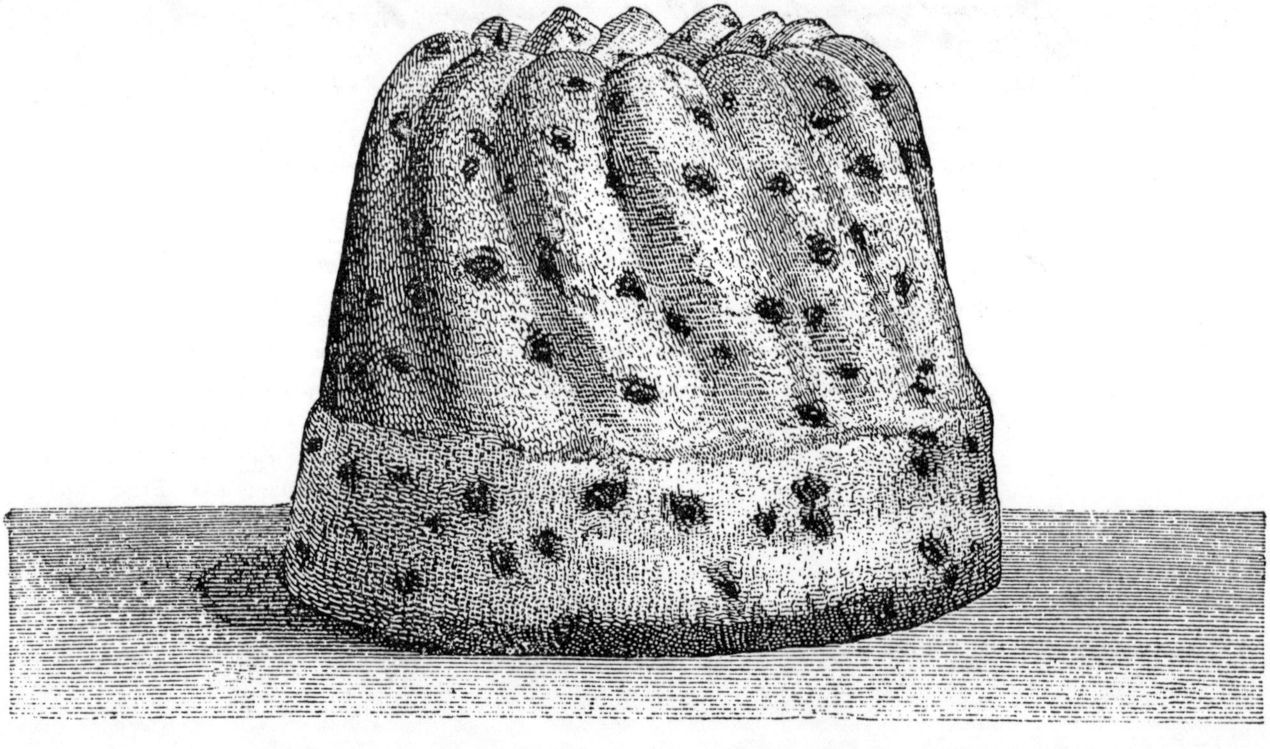

Kameliter Torte

8 ganze Eier u. 8 Dotter werden
schaumig gerührt mit Schneebesen
dann rühr mit dem Kochlöffel
noch, gib 280 gr. Zucker dazu.
dann 180 gr. weiche Mandeln u.
rühre wieder eine Zeitlang
Zuletzt 110 gr. Mehl darauf hinzufügt
beim rühren alles durcheinander
schmier eine Form u. backe
es im Rohr.

Schokoladecreme-Torte

5 Eiweiß werden mit 5 Eßlöffel Wasser und 250 g Zucker sehr steif geschlagen; man fügt 2 Päckchen Vanillinzucker, die 5 Eidotter, 200 g Mehl, 50 g Stärkemehl sowie 3 gestrichene Kaffeelöffel Backpulver hinzu. Der zarte Teig wird in zwei verschieden großen, mit Butter ausgeschmierten Formen hell ausgebacken. In der Zwischenzeit rührt man 300 g Butter schaumig und gibt 2 gehäufte Eßlöffel Kakao, 250 g Zucker und gut einen halben, nach Vorschrift gekochten und gut ausgekühlten Schokoladepudding daran. Die Buttermasse und der Pudding müssen die gleiche Temperatur haben, sonst gerinnt die Creme. Die zwei- bis dreifach auseinandergeschnittenen Tortenteile werden reich mit Creme bestrichen und dann sinngemäß aufeinandergesetzt. Man bestreicht sie auch außen und spritzt den Rest der Creme üppig darauf. Die nicht gespritzten Teile werden mit geraspelter Schokolade gefüllt. Vor Gebrauch stellt man die Torte gut kalt.

Brioche mit Rumsoße

50 g Zucker und 1 Ei werden gut verrührt. Man gibt 2 Eßlöffel Rum, eine Prise Salz, 60 g erwärmte Butter und 15 g aufgelöste Hefe dazu. Der Teig wird sehr gut verrührt und nach und nach mit 220 g gesiebtem Mehl und 6 Eßlöffel Rahm vermengt. Man drückt ihn in eine gut gefettete Auflaufform, in der er langsam bei mäßiger Hitze und zugedeckt 2 Stunden gehen muß. Dann bäckt man ihn 30 Minuten bei guter Hitze und schneidet nach dem Erkalten oben in die Mitte einen tiefen Keil ein. Für die Rumsoße verrührt man 1 gehäuften Löffel Stärkemehl mit 2 Eiern und 3–4 Eßlöffel Zucker und fügt den Saft einer halben Zitrone, $\frac{1}{4}$ l Apfelsaft, $\frac{1}{8}$ l Wasser und 3–4 Eßlöffel Rum hinzu. Die Masse wird im Wasserbad erhitzt und

dabei gut geschlagen, aber nicht gekocht! Dann füllt man sie in das Loch der Brioche ein und setzt den Keil wieder langsam darauf, so daß die Rumsoße überquillt. Der Kuchen wird dick mit Puderzucker überstreut.

Zimt-Kuchen

Einen feinen Hefeteig breitet man auf einem gut gebutterten Blech aus und belegt ihn ganz dicht mit kleinen Butterflöckchen. Dann streut man reichlich Zimt-Zucker darüber und bäckt den Kuchen rasch goldbraun. Der aufgeschnittene Kuchen wird noch warm serviert.

Lichtmeß-Zelten

Unter 500 g Mehl knetet man 2 Eier, 250 g Honig, je eine gute Prise Zimt, Nelken, 60 g Zitronat, 50 g Orangeat, eine Prise Salz und etwas Muskat. Zuletzt folgen noch 1 Kaffeelöffel Pottasche und $\frac{1}{2}$ Kaffeelöffel Hirschhornsalz, die beide in ganz wenig Wasser aufgelöst wurden. Aus dieser Teigmasse formt man 2–3 flache, handbreite Wecken, die man erst am andern Tag bei mäßiger Hitze bäckt. Man überzieht die Wecken mit Zuckerguß und steckt Mandeln hinein.

Walnuß-Rauten

8 Eiweiß werden sehr steif geschlagen. Man gibt 250 g Zucker, die Eidotter, 2 Eßlöffel Semmelbrösel, je 1 Teelöffel Backpulver, Zimt und geriebene Zitronenschale, 200 g feingemahlene Walnüsse, $\frac{1}{2}$ Tafel geriebene Schokolade und 50 g Rosinen sowie 50 g weiche Butter darunter. Die Masse wird auf ein gefettetes Blech gestrichen und im vorgehitzten Ofen etwa 15–20 Minuten bei guter Hitze ausgebacken. Man be-

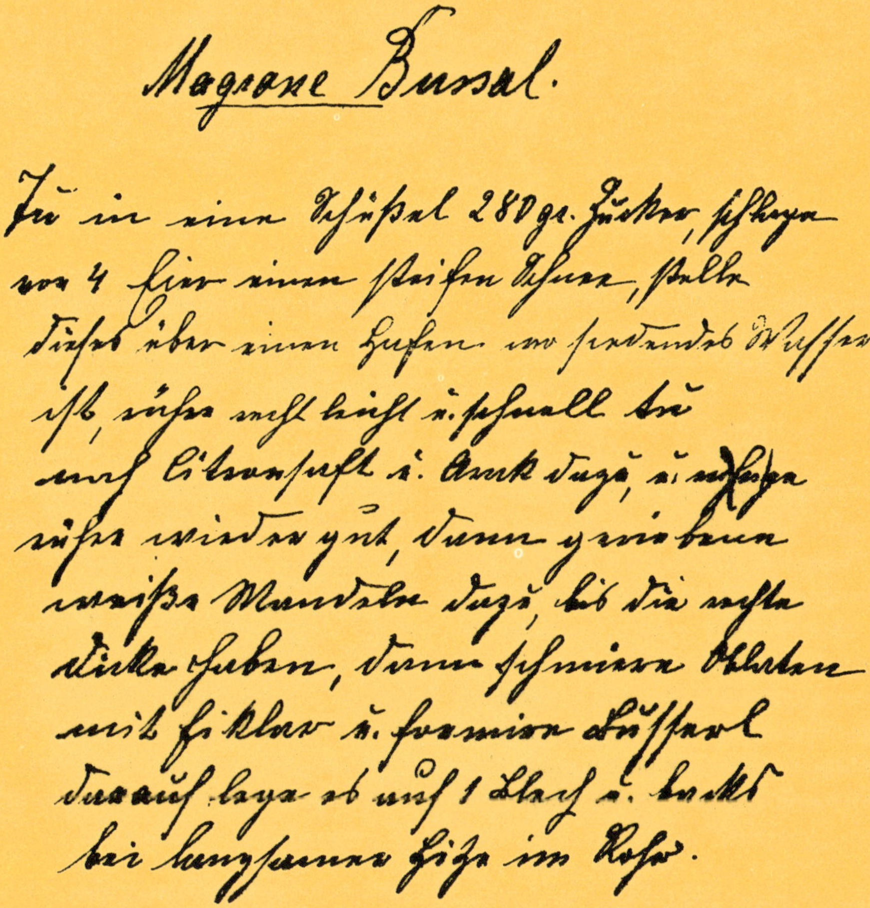

Magrone Bussal.

Tu in eine Schüßel 280 gr. Zucker, schlage
von 4 Eier einen steifen Schnee, stelle
dieses über einen Hafen wo siedendes Wasser
ist, rühre recht leicht u. schnell tu
noch Citronsaft u. Arrak dazu, u. rühre
wieder gut, dann geriebene
weiße Mandeln dazu, bis die rechte
Dicke haben, dann schmiere Oblaten
mit Eiklar u. formiere Busserl
darauf lege es auf 1 Blech u. backs
bei langsamer Hitze im Rohr.

Die »Magrone Busserl« schmecken auch ohne K

streicht sie entweder mit einem Zitronenguß oder mit erwärmter Schokolade und schneidet dann gefällige Rauten oder Schnitten daraus.

Magrone-Busserl

Tu in eine Schüßel 280 gr. Zucker, schlage von 4 Eier einen steifen Schnee, stelle dieses über einen Hafen wo siedendes Wasser ist, rühre recht leicht u. schnell, tu noch Citronsaft u. Arrak dazu, u. rühre wieder gut, dann geriebene weiße Mandeln dazu, bis die rechte Dicke haben, dann schmiere Oblaten mit Eiklar u. formiere Busserl darauf, lege es auf 1 Blech u. backs bei langsamer Hitze im Rohr.

Bierpolster

300 g Mehl verknetet man mit 4 gehäuften Kaffeelöffel Backpulver, 6 Eßlöffel Öl, etwa ⅔ Tasse sauren Rahm, etwas Salz und ganz wenig Pfeffer. Diesen zarten, sehr gut verkneteten Teig wellt man 2 cm dick aus, sticht runde Plätzchen aus und bestreicht sie mit zerschlagenem Ei. Man bäckt sie bei guter Hitze rasch blond und bringt sie ganz frisch auf den Tisch.

Käsestangen zum Herrenabend

250 g Mehl, 150 g Butter, 150 g geriebenen Käse, 1 Ei, eine Prise Salz, 1 Teelöffel Backpulver und etwas Milch werden gut verknetet, 2 Stunden kühl gestellt

und dann dünn ausgerollt. Man schneidet Streifen, legt sie auf's Blech und bestreut sie mit Salz. Zuletzt werden sie hellbraun gebacken.

Zwiebelzeltl

1 Pfund Zwiebeln werden kleingeschnitten und in gut ½ l Wasser sehr gut durchgekocht. Man siebt das Wasser ab, gibt 1 Pfund Zucker daran und läßt alles kochen, bis die Masse braun ist und Blasen wirft. Man gießt die Masse auf einen mit Salatöl bestrichenen Marmorstein oder eine saubere Alufolie aus, läßt sie etwas breitlaufen und schneidet sie dann mit einem starken Messer zu viereckigen Bonbons, die zuletzt auseinandergebrochen werden. Sie sind ein gutes Hustenmittel und auch sonst eine beliebte Schleckerei.

Schwäbischer Zwiebelkuchen

An 250 g Mehl gibt man 10 g aufgelöste Hefe, etwas Salz, 2 Eßlöffel Öl und etwa ⅛ Liter Milch. Der Teig soll halbweich und zart sein. Man breitet ihn sofort auf einem gut mit Butter geschmierten Blech aus. Inzwischen werden 500 g Zwiebeln fein aufgeschnitten und mit 2–3 Eßlöffel Öl, 150–200 g Speckwürfel sowie etwas Pfeffer oder Paprika glasig durchgeschmort. Diese Masse verteilt man gleichmäßig über den Hefeteig und läßt den Kuchen dann bei Mittelhitze in der Röhre goldbraun backen. Er wird erst angeschnitten, wenn er einigermaßen erkaltet ist, soll aber doch noch halbwarm sein. Das ist eine ausgezeichnete Beilage zu Bier oder Wein.
Den hat der Herr Kanonikus gern mögen!

Gruppenregister der Rezepte

Fleisch

Gemüse

Obſtſpeiſen

Gebackenes

Bildnachweis:
Folgende Abbildungen wurden freundlicherweise zur Verfügung gestellt von:
Bayerische Staatsbibliothek, München, S. 108
Bildarchiv Preußischer Kulturbesitz, Berlin, S. 12, 16, 25, 38 unten, 84, 169, 208, 210
Bilderdienst Süddeutscher Verlag, München, S. 19 oben, 23, 36
Hofstetter, Ried/Innkreis, S. 192
Österreichische Nationalbibliothek, Wien, S. 101
Reinhard, Passau, S. 30, 31, 67, 68
Staats- und Stadtbibliothek, Augsburg, S. 14 oben
Stadtbücherei Nürnberg, Mendelsche Stiftung, Frontispiz
Alle übrigen Bilder stammen aus der Bibliothek Arndt-Horn, Buchenau.

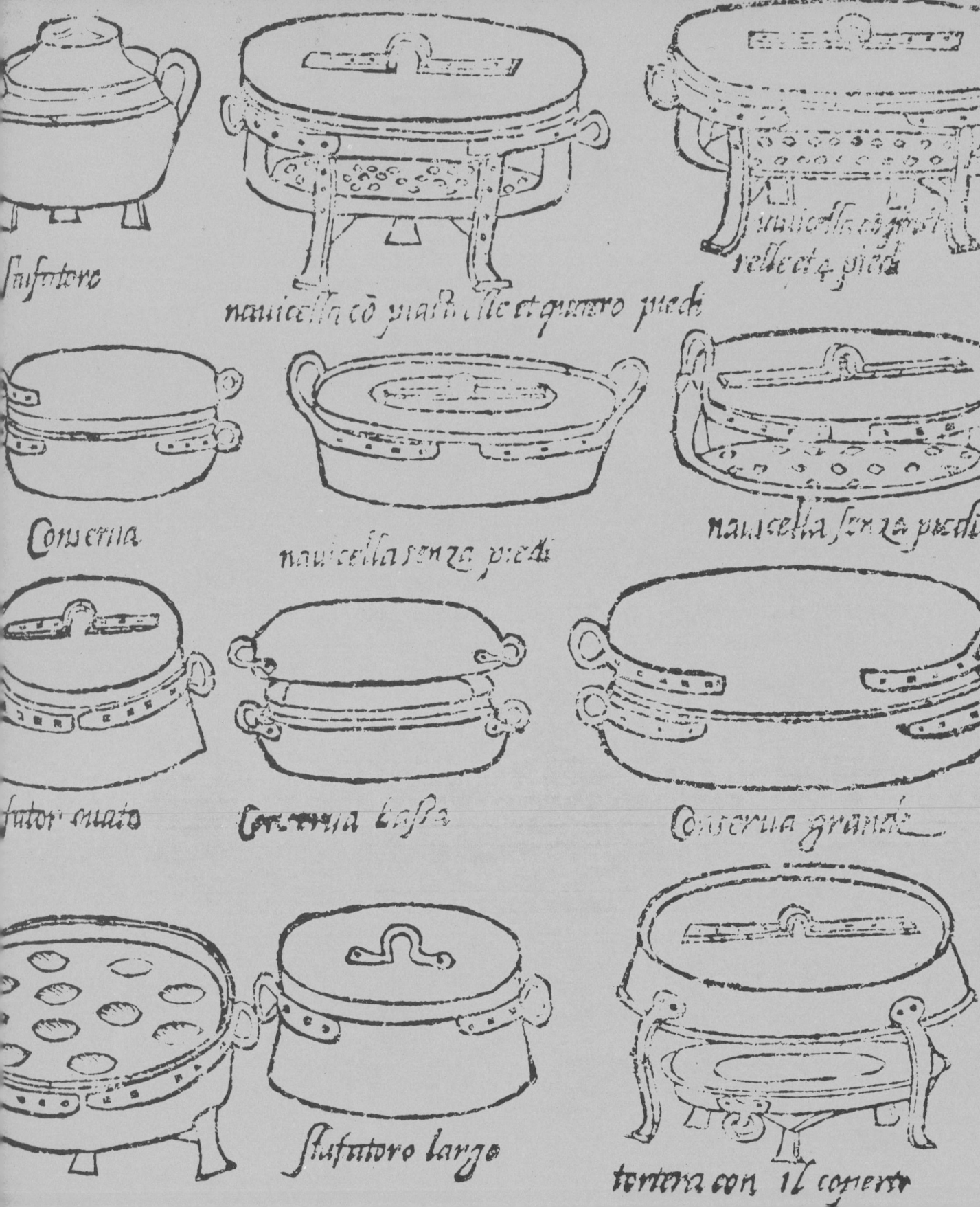

Stufatore

nauicella cò piaſtrelle et quattro piedi

nauicella cō piaſtrelle et 4 piedi

Conſerua

nauicella ſenza piedi

nauicella ſenza piedi

ſtufator ouato

Conſerua baſſa

Conſerua grande

ſtufatoro largo

tortera con il coperto